Iby · Koller · SCHÖNBRUNN

Elfriede Iby · Alexander Koller

SCHÖNBRUNN

VERLAG CHRISTIAN BRANDSTÄTTER

Inhalt

In seiner zwanzigsten Sitzung – die im Dezember 1996 in Merida, Mexiko, stattfand – hat das Welterbe-Komitee entschieden, Schloß und Park Schönbrunn in die Liste des Welterbes aufzunehmen. Das Protokoll der Sitzung gibt folgende Begründung dafür an:

„The Committee decided to inscribe the nominated property as an ensemble on the basis of cultural criteria (i) and (iv) considering that the site is of outstanding universal value being an especially well preserved example of the Baroque princely residential ensemble, which constitutes an outstanding example of a Gesamtkunstwerk. The Palace and Gardens are exceptional by virtue of the evidence that they preserve of modifications over several centuries that vividly illustrate the tastes, interests and aspirations of successive Habsburg monarchs."

Damit wurde anerkannt, daß Palast und Park Schönbrunn in Wien – Wahrzeichen eines großen Erbes und einer der wichtigsten Eckpfeiler der Geschichte Österreichs – von universell herausragendem Wert sind; eben entsprechend der Definition in der oben zitierten Erklärung.

Schönbrunn teilt diese Auszeichnung mit 630 kulturellen und landschaftlichen Welterbe-Anwesen in weltweit 118 Staaten. Sie alle gehören zu jenem gemeinsamen Erbe der Menschheit, das zukünftigen Generationen – ungeachtet politischer, kultureller oder religiöser Unterschiede – bewahrt werden soll. Deshalb genießen diese Anwesen besonderen Schutz und ebensolche Beachtung im Rahmen der UNESCO Konvention zum Schutz der Weltkultur- und des Weltlandschaftserbes, wobei innerhalb des Entstehungsprozesses der UNESCO – vor bald dreißig Jahren – Österreich eine entscheidende Rolle gespielt hat.

Es ist mir eine große Freude, zu dieser Publikation zu gratulieren: Schließlich erweist sie einem der hervorragendsten Meisterwerke europäischen Barocks ihre Reverenz. Ich hoffe, daß dieses Buch nicht nur den großen Wert Schönbrunns vielen zugänglich macht, sondern ebenso zu einem besseren Verstehen unterschiedlicher Kulturen beiträgt.

Mounir Bouchenaki
Direktor des UNESCO World Heritage Centre

Vorhergehende Seite:
Der Neptunbrunnen; im Hintergrund die Gartenfassade des Schlosses

Die Gartenfassade von Schloß Schönbrunn
mit den Statuen Alexander und Olympias *(rechts)*

Oben: **Giebel des Menageriepavillons**
Unten: **Spielende Putti am Portal der Kavaliertrakte**
Gegenüberliegende Seite: **Vogeluhr an der Westfassade**

Folgende Seite: **Die Große Galerie**

Das Bankett in der Großen Galerie anläßlich der 100-Jahrfeier des Maria-Theresien-Ordens.
Gemälde von Fritz L'Allemand. 1857

Franz I. Stephan und Maria Theresia im Kreise der Familie. Gemälde von Martin van Meytens. Um 1754/55

Gegenüberliegende Seite: **Das Frühstückskabinett mit den Blumenbildern von Elisabeth Christine, der Mutter Maria Theresias**

Kaiser Franz II./I. im Ornat des Ordens vom Goldenen Vlies.

Gemälde von Friedrich von Amerling. 1832

Gegenüber: **Das Napoleonzimmer mit der Totenmaske des Herzogs von Reichstadt im Vordergrund**

Folgende Seite: **Wölbung der Schloßkapelle mit Deckenstuck aus der Zeit Fischers von Erlach; das Deckenfresko stammt von Daniel Gran (um 1743).**

Die Bergl-Zimmer (Kronprinzenappartement) im Erdgeschoß des Schlosses

Gegenüber: **Im Kronprinzengarten**

Die Arkaden der Gloriette

Blick auf die Gartenfassade des Schlosses und auf das Große Parterre,
von der Gloriette aus gesehen.

Der Ehrenhof

Schloß Schönbrunn und die Gloriette

„Ein kleiner, von Junglaub umschimmerter Rokokotempel im Schönbrunner Park. Drinnen rieselt's heimlich. Grüngolden durchleuchtetes Strauchwerk vergittert den offenen Nischenbogen rückwärts. Ein leiser Wind haucht weiße Blüten auf den weißen Marmorleib einer schönen Najade. Erschauert sie nicht unter den Blütenküssen? Still lächelnd lehnt sie auf einer gestürzten Urne, die ihr kühles Naß in eine Muschel strömen lößt. Liebliche Egeria! Wächterin und Spenderin des „Kaiserbründels" seit fünf Menschenaltern, nichts vermag dich zu entzaubern. Weder die geschwemmten Gräser in der Muschel, noch die gemeinen Bänke nebenan, weder der grobe Anrichtetisch mit dem angeschnittenen Laib Brot, noch die rundliche Brunnennymphe selbst, welche jenen höheren Jahrgängen angehört, aus denen sich die Wiener Blumenmadeln zu rekrutieren pflegen. Göttlich wohlgebildeten, schlanken Leibes bleibst du, ovidisch verzaubert, ewig jung. Es ist ein „schön Brun". Das Wort ward 1619 gesprochen und blieb am zukunftsreichen Sommerschlosse der Habsburger haften."

Carl von Vincenti. „Schönbrunn" (vor 1892)

Vom Meierhof zum kaiserlichen Witwensitz

Das heutige Areal der Schlossanlage Schönbrunn liegt zwischen den Wiener Gemeindebezirken Meidling und Hietzing, einem Gebiet, das sich heute an den Ausläufern des Wienerwaldes erstreckt, im frühen Mittelalter aber noch von einem dichten Wald überzogen war. Ab dem 11. Jahrhundert, bereits zur Zeit der Babenberger, wurde das Gebiet urbar gemacht und in eine Landschaft mit Wäldern, Wiesen, Weiden und Äckern umgewandelt. So entwickelten sich auch bedeutende Jagdgehege, die reiche Bestände an Rotwild, Bären, Wölfen und Wildkatzen aufwiesen.

Die Waldrodungen brachten eine baldige Besiedelung mit sich, wobei die Siedlungen in der Folge in der Nähe von Flüssen und Bächen, vorzugsweise an den bereits bestehenden Furten, angelegt wurden.

Es war der Wienfluß – allgemein kurz „Wien" genannt –, der im Wienerwald bei Rekawinkel in einer Seehöhe von 620 Metern entspringt und auf seinem Weg 124 Bäche aufnimmt, an dem die ersten Siedlungen im ehemaligen Umraum des mittelalterlichen Wiens entstanden. Hietzing wurde 1120/30 erstmals urkundlich erwähnt, die Siedlung Meidling wurde um 1140 gegründet. Die Endung -ing in der Ortsbezeichnung bedeutet „Ansiedlung" und geht auf karolingischen Ursprung zurück. Diese Ansiedlungen lagen zirka sechs Kilometer westlich von der mittelalterlichen landesfürstlichen Residenzstadt Wien entfernt, die 1137 erstmals als „civitas" urkundlich erwähnt wurde.

Die Wien zählte vor der endgültigen Regulierung zwischen 1894 und 1902 zu einem der unberechenbarsten Flüsse, mit der deshalb auch zahlreiche volkstümliche Sagen und Legenden verknüpft sind. Im Lauf der Jahrhunderte sind häufige Überschwemmungen und Hochwasser dokumentiert, die Felder und Weingärten im weiten Umkreis verwüsteten. Bei Trockenheit auf ein kleines Bächlein geschrumpft, konnte sie bei Hochwasser zu einem reißenden Wildbach werden. Der Fluß ermöglichte aber auch die Anlage zahlreicher

Mühlenbetriebe, die seit dem 12. Jahrhundert entlang seines Verlaufes nachweisbar sind.

Auch im Bereich der heutigen Schloßanlage Schönbrunn wurde ein Mühlenbetrieb errichtet, für den seit dem 15. Jahrhundert der Name „Kattermühle" verbürgt ist.

Diese Mühle wurde erstmals bereits am 24. August 1311 in einer Urkunde des Stiftes Klosterneuburg erwähnt. Diese behandelt einen Rechtsanspruch des Propstes von Klosterneuburg zugunst0en der dem Stift untertänigen Bewohner Meidlings und des Müllers zu „Chaternburg", Dietmar dem Zwickel. Die Geschichte dieser Katterburg ist nur mangelhaft erforscht, allerdings dürfte hier ein Anwesen bestanden haben, zu dem ein Meierhof, eine Mühle und angrenzende Acker- und Wiesengründe gehörten.

In diesem Zusammenhang ist vor allem der etymologische Ursprung des Namens „Chaternburg" von Bedeutung, da für die Gegend um Schönbrunn in den ältesten Grundbüchern, den Urbaren des Stiftes Klosterneuburg, die Bezeichnungen „Chatternberg" und „Katerberg" bereits 1117 und „Chaternburch" im Jahr 1258 aufscheinen.

Als „Kate" oder „Kote" wurde ein Bauernhaus oder eine Hofstätte ohne dazugehörige größere Grund- und Bodenfläche bezeichnet, das entlehnt und somit zinspflichtig war. Die Bewohner der Kote, wegen ihrer Armut nicht zum obligaten Robot verpflichtet, wurden Kotsassen oder Hintersiedler, später auch Häusler genannt. Als Untertanen einer Grundherrschaft verfügten sie über ein winziges Lehen an Grund und Boden, das zur Bewirtschaftung zur Verfügung stand. Für das Lehen war der ein „Gattzins" (Gatt = Geld) zu entrichten; und zwar nicht als Grundzins, sondern für ein auf dem Grund zu erzielendes sonstiges Einkommen.

Man kann jedenfalls annehmen, daß die bewaldeten Hänge des Schönbrunner Berges und die fruchtbare Niederung entlang der Wien bereits im 12. Jahrhundert von Kotsassen besiedelt und wirtschaftlich genutzt wurde und daß dies in der Folge namensprägend für die unmittelbare Umgebung war.

Eine naheliegende und nicht unbedeutende wirtschaftliche Nutzung der Katterburg bestand in der Errichtung einer Mühle, zumal das Mühlengewerbe bereits seit dem 12. Jahrhundert von den Landesherren maßgeblich gefördert wurde, um so die Versorgung der Bevölkerung zu gewährleisten. Interessant ist, daß das Mühlengewerbe oft mit dem Weinanbau als einem weiteren aufstrebenden Wirtschaftszweig in Verbindung stand und die Müller sehr bald auch das Recht erhielten, Wein auszuschenken.

Als Voraussetzung für einen Mühlenbetrieb zählte allerdings die Anlage eines Mühlbaches, die durch den technischen und auch kostspieligen Aufwand nur in Gemeinschaftsarbeit gelingen konnte.

Für die Mühle der Katterburg wurde der nahe gelegene Wienfluß genutzt, von dem man weiter westlich auf der Höhe des Auhofes einen Mühlbach ableitete. Im Bereich Hietzing floß der Mühlbach über eine Wehr in die Gründe des Wirtschaftshofes ein und wurde durch einen Kanal reguliert, um nach einem Verlauf von eineinhalb Kilometern das Mühlrad auf der Meidlinger Seite im Osten des Anwesens zu betreiben. Danach mündete der Kanal wieder in die Wien ein.

Der Mühlbach wurde bis in das 19. Jahrhundert für die Wasserversorgung des barocken Gartens von Schönbrunn verwendet und erst 1849 „wegen Verbreitung schlechten Geruches" aufgelassen.

Nach der ersten urkundlichen Erwähnung einer Mühle im Jahr 1311 wird in einer Urkunde im darauffolgenden Jahr, am 15. Februar 1312, von einem Verkauf an den Propst Bertold I. von Klosterneuburg durch Johann von Nußdorf berichtet. Letzterer verkaufte die „Chaternburch", einen Teil des „Holtzes" (wahrscheinlich ist damit der bewaldete Berghang gemeint) und die Mühle, über die er das Burgrecht besaß und die von dem bereits genannten Müller Zwickel betrieben wurde, an das Klosterneuburger Stift, zu dessen Grundherrschaft auch Meidling gehörte.

Der Ort Meidling befand sich nachweislich seit 1146 im Besitz des Klosterneuburger Stiftes und war möglicherweise eine Schenkung des Markgrafen Leopold III. anläßlich der Gründung des Stiftes im 12. Jahrhundert. Im Jahr 1253 erwarb das Stift durch einen Gütertausch auch Hof und Kapelle zu Hietzing und hatte damit die Grundherrschaft über jene Gebiete erlangt, auf denen sich auch die Katterburg befand. Die Zugehörigkeit zu Klosterneuburg als Verwaltungsbehörde blieb bis zum Jahr 1848 aufrecht. Dem Stift oblagen teilweise grundherrschaftliche Aufgaben im Bereich der allgemeinen Verwaltung, des Gerichts- und Steuerwesens sowie der Wirtschaft.

In der wechselvollen Besitzergeschichte der mittelalterlichen Katterburg führte das Klosterneuburger Stift den Wirtschaftshof und den Mühlenbetrieb samt zugehörigen Gründen teilweise in Eigenwirtschaft, häufig wurde die Mühle aber auch „in Bestand", das heißt zur Nutznießung, an fremde Personen gegeben. Im 15. und 16. Jahrhundert handelte es sich dabei offenbar nur mehr um Personen, die im landesfürstlichen Dienst standen oder Amtsträger der Stadt Wien waren, eine Entwicklung, die sich auch bei anderen, an der Wien gelegenen Mühlenbetrieben aufzeigen läßt.

Im Jahr 1437 wurde die Mühle, nun bereits als „Kattermühle" bezeichnet, an Erhard Grießer, den Kellermeister Herzog Albrechts, zum Burgrecht verliehen. Im Unterschied zum Leibgedingrecht wurde bei dieser Leihform der Burgrechtnehmer nicht Untertan des Grundherren; die Leihe brachte somit keinen Prestigeverlust des Leihnehmers mit sich und war darüber hinaus auch erblich.

Grießer erhielt das Burgrecht aufgrund seiner zahlreich geleisteten Dienste für den Klosterneuburger Propst und wurde zudem von allen Steuern wie auch dem Robot befreit, die im Regelfall vom Inhaber einer Mühle zu leisten gewesen wären. Ihm folgte Erhard Grießer, Bürger und Mitglied des Rates zu Wien, wahrscheinlich ein Sohn oder Vetter, nach. Dieser hatte allerdings den gewöhnlichen Burgrechtdienst zu leisten und sollte dem Stift im Falle einer Veräußerung der Mühle das Vorkaufsrecht einräumen.

Durch eine Schenkung Grießers und seiner Gemahlin, um sich – wie zu dieser Zeit üblich – das Seelenheil zu sichern, gelangte die Mühle kurzfristig in den Besitz des Ordens der Beschuhten Augustiner auf der Landstraße.

Im Jahr 1467 scheint, trotz des vereinbarten Vorkaufsrechtes durch das Stift Klosterneuburg, der Linzer Bürger Erhard Vest als neuer Eigentümer der Mühle auf. Allerdings fiel sie im gleichen Jahr einer Feuersbrunst zum Opfer. Die „abgebrannte Oed Müll" fand jedoch in dem Wiener Bürger Ehrenreich Köppel bald einen neuen Interessenten: Nach langen Verzögerungen von seiten des Stiftes Klosterneuburg konnte dieser durch eine landesfürstliche Intervention die Mühle mit den umliegenden Äckern 1471 schließlich erwerben. Die Äcker verpachtete er an die benachbarten Bauern in Meidling und Penzing, die in der Folge Weingärten anlegten.

So wurden die Wiesen und Äcker um die Kattermühle, wahrscheinlich im Bereich des Flußufers der Wien, zu Weinkulturen umgewandelt, für die der Besitzer Köppel einen angemessenen Pachtzins einhob, den er in einem Grund- und Zinsbuch verzeichnete. An der Stelle der abgebrannten Mühle wurde eine neue errichtet, und für sich selbst ließ Köppel – so wird behauptet – ein kleines Schlößchen erbauen, das unter Hinweis auf die ehemalige Ansiedlung „Chaternburch" nun den Namen Katterburg erhielt. Burg und Mühle blieben bis 1497 in Familienbesitz und gingen dann wieder in das Eigentum des Klosterneuburger Stiftes über.

Anfang des 16. Jahrhunderts wurden Hof und Mühle neuerlich in Bestand gegeben, doch bei der ersten Türkenbelagerung Wiens im Jahr 1529 soll das gesamte Anwesen vollständig zerstört worden sein. Ein eingeschränkter Mühlenbetrieb mußte 1544 wegen Uneinträglichkeit aufgegeben werden. Das Interesse angesehener und namhafter Bürger war – offenbar schon seit Beginn des Jahrhunderts – erloschen; daher übergab man nun das Anwesen einem ehemaligen Untertanen der Katterburg, und zwar dem Müller und Weinhauer Siegmund Kascher, der es neuerlich und innerhalb kurzer Zeit wirtschaftlich erfolgreich machte.

In diesem guten Zustand wurde die Katterburg – zu der nun die Mühle, ein Wirtschaftshof, Äcker, Wiesen, Weiden und Weingärten von Meidling bis Hietzing zählten – im Jahr 1548 dem Stadtanwalt und nachmaligen Bürgermeister von Wien, Hermann Bayer, gegen eine geringe jährliche Zinszahlung überlassen. Entgegen den Vertragsbestimmungen mit dem Stift Klosterneuburg veränderte Bayer den Meierhof und ließ mit nicht geringen Unkosten einen Herrensitz und ein Lusthaus errichten. Zudem bemühte er sich im Jahr 1563 erfolgreich, das Leibgedingrecht auf seine Frau und seinen Sohn auszudehnen und auch den Zins zu verringern. Bei all diesen Unternehmungen sah das Klosterneuburger Stift konkrete Anzeichen, daß Bayer das Anwesen besitzen und erblich an sich bringen wollte, wie einem Dokument des Stiftsarchivs zu entnehmen ist: „Er tue so, Alls wer die Katerburg seyn frey Aigen guet, und hat gleich darumben den Hoff Katerburg zu solcher Herrschafft erpaut, das ime nie befolchen, erlaubt noch bewilliget ..."

Die Katterburg wurde von Bayer offensichtlich zu einem überaus repräsentativen Anwesen ausgebaut, und auch die Wirtschaftsbetriebe mußten in den fünfzehn Jahren von der Übernahme bis zur Vertragsänderung eine prosperierende wirtschaftliche Entwicklung erfahren haben. Aus der Beschreibung des Anwesens, die einem Kaufvertrag aus dem Jahr 1569 beigelegt wurde, geht hervor, daß neben dem geräumigen Meierhof und der Mühle auch ein Haus mit gewölbtem Saal, Stuben, Kammern und anderen Gemächern existierte, bei dem es sich allem Anschein nach um das neu erbaute Herrenhaus handelte, zu dem jetzt sogar ein Pferdestall zählte.

Ansicht der Residenzstadt Wien mit den umgebenden Vororten. Aus dem Kupferstichwerk von Wolfgang Lazius. 1563

Der Meierhof inkludierte wahrscheinlich auch eine Viehwirtschaft, zumal dafür notwendige Gebäude wie Stall, Stadel und Schuppen vorhanden waren. Zwischen der Wien und dem Mühlbach befand sich ein umzäunter Lust- oder Baumgarten mit Obstbäumen und – mittendrin – einem großen Weingarten. Zum Gut gehörten auch ausgedehnte Wiesen, die sich entlang des Katterholzes im Süden des Anwesens erstreckten, sowie weitere Besitzungen an Wiesengründen in Lainz und Ottakring.

Zur Besorgnis des Stiftes strebte der offenbar sehr ehrgeizige Anwalt gleichzeitig an, selbst die Dörfer Meidling und Hietzing in seinen Besitz zu bringen, wobei er mit der Unterstützung Kaiser Maximilians II. rechnete. Die weitreichenden Pläne Bayers kamen jedoch durch seinen plötzlichen Tod nicht zum Tragen. Dem Vertrag nach war damit das Leibgedingrecht beendet, den hinterbliebenen Töchtern Bayers sollten eintausend Gulden gezahlt werden und die Katterburg wieder freies Eigentum des Klosters werden.

Sie hingegen wollten den Besitz gegen den Widerstand des Stiftes veräußern und fanden in dem kaiserlichen Rat und Oberstkämmerer der Kaiserin Maria, Freiherr Peter von Mollart zu Rainegg, auch bald einen Interessenten, der bereit war, das Anwesen für viertausend sowie einer zusätzlichen Provision von 150 Gulden zu erwerben.

Gleichzeitig schaltete sich aber auch Kaiser Maximilian II. selbst in die Kaufverhandlungen ein: Er wurde vom Stift Klosterneuburg als zukünftiger Eigentümer favorisiert, um die anhaltenden Streitigkeiten wegen der Eigentumsrechte endlich zu beenden. Maximilian seinerseits sagte den mit dem Freiherrn Mollart vereinbarten Kaufpreis für das Anwesen zu und ließ sogleich mehr als die Hälfte des überaus hohen Betrages auszahlen, der damit gerechtfertigt wurde, daß die Katterburg „mit großen Unkosten erhebt und Erbaut worden“ war. Der Kaufvertrag wurde am 8. Oktober 1569 ausgestellt, und der Kaiser bezog unverzüglich das neuerworbene und sicherlich ansehnliche Gut.

Die vollständige Verkaufsabwicklung und die Eigentumsübertragung verzögerten sich allerdings bis über seinen Tod hinaus und kamen erst 1585 zum endgültigen Abschluß.

Mit dem Ankauf der Katterburg durch Maximilian II. war der letzte Schritt gesetzt, den ehemaligen Meierhof samt Mühle und Weinkulturen, der im Verlauf der Jahrhunderte zu einem einträglichen Wirtschaftsbetrieb angewachsen war, in ein imperiales Jagdanwesen umzuwandeln.

Die Jagd – ein höfisches Vergnügen

Maximilian II. hegte eine besondere Vorliebe für die Jagd. Dieses fürstliche Vergnügen schien ihn neben seinem naturwissenschaftlichen Interesse bewogen zu haben, auch die ansehnliche Katterburg mit ihren reichen Jagdbeständen an dem bewaldeten Berghang zu erwerben.

Es besteht allerdings auch die Vermutung, daß zu diesem Zeitpunkt eine Veränderung in der Jagdmode eintrat, und die Hochwildjagd der Niederwildjagd vorgezogen wurde. Die Donauauen, in denen Kaiser Maximilian II. mehrere Jagdschlösser, darunter Kaiserebersdorf und das Schloß Neugebäude, besaß, wiesen in erster Linie reiche Bestände an Niederwild auf, während im Wienerwald das seit neuestem begehrte Hochwild heimisch war. Maximilians Entscheidung für den Ankauf der Katterburg liegt möglicherweise auch darin begründet, daß um 1560 eine neue Jagdart durch den Oberstjägermeister Hans Herr zu Scherffenberg eingeführt wurde, nämlich das „eingestellte Jagen", für welche die Anlage der Katterburg die besten Voraussetzungen bot.

Die Jagdleidenschaft stellte keineswegs eine persönliche Wesensart Kaiser Maximilians II. dar; denn seit dem Mittelalter war sie die standesgemäße Freizeitbeschäftigung der adeligen Gesellschaft schlechthin. Den Babenbergern wurde sogar nachgesagt, ihre Residenz in Wien aufgrund des Wildreichtums der umliegenden Jagdreviere aufgeschlagen zu haben.

Kaiser Maximilian II.
Gemälde (Ausschnitt) aus der Werkstatt des Neufchatel. Um 1567

Schon ab dem 9. Jahrhundert setzten die Landesherren schrittweise ihren Anspruch auf Jagdrechte durch, die somit den Bauern entzogen werden mußten: Das adelige Vergnügen ging damit letzten Endes auf Kosten der bäuerlichen Bevölkerung, die durch das fürstliche Vorrecht der Jagd einerseits einer Nahrungsmittelquelle beraubt wurde und andererseits auch noch die entstandenen Flurschäden zu tragen hatte.

Nach den Babenbergern begeisterten sich auch die Habsburger für die Jagd, die in verschiedenen Formen – als Hetz- oder auch Parforcejagd, als Beizjagd mit Raubvögeln und als Fangjagd mit Netz und Garn – ausgeübt wurde.

Ab dem 14. Jahrhundert wurden in der Umgebung von Wien die ersten „Tiergärten" als umzäunte Anlagen errichtet, die je nach gehaltener Tierart als Hirsch- oder Saugarten bezeichnet wurden. Damit bot sich die Möglichkeit, das Wild „auf Vorrat" zu halten, um es von der adeligen Gesellschaft nach Lust und Laune bejagen zu lassen.

Unter Kaiser Maximilian I. wurden zu Beginn des 16. Jahrhundert strenge Jagdbestimmungen erlassen, die nicht nur zur Schonung des Wildes dienten, sondern auch dazu, das Jagen ausschließlich den Grundherren vorzubehalten.

Die oft eigenhändig geführten Jagdtagebücher der kaiserlichen und adeligen Jäger berichten von den bemerkenswerten Jagderfolgen anhand langer Listen über die erlegten Tiere und dokumentieren das offensichtliche Vergnügen, das dem Jagen abgewonnen wurde.

KAISER MAXIMILIAN II.

Maximilian II., eine Persönlichkeit von geistiger Regsamkeit und Toleranz, trat im Jahr 1564 die Herrschaft als Römischer Kaiser an. Bereits in jungen Jahren galt er als Mensch mit hervorragender Bildung, der unvoreingenommen auch mit protestantischen Fürsten enge Freundschaft schloß und über diese mit der protestantischen Lehre in Berührung kam.

Mit seiner Cousine Maria von Spanien, einer Tochter Karls V., seit 1548 verheiratet, lebte er bis 1552 am spanischen Hof, wo auch die strengkatholische Umgebung seine protestantischen Neigungen nicht ersticken konnte. Als Kaiser knüpfte er an den Kompromißkatholizismus seines Vaters Ferdinand I. an und gewährte auf den Adelsgütern freie Religionsausübung. Mit dieser ausgleichenden Haltung trug er maßgeblich zur Sicherung des Religionsfriedens bei. Er selbst löste sich nie gänzlich von der katholischen Kirche, obwohl er am Sterbebett zum Entsetzen seiner strengkatholischen Gemahlin die Sterbesakramente verweigerte.

Maximilian II. trat als großer Förderer der Kunst und Wissenschaften auf und versammelte zahlreiche italienische und niederländische Gelehrte an seinem Hof. Aus dem Bereich der Naturwissenschaften förderte er vor allem die Botanik, und 1573 berief er den berühmten Botaniker Carolus Clusius als kaiserlichen Botanicus an den Wiener Hof. Clusius zog unter anderem die erste Roßkastanie in Wien – ein Baum, der das Stadtbild bis heute prägt. Außerdem war er am Import der ebenfalls aus dem Orient stammenden Tulpe sowie der Kartoffel, die die Spanier aus Südamerika mitgebracht hatten, beteiligt. Von Gislain de Busbeq, dem Erzieher der Kinder Maximilians, wurde aus Konstantinopel eine weitere exotische Pflanze nach Wien gebracht: der Flieder, der allerdings erst nach dem Tod Maximilians im Frühling 1589 erblühte.

Ein weiteres Interesse des Kaisers galt der Kunst, vor allem der Architektur. Über die Vermittlung des aus Mantua stammenden Italieners Jacobo Strada, der seit 1558 als Architekt und später als Antiquarius in den kaiserlichen Diensten stand, unterhielt er enge künstlerische und kulturelle Beziehungen zu Italien. Das bis zum Extrem gesteigerte Kunstinteresse bewog Maximilian II., innerhalb weniger Jahre mehrere Bauprojekte gleichzeitig ins Leben zu rufen. Eines davon war das Schloß Neugebäude, das als „villa suburbana“ nach italienischem Vorbild zwischen 1568 und 1572 in Simmering östlich von Wien errichtet wurde. Die riesige Anlage beherbergte neben dem Renaissancebau auch ausgedehnte Gärten, in denen sich Fasane, Rebhühner und Mufflons tummelten, sowie Fischkalter und eine Menagerie für wilde Tiere.

DER AUSBAU DES TIERGARTENS

Ein weiteres Ausbauprojekt war die Katterburg zwischen Meidling und Hietzing. Unmittelbar nach Abschluß des Kaufvertrages im Oktober 1569 wurde von Maximilian II. die Einplankung des Anwesens angeordnet. Es ist anzunehmen, daß das vorrangige Interesse des Kaisers der Anlage des Tiergartens galt, der im damaligen Verständnis auch der Jagd zu dienen hatte und in den Urkunden als „Tiergarten bei der Katterburg“ bezeichnet wurde. Die Errichtung einer Umfriedung im Ausmaß von viereinhalb Kilometer zog sich aufgrund finanzieller Schwierigkeiten über mehrere Jahre hin, obwohl Maximilian mehrmals auf eine baldige Fertigstellung drängte. Die ursprüngliche Holzeinzäunung mußte 1575 durch eine Mauer ersetzt werden, nachdem sich erstere als unzureichend herausstellte; die dazu notwendigen Mauersteine wurden aus dem Hütteldorfer Steinbruch geliefert.

Der neue Tiergarten war vornehmlich zur Haltung einheimischen Jagdwildes und Geflügels bestimmt, gleichzeitig sollte jedoch auch ein Lustgarten angelegt werden. Neben dem vermutlich bereits seit 1540 bestehenden „Tendelgarten“ für Damwild kam ab 1573 ein Geflügelhof mit Pfauen, Hühnern und Enten hinzu, und aus dem Jagdschloß Kaiserebersdorf wurden die als exotisch geltenden Truthühner, damals „indianische Hühner“ genannt, geliefert. Auch für die Errichtung eines Fasanengartens und einer Vogeltenne für verschiedenste Arten von Wildvögeln wurde gesorgt. Die Haltung der Vögel diente unter anderem auch der Versorgung der Hoftafel.

Besonderen Wert legte man auch auf die Zucht von Edelfischen, für die man eigene, aus Steinen gesetzte Teiche anlegte. Bei diesen wurde eine Biberkolonie angesiedelt, um das Bibergeil, die harzige Ausscheidung aus dem Geschlechtsorgan der Männchen, zu gewinnen, das in der damaligen Zeit als Beruhigungsmittel überaus geschätzt war.

Für die Speisung der Fischteiche wurde 1575 die Wasserzufuhr durch einen weiteren Mühlbach verstärkt, den man wiederum in der Höhe des Auhofes am linken Wienufer anlegte. Diese Frischwasserzufuhr erfolgte in einem komplizierten Lauf über die Dörfer entlang der Wien, um schließlich mit Hilfe von Holzrinnen in den Tiergarten der Katterburg geleitet zu werden.

Für die Garten- und Tierpflege wurden ein Gärtner, ein Vogeljäger und ein Fischwärter bestellt. Darüber hinaus stellte man auch einen Hüter an, der das Gehege in seinem gesamten Ausmaß regelmäßig umrunden mußte und dafür zu sorgen hatte, daß „daß wildbredt nicht auskummen oder Ihme sonst nachtheil zustossen möcht“.

Die zeitgenössischen Berichte über den Ausbau des Tiergartens lassen den Schluß zu, daß sich Maximilian II. mit großem Engagement und gleichzeitig hohem finanziellem Aufwand dem neuen Ausbauprojekt der Katterburg widmete. Die Gründe dafür liegen einerseits im naturwissenschaftlichen Interesse des Herrschers, das in einer systematischen Pflege und Sammlung wilder Tiere und ungewöhnlicher Pflanzen ihren Ausdruck fand.

Andererseits frönte der Herrscher – wie auch viele seiner Vorgänger – der Jagdleidenschaft, und dazu bot das Gebiet der Katterburg ausreichend Gelegenheit. Aufgrund eines Herzleidens zog es Maximilian vor, ein ungestörtes und leicht begehbares Jagdrevier zu besitzen, das die mühsame Pirschjagd im Wienerwald ersetzen sollte. Dem kam auch die bereits erwähnte neue Jagdart der „umstellten Jagd“ entgegen, die sich am Wiener Hof bald großer Beliebtheit erfreute. Bei dieser Jagdform wurde das Wild aus den oft entlegenen Waldgebieten durch robotpflichtige Untertanen auf engstem Raum „eingestellt“, das heißt zusammengetrieben. War genügend Wild „gesperrt“, so wurde die Hofjagd angesetzt und das eingefangene Wild von der Jagdgesellschaft aus nächster Nähe erlegt.

Der eingezäunte Tiergarten der Katterburg war für die neue Jagdmode prädestiniert: Auf den bewaldeten Hängen wurde Rot- und Schwarzwild gehegt, das bei Bedarf von angeheuerten Treibern aus der Umgebung zusammengetrieben und der kaiserlichen Jagdgesellschaft zugeführt wurde, die es von einer Tribüne aus bequem erlegen konnte.

Zu diesem Zweck mußte wahrscheinlich das übernommene Herrenhaus entsprechend adaptiert werden, wofür sowohl die Lieferung von Quadersteinen aus der Umgebung wie auch das Heranziehen der Untertanen zu den verschiedensten Arbeitsleistungen während des Baugeschehens im Jahr 1573 sprechen.

Baumaterialien waren allerdings auch vor Ort genügend vorhanden (und dürften mit ein Grund für die Entscheidung Maximilians II. gewesen sein, die Katterburg zu erwerben): Sand und Lehm konnte im Wiental abgebaut werden; zudem beherbergte die Katterburg sogar einen Steinbruch im sogenannten „Gatterhölzl", der erst vor kurzem während einiger Restaurierungsarbeiten lokalisiert werden konnte.

Kaiser Rudolph II.
Gemälde von Hans von Aachen.
Um 1606/8

Das Ausmaß der Umbauarbeiten konnte bislang nicht verifiziert werden; es ist allerdings anzunehmen, daß es sich um ein beachtliches Ausbauprojekt gehandelt haben muß; so wurden im Jahr 1575 auf kaiserlichen Befehl Maurer selbst aus der entfernteren Umgebung gegen Bezahlung für die Arbeiten herangezogen.

Schließlich mußte das Herrenhaus eine adäquate Unterbringung der höfischen Jagdgesellschaft gewährleisten. In der Nähe des Herrenhauses war wohl auch die Errichtung einer „Abschußtribüne" geplant.

Durch die herrschaftlichen Vergnügungen wurde die Einträglichkeit des ursprünglichen Meierhofes und der Mühle stark beeinträchtigt. Die Wirtschaft wurde daher aufgelassen, die Mühle einem Pfleger des Tiergartens in Bestand gegeben. Anstelle des Pachtzinses sollte dieser für die Pflege des Tiergartens sorgen.

Am 12. Oktober 1576 starb Maximilian II. überraschend während des Reichstages in Regensburg. Ob die Arbeiten an der Katterburg zu diesem Zeitpunkt bereits gänzlich abgeschlossen waren, ist eine nach wie vor unbeantwortete Frage. Tatsache ist jedoch, daß dieses Projekt dem Kaiser sehr ans Herz gewachsen sein mußte, hatte er doch am Sterbebett wehmütig bedauert, daß er wohl „nimber gen Khadterburg fahren" kann.

DIE KATTERBURG IM BESITZ KAISER RUDOLPHS II.

Die Katterburg kam nun in den Besitz seines Sohnes und Nachfolgers Rudolph II., der die Anlage nur ein einziges Mal, und zwar im Jahr 1577, besuchte. Rudolph verlegte den kaiserlichen Hof nach Prag und konnte sich deshalb nicht persönlich um die Katterburg kümmern. Er veranlaßte jedoch mit hohem Aufwand, daß die Anlage gepflegt und instand gehalten werden sollte. Die dafür erforderlichen Ausgaben wurden regelmäßig bereitgestellt. Besonderes Augenmerk legte man auf die Erhaltung der Fischteiche und den Unterhalt der Vogelbestände. Die technischen Einrichtungen, unter anderem für kostbare Wasserspiele, wahrscheinlich aus der Zeit Maximilians II., wurden durch laufende Reparaturen intakt gehalten. Um die „gute Ordnung" im Tiergarten der Katterburg aufrechtzuerhalten, erließ man genaue Instruktionen für das Pflegepersonal und sorgte für eine ununterbrochene Bestellung von Pflegern.

Zwischen 1592 und 1598 soll die Katterburg als Geschenk des Kaisers in den Besitz seines Kriegszahlmeisters Ägydius Gattermayer übergegangen sein. Vermutlich hat er das Anwesen seinem hochverdienten Vertrauten nur zur Nutzung überlassen, nachdem die Katterburg durch die ständige Abwesenheit des Hofes nicht benötigt wurde. Für die Annahme, daß es sich um keine Veränderung der Eigentumsverhältnisse handelte, spricht auch, daß die beträchtlichen Ausgaben für die Erhaltung weiterhin von der kaiserlichen Hofkammer getragen wurden.

Rudolph II., der sich im Verlauf seiner Regentschaft zunehmend isolierte, um sich seiner Sammlerleidenschaft zu widmen, residierte in Prag. Die österreichischen Erbländer übertrug er in Statthalterschaft seinen Brüdern Ernst und Matthias, die den Protestantismus wirksam bekämpfen konnten, was Rudolph in Böhmen nicht gelang. So kulminierte in Ungarn die allgemeine Unzufriedenheit über die ungelöste Glaubensfrage auch wegen der starren Haltung des Kaisers, der den Katholizismus unter allen Umständen wiederherzustellen trachtete. Der ehemals kaisertreue Calvinist Stephan Boczkay suchte Hilfe bei den Türken, worauf ihm der Sultan Siebenbürgen und Ungarn als türkische Lehen übergab. So kam es ab 1593 zu zahlreichen kriegerischen Auseinandersetzungen zwischen Ungarn und den habsburgischen Regenten. Als Boczkay 1605 zum Fürsten gewählt wurde, drangen seine Heere bis in den Wienerwald vor, ohne auf besonderen Widerstand durch kaiserliche Truppen zu stoßen. Ein Jahr später konnten die Auseinandersetzungen unter großen Zugeständnissen, darunter die freie Religionsausübung in Ungarn, beendet werden.

Kaiser Matthias im Portraitmedaillon, eingerahmt von allegorischen Darstellungen.
Anonymer Kupferstich. Um 1615

politischen Ehrgeiz, der schließlich zum berühmten „Bruderzwist im Hause Habsburg" führte.

Maximilian II. bestimmte in seinem Testament, daß Rudolph als ältester der überlebenden Söhne die alleinige Nachfolge im Reich antreten sollte, die übrigen Söhne wurden mit relativ bescheidenen Jahresgeldern abgefunden. Enttäuscht über diese Erbregelung, ließ sich Matthias auf politische Abenteuer ein, die ihm vorerst wenig Erfolg einbrachten. Mit der Unterstützung seiner Brüder ernannte er sich schließlich zum Oberhaupt des Hauses Habsburg und zwang Kaiser Rudolph II. im Jahr 1608, die Erbländer Österreich, Ungarn und Mähren an ihn abzutreten. Nach dem Tod Rudolphs erlangte Matthias auch die Kaiserwürde. Um seine Ziele zu erreichen, mußte er vor allem in Glaubensfragen weitreichende Zugeständnisse machen, die letzten Endes auch für den nachfolgenden Dreißigjährigen Krieg mitentscheidend waren.

Der Einbruch der Ungarn unter dem Fürsten Boczkay und die damit verbundenen Plünderungen im Jahr 1605 trafen auch die Katterburg. Durch Brandschatzung wurden vermutlich sämtliche Gebäude in schwere Mitleidenschaft gezogen.

Die Behebung der Schäden fand nur zögerlich statt, ein schrittweiser Aufbau wurde von den zuständigen Pflegern aus eigenen Mitteln zuerst an den Wirtschaftsgebäuden begonnen, um den Betrieb des Gutes wieder aufnehmen zu können.

Erst unter dem neuen Kaiser Matthias, der 1612 die Nachfolge seines Bruders Rudolph antrat, nahm man die Beseitigung der Baufälligkeiten konsequenter in Angriff. Die Regierung der österreichischen Erbländer oblag Matthias allerdings schon seit 1608, doch scheint es, daß er für die Wiederherstellung der verwüsteten Katterburg kein Interesse zeigte. Zu den bestehenden Schäden fügte sich damit zunehmende Verwahrlosung.

Kaiser Matthias und die Entdeckung des Schönen Brunnens

Im Gegensatz zu seinem mißtrauischen und verschlossenen Bruder Rudolph besaß Matthias ein offenes, ja fast treuherziges Wesen. Allerdings entwickelte er schon früh starken

Als man 1612 die Verlegung des kaiserlichen Hofes von Prag nach Wien erwartete, wurde auf eine Wiederherstellung der Katterburg gedrängt, allerdings bereits mit dem Hinweis, daß die Arbeiten aufgrund des Schadensumfanges längere Zeit in Anspruch nehmen würden. Ein überlieferter Kostenüberschlag aus diesem Jahr läßt das Schadensausmaß erkennen und gibt gleichzeitig eine Vorstellung von dem maximilianischen Jagdhaus mit der kaiserlichen Wohnung, das weitgehend dem Herrenhaus des Vorgängers Bayer entsprach. Neu hinzugekommen scheint ein Turmbau zu sein, unter dem die Einfahrt lag. Das anschließende Herrenhaus beherbergte im Erdgeschoß einen gewölbten Saal und einen weiteren im darüber liegenden Geschoß, wo sich auch eine Tafelstube und eine Kammer befanden. Von dort gelangte man in ein höher gelegenes kleines Zimmer, das vermutlich im Turm über der Einfahrt situiert war.

Sämtliche Verdachungen, auch die der Mühle und der Wirtschaftsgebäude, waren durch neue zu ersetzen, daneben mußten auch Türen, Fenster und Fensterläden ausgebessert werden. Trotz der im Jahr 1612 geäußerten Dringlichkeit, die

Katterburg wiederherzustellen, erfolgte eine entsprechende kaiserliche Verordnung erst zwei Jahre später. Und selbst da wurden die notwendigen Arbeiten vermutlich nicht wie angeordnet durchgeführt, denn zehn Jahre später zeigten sich neuerlich schwere Baumängel.

Matthias hielt sich ab 1614 zwar häufig auf dem Anwesen der Katterburg auf, um hier seiner Jagdleidenschaft nachzugehen; den gepflegten Zustand des maximilianischen Tiergartens konnte er allerdings nicht wiederherstellen. Wahrscheinlich haben die politischen Umstände und Ereignisse nicht erlaubt, ein neues Jagdschloß zu errichten – zumindest wird das oft in der Literatur behauptet. Beispielhaft für die leichte Verwahrlosung in dieser Zeit ist die Tiergarteneinzäunung, die damals nur provisorisch instand gesetzt worden sein dürfte.

Auf Matthias geht jedoch die Erbauung des sogenannten „Hundsturmes" zurück – am rechten Wienufer und auf etwa halber Entfernung zwischen der Katterburg und der Residenzstadt Wien gelegen –, den er zur Verwahrung seiner Jagdhunde errichten ließ. Denn für die überaus beliebten Hetzjagden waren die Hunde unverzichtbare Begleiter, die entsprechend sorgsam untergebracht und gepflegt wurden.

Einer Legende zufolge entdeckte Kaiser Matthias bei einem seiner Jagdaufenthalte jenen „Schönen Brunnen", der dem Anwesen wenige Jahrzehnte später den neuen Namen geben sollte – Schönbrunn. Seit seiner Entdeckung wurde das Wasser des Schönen Brunnens am kaiserlichen Hof hochgeschätzt, und es diente bis zur Versorgung mit Hochquellenwasser am Ende des 19. Jahrhunderts als Trinkwasser der kaiserlichen Familie, das man mit einem Mauleselgespann sogar bis in die Hofburg brachte. Selbst auf Reisen wurde es in verlöteten Blechkisten mitgeführt. Bis in die sechziger Jahre des 20. Jahrhunderts konnten auch Besucher des Gartens gegen Entgelt das köstliche Wasser trinken.

Kaiser Matthias mit seiner Jagdgesellschaft am Schönen Brunnen.
Romantisierende Darstellung aus dem 19. Jahrhundert

Ein Brunnenstein mit dem gekrönten kaiserlichen Initial „M" verweist auf diese Legende. Er befindet sich heute im Brunnenhaus des Schönen Brunnens, das in den 1770er Jahren im Auftrag Maria Theresias errichtet wurde. Ein Duplikat wurde später in die Mauer zur heutigen Grünbergstraße eingebaut.

Als Matthias 1619 starb, befand sich die Katterburg immer noch in baufälligem Zustand, die kaiserlichen Räume waren durch das ständige Eindringen des Regens gefährdet und der Tiergartenzaun war verfault. Die Pfleger konnten ihre Aufgaben nicht ausreichend erfüllen, weil sie von den Zahlungen der Hofbehörden abhängig waren, die offensichtlich die finanziellen Mittel zur Instandsetzung nicht zur Verfügung stellten.

Mit dem Regierungsantritt Ferdinands II. begann jedoch eine neue Epoche in der Geschichte der Katterburg, die das Anwesen wieder zu einem Mittelpunkt des höfischen Lebens machen sollte.

KAISER FERDINAND II. UND SEINE GEMAHLIN ELEONORE VON GONZAGA

Als Kaiser Matthias ohne Nachkommen starb, wurde sein Cousin Erzherzog Ferdinand III. von Innerösterreich-Steiermark als Ferdinand II. Oberhaupt des Hauses Habsburg und Römisch-Deutscher Kaiser. Überaus strengkatholisch erzogen, leitete er bereits seit 1596 durch gewaltsame und brutale Unterdrückung der Protestanten die Rekatholisierung in Innerösterreich ein, die er als Kaiser vehement und erfolgreich weiterbetrieb.

Mit Zwangsbekehrungen und ebenso erzwungenen Auswanderungen der protestantischen Bevölkerung setzte der Kaiser die Gegenreformation vehement durch. Seine Regierungszeit war vom Dreißigjährigen Krieg überschattet, der erst 1648 unter seinem

Sohn und Nachfolger Ferdinand III. beendet werden konnte.

Der Charakter Ferdinands II. war von krassen Gegensätzen geprägt – seine religiöse Unduldsamkeit war gepaart mit Freundlichkeit und Heiterkeit; Eigenschaften, die sich vor allem im persönlichen Umkreis zeigten und oft dazu führten, daß seine Großzügigkeit von dieser nicht immer uneigennützigen Umgebung ausgenutzt wurde.

Im Jahr 1622 heiratete der 44jährige Kaiser nach einer ersten glücklichen Ehe ein zweites Mal, und zwar die um zwanzig Jahre jüngere und am kunstsinnigen Hof in Mantua aufgewachsene Prinzessin Eleonore von Gonzaga. Die italienische Prinzessin beeindruckte den strengkatholischen Kaiser nicht nur durch ihre außergewöhnliche Schönheit, sondern auch durch ihre tiefe Frömmigkeit. Darüber hinaus verbanden zahlreiche gemeinsame Interessen das neue Kaiserpaar, allen voran die Musik und die Jagd.

Aufgrund der gemeinsamen Jagdleidenschaft des Kaiserpaares, die durch eigenhändige Aufzeichnungen über die erzielten Jagderfolge bewiesen ist, gewann auch die Katterburg wieder das Interesse des Hofes. Nicht nur die Katterburg wurde zum Jagen aufgesucht, sondern auch die übrigen kaiserlichen Jagdgebiete entlang der Donau und in Laxenburg. Ferdinand II. war ein überaus ehrgeiziger Jäger. Wenn man seinem Jagdkalender Glauben schenken darf, so erlegte er mit seiner Jagddienerschaft allein im Jahr 1624 in den Revieren um Wien 16936 Stück Wild.

Das Anwesen der Katterburg stellte Ferdinand seiner jungen Gemahlin zum jährlichen Sommeraufenthalt zur Verfügung: Hier konnte sie das Landleben genießen und der Jagd frönen. Nachdem sich der ganze Hof nun häufiger und zahlreicher auf dem sehr geschätzten Jagdgebiet aufhielt, war die Wiederherstellung der Gebäude und eine Verbesserung der Einrichtungen dringendst notwendig. Die Instandsetzung des Tier- und Fasanengartens wurde dem Oberststall-, Falken- und Landjägermeister Graf von Mansfeldt anvertraut und damit die Wirtschaft und Mühle den Pflegern als Bestandnehmern entzogen. Mit der Betreuung vor Ort wurde ein neuer Tiergartenhüter bestellt, dem man ein eigenes Haus erbaute. Ab 1633 übernahmen zunehmend Hofbedienstete aus der nächsten Umgebung des Herrscherpaares den Pflegedienst für den Tiergarten, darunter der Kammerdiener und Kammerzahlmeister Maximilian Bosso, der von 1633 bis 1638 den Fruchtgenuß der Katterburg erhielt.

Als Kaiser Ferdinand 1637 starb, erhielt Eleonore ein Jahr später die Katterburg als Witwensitz zugesprochen. Obwohl das Anwesen bereits zu Lebzeiten Ferdinands eine wachsende Bedeutung in der Hofhaltung gewann, brachte die Erhebung zum Witwensitz eine entsprechende Rangerhöhung der Anlage als Residenz mit sich und sicherte gleichzeitig auch die finanziellen Mittel für eine adäquate Instandhaltung. Aus dem 1638 ausgestellten Schenkungsbrief geht hervor, daß alle Rechte zur Nutzung der Gebäude sowie des Tiergartens auf Lebensdauer an die Kaiserinwitwe übergehen sollten. Sie erhielt die vollständige Verfügungsgewalt über das Dienstpersonal und die Versicherung, daß für die Unterhaltskosten von seiten des Vicedomamtes, im Rahmen dessen die kaiserlichen Kammergüter verwaltet wurden, zu sorgen sei. Gleichzeitig wurde allerdings festgehalten, daß sie sich mit dem zukünftigen Fruchtgenuß des Kammerzahlmeisters Bosso abzufinden habe, der sich wahrscheinlich nur mehr auf die Wirtschaft der Katterburg bezog.

Eleonore von Gonzaga war nicht nur eine begeisterte Jägerin, sondern auch eine überaus kunstsinnige Frau, die Kunst und Musik nach italienischem Vorbild am Wiener Hof pflegte. Sie förderte unter anderem das Musiktheater und noch im Jahr ihrer Vermählung wurde die erste große Ballettaufführung in Wien gegeben. Die junge Kaiserin selbst legte die Choreographie dieses Balletts fest, wobei die einzelnen

Links: **Kaiser Ferdinand II.** Gemälde (Ausschnitt) von Caspar Della. 1627. *Rechts:* **Kaiserin Eleonora von Gonzaga.** Gemälde (Ausschnitt) von Justus Sustermans. Um 1623/24

Der Khaiserliche Lust- und Thiergarten Schenbrunn.
Kupferstich von Georg Matthaeus Vischer. 1672

Figuren die Buchstaben des Namens ihres Gemahls formten.

Das Musiktheater nahm einen bedeutenden Aufschwung, und eigene Theaterarchitekten wurden bestellt, um entsprechende Bühnendekorationen zu entwerfen und auszuführen. Zu den bedeutendsten unter ihnen zählten ab der Mitte des 17. Jahrhunderts die Italiener Giovanni und Lodovico Burnacini. Die Theateraufführungen sollten der höfischen Gesellschaft Anregungen und Abwechslung bieten und gleichzeitig der Glorifizierung des Fürstenhauses dienen.

Besonders beliebt waren Aufführungen in den Gärten der Lustschlösser – es waren die „teatri di verdura“, die an geeigneten Kreuzungen von Gartenalleen mit großem dekorativem Aufwand veranstaltet wurden.

Schon bald nach der Erhebung zum Witwensitz durch Ferdinand III., Sohn des verstorbenen Kaisers aus erster Ehe, dürfte sich Eleonore von Gonzaga mit Neubauplänen getragen haben, die schließlich zu Beginn der 1640er Jahre realisiert werden konnten. Das gesellschaftliche Leben, das die kunstsinnige Kaiserinwitwe in Schönbrunn pflegte, erforderte einen entsprechenden repräsentativen Rahmen und fand in dem umgebauten und mehrmals instandgesetzten Herrenhaus aus dem vorangegangenen Jahrhundert offenbar keinen Platz mehr. Über die Baugeschichte, die Planung und den verantwortlichen Architekten liegen nur Vermutungen vor, die bislang durch Quellennachweise nicht bestätigt werden konnten.

Es ist wahrscheinlich, daß für die Planung und den Neubau des Lustschlosses der aus Italien stammende Architekt Giovanni Battista Carlone verantwortlich zeichnete, zumal dieser bereits seit 1620 als Architekt im Dienste Ferdinands II. stand und mit zahlreichen Planungs- und Bauaufgaben im Auftrag des Kaisers reüssierte; seit 1633 gehörte Carlone dem Hofstaat der Kaiserin an. Für die Ausstattung des Lustschlosses soll Filiberto Lucchese, ein weiterer bedeutender kaiserlicher Architekt italienischer Herkunft, beauftragt worden sein.

Für die Beteiligung italienischer Künstler beziehungsweise einer Orientierung an italienischen Vorbildern spricht auch die zeitgenössische Beschreibung aus dem Jahr 1660, der zufolge das Schloß „auf italienische Marnier angeleget“ war.

Der Neubau des Schlosses war im Jahr 1642/43 fertiggestellt; am 24. Januar 1642 wurde neben der bisher üblichen Bezeichnung Katterburg erstmals der Name „Schönbrunn“ urkundlich erwähnt. Diese Namensgebung stand offensichtlich mit dem Neubau des Lustschlosses in Verbindung.

Wie bereits erwähnt, wurde dem Quellwasser die größte Wertschätzung durch den kaiserlichen Hof beigemessen. So war die Überlassung der Katterburg als Witwensitz mit der Bedingung verknüpft, daß dieses Wasser auch wei-

SCHÖNBRUNN ALS WITWENSITZ

„… [Schönbrunn] so auf Italienische Manier angeleget, von dreyen Geschoß hoch gebauet, und von Gemälden und anderen noch ziemlich mobilirt war. Aus dem Hause fuhren Wir zu dem Brunn, von dem der Ort den Nahmen hat, so mit 4 grossen Linden besetzet, und mit einem hölzernen Gatter verschlossen, auch sonsten die Quelle gar schön gefasset war, welche einem Bilde von Marmel zu zweyen Brüsten herausser liefe.“ *Johann Joachim Müller. Entdecktes Staats-Cabinett. 1714. Nach einer zeitgenössischen Beschreibung aus dem Jahr 1660.*

terhin für die kaiserliche Familie zur Verfügung stehen und die Versorgung nicht geschmälert werden sollte. Daß der Brunnen namensgebend war, ist ebenso durch die bereits genannte Beschreibung verbürgt, wonach der Schöne Brunnen von Lindenbäumen umgeben und die Quelle möglicherweise von einer weiblichen Marmorfigur gefaßt war, aus deren Brüsten das Wasser hervorgequollen sein soll.

Die Residenzstadt Wien und ihre Umgebung mit der Südansicht des Schlosses Schönbrunn.
Karte nach Georg Matthaeus Vischer. 1670

Mit dem Bau des Lustschlosses war sicherlich auch die Anlage eines Lustgartens verbunden, über dessen konkretes Aussehen keinerlei Bildquellen überliefert sind. Die einzige überlieferte Bildquelle des Gonzaga-Schlosses, ein Stich von Georg Matthaeus Vischer aus dem Jahr 1672, zeigt lediglich die Nordfassade des Schlosses und den schematisch dargestellten bewaldeten Hang des Schönbrunner Hügels, bezeichnet allerdings das Anwesen als kaiserlichen Lust- und Tiergarten Schönbrunn. Die Existenz eines Lustgartens ist durch Schriftquellen belegt, wonach sich dieser durch schöne lange Alleen aus einheimischen Bäumen, zwischen denen spanischer Holunder eingestreut war, und durch Reihen fremdländischer Kübelpflanzen auszeichnete. In der weiteren Nutzung als Witwensitz durch Eleonore Maria von Mantua, Gemahlin Ferdinands III., wurde der Lustgarten auch noch durch Pomeranzen bereichert.

Das neue Lustschloß wurde nicht als isolierter Baukörper errichtet, sondern in westlicher Richtung an das bestehende Herrenhaus aus dem 16. Jahrhundert angebaut. Wie der Vischer-Stich aus dem Jahr 1672 zeigt, bestand der ältere Trakt im Osten aus einem L-förmigen zweiflügeligen Bau, zu dem ein aufwendiges Eingangsportal führte. Dieses Portal war über dem Rundbogen mit einer Attika aus Blendarkaden versehen und von einem abgetreppten Giebel bekrönt. Der dahinter liegende Bau war durch einen Zwiebelturm und der vorgezogene Flügel durch einen Erker in der Mittelachse akzentuiert.

Daran schloß das frühbarocke dreigeschossige Lustschloß der Kaiserinwitwe an. Es folgte dem Typus des langgestreckten hoflosen Schlosses, das mit dem älteren Bau das Zentrum der ausgedehnten Gartenanlage bildete. Die sechzehnachsige Nordfassade zeigte keine horizontale Gliederung und war lediglich durch gleichmäßig gereihte Fensterachsen mit variierenden Fenstergiebeln rhythmisch gestaltet. Die schmale Westfassade wies einen vorspringenden Treppenturm mit Giebeldach in der Mittelachse und niedrigeren seitlichen Annexbauten auf.

Über die Südansicht ist nur wenig bekannt; der Stadtplan Wiens von Vischer aus dem Jahr 1670 zeigt – allerdings sehr schematisch – auch die Südfront Schönbrunns mit dem turmbekrönten älteren Baukörper und dem dreigeschossigen Neubau des Lustschlosses. Es ist sehr wahrscheinlich, daß die Südfassade gegenüber der nüchternen Nordfassade reicher gestaltet war und sich stärker zum ausgedehnten Lustgarten öffnete – möglicherweise durch eine erhöhte Loggia.

Das Schloß war mit kostbaren Gemälden und kunstvollen Stuckarbeiten ausgestattet, wie aus einer Beschreibung von 1660 hervorgeht: „... mit kostbaren Gemählden gezierte Gemächer/und ein langer Saal/unter andern ist in einem Zimmer eine alte Zwärgin/mit einem grossen Bart abgemahlet/welche bey Kaysers Ferdinandi II. Zeiten an dem Hofe gewesen seyn soll. Item eine Tafel von künstlicher stuchatour

Arbeit/mit Blumenwerk/ Vogeln und in der Mitten das Kayserliche Wappen."

Bei den rezenten archäologischen Grabungen wurde die Raumgliederung im Erdgeschoß freigelegt. Analog zur Nobeletage befand sich hier ein langer Saal mit Annexräumen – zum Teil mit Tonfliesen von hoher Qualität gepflastert –, und auch die Existenz des westlichen Treppenturmes wurde bestätigt. Über den an die Südfront anschließenden und gleichfalls im Zuge der Grabungen entdeckten Keller war vermutlich eine Loggia ausgeführt.

Links: **Kaiser Ferdinand III.** Gemälde (Ausschnitt) von Frans Luycx. 1650. *Rechts:* **Kaiserin Eleonore von Mantua als Diana in der Rast.** Gemälde (Ausschnitt) von Frans Luycx. Um 1651

Die gesamte Anlage umgab eine Mauer, die vom Torbogen bis nach Hietzing in regelmäßigen Abständen durch Rundbogennischen, geschmückt mit den zwölf Kreuzwegstationen, akzentuiert war. Die Zeichnungen zu den einzelnen Stationen des Passionsweges stammen von dem italienischen Künstler Carpoforo Tencala und befinden sich heute noch im Klosterneuburger Stiftsarchiv. Diese Kreuzwegstationen wurden wahrscheinlich 1667 als Stiftung des Hofkammerdirektors Clement von Radolt errichtet und erst 1773 auf Befehl Maria Theresias abgetragen, da sie vom Verfall bedroht waren.

Nach dem Tod Eleonores kam Schönbrunn – wie auch die weiteren kaiserlichen Lusthäuser Laxenburg und die Favorita auf der Wieden – vorerst zur Nutznießung in den Besitz ihrer gleichnamigen Nachfolgerin und Nichte, die ebenfalls aus dem Hause Gonzaga stammte. Als deren Gemahl Kaiser Ferdinand III. im Jahr 1657 starb, wurde auch ihr – wie schon erwähnt – Schönbrunn als Witwensitz zur Verfügung gestellt.

KAISER FERDINAND III. UND SEINE GEMAHLIN ELEONORE VON MANTUA

Ferdinand III., der seinem Vater 1637 als Römischer Kaiser nachfolgte, mußte auch das Erbe des Dreißigjährigen Krieges übernehmen, den er, wenn auch mit großen Verlusten für das Haus Habsburg, im Jahr 1648 endlich durch den Westfälischen Frieden zum Abschluß bringen konnte. Ferdinand wurde zwar von Jesuiten erzogen, stand aber seinen geistlichen Ratgebern – darauf bedacht, seine Unabhängigkeit zu bewahren – immer mit Skepsis gegenüber. Dennoch war er sehr fromm und hegte eine besondere Marienverehrung.

Trotz der schwierigen politischen Lage widmete sich Ferdinand III. auch seinen vielfältigen wissenschaftlichen, künstlerischen und literarischen Interessen, war in der Philosophie bewandert und beherrschte sieben Sprachen. Seine besondere Liebe aber galt der Musik: Er komponierte selbst und hat damit die Reihe der musikschaffenden Habsburgerkaiser eröffnet.

Seine dritte und um 22 Jahre jüngere Gemahlin Eleonore Prinzessin von Mantua stammte wie seine Stiefmutter aus dem Hause Gonzaga. Auch sie war eine hochgebildete und prachtliebende Frau, deren Hof zum Mittelpunkt des gesellschaftlichen Lebens wurde. Neben ihren ausgeprägten literarischen und musikalischen Interessen widmete sie sich auch religiösen Aufgaben, wobei sie vor allem Ordensgründungen förderte. So stiftete sie im Jahr 1668 nach einer Brandkatastrophe in der Wiener Hofburg den Sternkreuzorden für adelige Damen, dessen Schutzherrschaft in der Folge immer die jeweilige Kaiserin zu übernehmen hatte.

Überaus kultiviert wie auch religiös war ihre Persönlichkeit – einer undatierten Quelle zufolge – von einer eigenartigen Zwiespältigkeit geprägt. „Sie zerrte sich seltsam zwischen Bußen und Sünden. Fast eine Heilige und doch mit demselben Durst nach den Lüsten des Lebens, bald mystisch verzückt im Gebet auf blutenden Knien, bald in die Freuden der Welt verstrickt. ... Die Kirche hatte ihr kaum weniger zu danken als die Mode, die Jagd und das Ballett. Sie hat sich mit gleicher Leidenschaft um die Jesuiten wie um die Falkner aus Maastricht, englische Jagdhunde und die Schönbrunner Schäferspiele verdient gemacht."

HÖFISCHES LEBEN IN SCHÖNBRUNN

Durch die beiden Kaiserinnen aus dem Haus Gonzaga in Mantua entstand eine enge Verbindung des habsburgischen Hofes mit der italienischen Kultur, die eine Verfeinerung des höfischen Lebens inmitten des Dreißigjährigen Krieges und unmittelbar danach mit sich brachte. Das Hofzeremoniell war traditionsgemäß spanisch geprägt, die kaiserliche Repräsentation dagegen, die in Bauwerken, Gärten, der Musik und dem Theater ihren Ausdruck fand, orientierte sich an italienischen Vorbildern. Als Eleonore im Jahr 1651 Gemahlin Ferdinands III. wurde, berief sie wahrscheinlich auch den Theaterkünstler Giovanni Burnacini nach Wien, der das Gartentheater in Wien maßgeblich belebte. In den 1660er Jahren, als Eleonore Witwe und ihr Stiefsohn Leopold bereits Kaiser war, sind zahlreiche prächtige Theateraufführungen in den Gärten der kaiserlichen Sommersitze rund um Wien, so in Laxenburg, in der Favorita auf der Wieden als bevorzugter Sommersitz des Kaisers und in Schönbrunn, belegt. Seit dieser Zeit wurde es Tradition, einen kaiserlichen Geburtstag mit einer „festa teatrale" zu feiern.

Die Gartentheater waren in einer Parkanlage situiert und mit aufwendigen Bühnendekorationen versehen. Der Überlieferung nach befand sich das Gartentheater in Schönbrunn an einem Schnittpunkt von Alleen, an dem sowohl Bühne als auch Zuschauerraum ausreichend Platz fanden. Der Lustgarten Schönbrunn, mit großer Sicherheit im Zuge der Errichtung des Gonzaga-Schlosses angelegt, dürfte prächtigst ausgestattet gewesen sein, zumal 1673 das Ballett *Il Trionfator de Centauri* im „famose Parco di Sceenbrunn", wie es im Untertitel hieß, stattfand.

Die finanziellen Mittel zum Unterhalt des Lustschlosses wurden weiterhin von der Hofkammer zur Verfügung gestellt und die Verwaltung und Pflege der Anlage durch Personen des persönlichen Vertrauens der Kaiserin durchgeführt.

Neben der prunkvollen Hofhaltung durch die Kaiserinwitwe sollte 1677 neuerlich auch der Betrieb der früher vorhandenen Mühle wiederhergestellt und der Mühlbach entsprechend saniert werden, um diese Tullio Miglio, einem Hofrat Eleonores, zur Bewirtschaftung zu überlassen. Der einflußreiche Baron Miglio übernahm in der Folge die neu errichtete Mühle wie auch die angrenzenden Äcker zur unentgeltlichen Nutzung, da er einen Donationsbrief der Kaiserinwitwe gegen eine ansehnliche Hypothek besaß. Die Aufwendungen von seiten des Hofes dürften für das gesellschaftliche Leben der Kaiserin nicht ausreichend gewesen sein. Der erwähnte Schenkungsbrief enthielt auch Herrschaftsrechte über Schönbrunn, die Jahre später zu komplizierten Besitzverhältnissen führen sollten.

DIE ZERSTÖRUNG SCHÖNBRUNNS DURCH DIE TÜRKEN

Das Jahr 1683 brachte für die Stadt Wien dramatische Ereignisse mit sich: Die Bedrohung aus dem Osten wurde mehr als 150 Jahre nach der ersten Türkenbelagerung wiederum akut, als das Heer der Osmanen unter der Führung des Großwesirs Kara Mustafa am 12. Juli Wien erreichte, die Stadt einschloß und mit einer hartnäckigen Belagerung begann. Bereits eine Woche zuvor flüchtete der kaiserliche Hof nach Passau; die Wiener Bevölkerung fühlte sich vom Kaiser im Stich gelassen. Der regierende Kaiser Leopold I. setzte zur Verteidigung Wiens ein Kollegium unter der Leitung von Ernst Rüdiger von Starhemberg ein, der aus Gründen einer effizienten Verteidigung den Befehl gab, die Vorstädte unmittelbar vor der Ankunft der Türken niederzubrennen. Die Verwüstungen durch die Brände wurden durch die Beschießung von seiten der Türken noch verschlimmert. Die brennenden Vorstädte zeichneten ein dramatisches Bild des Belagerungskrieges, der im Verlauf von zwei Monaten immer brutalere Formen annahm. Erst am 12. September konnten die Türken durch das Entsatzheer der kaiserlichen und polnischen Truppen unter dem Oberbefehl des polnischen Königs Jan Sobieski bei der Schlacht am Kahlenberg vernichtend geschlagen werden.

Nachdem sich das geschlagene türkische Heer nach Ungarn zurückgezogen hatte, zeigte sich das ganze Ausmaß der Verwüstungen: Die Vorstädte lagen in Schutt und Asche, und auch Schönbrunn war in schwere Mitleidenschaft gezogen worden. Wie die Quellen berichten, war „das Holtz im Tiergarten Zu Schönbrun vom Erbfeindt ganz niedergehaut, und kaum etlich stamb aufrecht gelassen worden". Nicht nur Schönbrunn war zerstört, sondern auch das Lusthäuser der Kaiserinwitwe in Laxenburg und die Favorita, deren Wiederherstellung bereits im Oktober 1683 beantragt wurde. Die dazu notwendigen finanziellen Mittel konnten jedoch nicht bereitgestellt werden, und zwar aufgrund des „annoch continuierenden Kriegs Unwesen", wie es im Januar 1684 hieß. Noch im Jahr 1686 waren die zuständigen Hofämter nicht in der Lage, die Aufbaukosten für die Lusthäuser zu tragen.

Aus einer genauen Beschreibung der Schäden in Schönbrunn geht hervor, daß der Tierbestand und die Brunnen völlig vernichtet waren und man zuerst die Aufräumarbeiten in Angriff nehmen müßte.

Das Schloß dagegen dürfte nicht gänzlich zerstört gewesen sein, zumal Eleonore 1686 den Auftrag erteilte, den Saal und zwei Zimmer instand zu setzen, um dort wenigstens das Mittagsmahl einnehmen zu können. Die Kaiserinwitwe starb allerdings im gleichen Jahr, und ihre drei Lusthäuser gingen wiederum in den Besitz des Kaisers über, ohne daß die Wiederherstellungsarbeiten begonnen worden wären.

Während die Favorita und Laxenburg in den nachfolgenden Jahren zügig wiederhergestellt wurden, blieben die Arbeiten in Schönbrunn weiterhin unverrichtet. Leopold bevorzugte die beiden erstgenannten, die er seinen Wohnbedürfnissen entsprechend ausbauen ließ und seit 1690 regelmäßig besuchte. Im Frühjahr begab sich der Kaiser als passionierter Jäger nach Laxenburg zur Reiherbeize, die Favorita bewohnte er in den heißen Sommermonaten, während er die herbstliche Jagdzeit in Schloß Ebersdorf verbrachte, das er ebenfalls nach den Zerstörungen durch die Türken wieder aufbauen ließ.

Schönbrunn dagegen wurde vom kaiserlichen Hof nicht frequentiert. Die Folge war, daß die ehemals beantragten Aufräum- und Instandsetzungsarbeiten nicht durchgeführt wurden. Möglicherweise dachte der Kaiser bereits daran, die Anlage Schönbrunn für seinen Sohn und Thronfolger Joseph zu einem Jagdschloß umgestalten zu lassen.

Zuvor waren allerdings die komplizierten Besitzverhältnisse mit Tullio Miglio, mittlerweile zum Hofkammerrat avanciert, zu klären: 1692 wurden ihm die Abtretung der Herrschaftsrechte und die Herausgabe der Grundbücher finanziell abgegolten, die Mühle und angehörigen Äcker blieben ihm als Eigentum. Der wirtschaftliche Nutzen der Mühle und Äcker war offensichtlich immer noch von Interesse. Mit der Klärung der Besitzverhältnisse stand jenem geplanten Projekt des Kaisers nichts mehr im Wege, das der Geschichte Schönbrunns neue Impulse geben sollte.

Ein Prachtstück im Park von Schloß Schönbrunn

Unten: **Beschnittene Hecken im Großen Parterre**
Gegenüberliegende Seite: **Herbstliche Alleen um den Najadenbrunnen**

Folgende Seite:
Der sternförmige Najadenbrunnen zur Hietzinger Seite hin

Oben: **Putto am Brunnen im Apothekertrakt**
Unten: **Cerberus zu Füßen des Herkules am Schönbrunner Berg**

Herkulesstatue im Großen Parterre mit Blick auf die Gloriette

Im Kronprinzengarten an der Ostseite des Schlosses

„Von des Fürsten vergnügungen und ergötzlichkeiten welche in sich erbar und einem Fürsten anständig; welche den geist ergötzen/den leib in der bewegung erhalten/und das gemüthe von den allzu ernsthafften überlegungen etwas abziehen. Ob sich zwar viele mit mancherley belustigen/so scheinet mir doch/daß sich ein Fürst des nachfolgenden am besten bediene; I. der jagd/doch mit maße/daß es keine arbeit sey/sondern eine vergnügung bleibe. II. der tournire/ring=rennen und anderer ritterlicher übungen/als reiten/schiessen/und was dergleichen mehr. III. Es kann auch die music das gemüthe erfreuen/ und die sorgen erleichtern. Alleine er muß sich solcher ergötzung dergestalt bedienen/daß er sich nicht zu sehr darinne vertieffe; denn es ist unglaublich/wie sehr die jagd und andere dergleichen lustbarkeiten einen menschen fangen."

Eucharius Gottlieb Rinck

Leopolds des Grossen Röm. Kaysers wunderwürdiges Leben und Thaten. Cölln 1713

Ein Jagdschloß für den Thronfolger

Nach der erfolgreich abgewehrten Türkenbelagerung, die den Siegermächten trotz der enormen Verluste auch reiche Beute einbrachte, entwickelte das Kaiserhaus ebenso wie der österreichische Adel ein zunehmendes Repräsentationsbedürfnis, das sich im künstlerischen Schaffen, und hier vor allem in der Architektur, niederschlug. So entstand in den 1690er Jahren ein regelrechter Bauboom, der von der höfischen und adeligen Auftraggeberschicht getragen wurde. Für sie stand als wichtigste Bauaufgabe die Errichtung eines repräsentativen Stadtschlosses und gleichzeitig eines nun in Mode gekommenen Landschlosses in der Vorstadt im Vordergrund.

Im Zuge dieser Entwicklung wurde vom Adel nach renommierten Architekten gesucht, die in der Lage waren, ihren Ansprüchen gerecht zu werden. Die geschmackliche Orientierung der Mäzene war nach Italien gerichtet. Aus dieser Tatsache erklärt sich, daß es dem in Rom und Neapel ausgebildeten Johann Bernhard Fischer von Erlach innerhalb kürzester Zeit nach seiner Rückkehr aus Italien gelang, zu einem der prominentesten und vielbeschäftigsten Architekten des Hofes und des Adels aufzusteigen. Für adelige Auftraggeber war gerade zu dieser Zeit das ausschlaggebende Kriterium, daß ein Künstler mit jener „magnificenza" der italienischen Kunst vertraut sein mußte, die die Adeligen selbst auf den obligatorischen „Kavalierstouren", den Bildungsreisen nach Italien, kennen- und schätzengelernt hatten.

Über die Vermittlung Dietrichsteins kam Fischer an den kaiserlichen Hof, wo ihn Leopold I. 1689 zum Architekturlehrer des Kronprinzen Joseph ernannte. In diese Zeit fällt auch das Schönbrunn-I-Projekt, das dem heutigen Forschungsstand zufolge von dem Künstler selbst initiiert wurde und der Ernennung zum Architekturlehrer vorausging. Der Adressat des Entwurfes war sicherlich der Kaiser selbst, der offensichtlich nach dem Tod der Kaiserinwitwe Eleonore von Gonzaga im Jahr 1686 beabsichtigte, das ehemalige, von den Türken zerstörte Lustschloß Schönbrunn seinem Sohn zu übergeben. Fischer könnte von diesen Absichten gewußt haben, und das geplante Vorhaben bot ihm kurz nach seiner Ankunft in Wien die Möglichkeit, mit einem überaus monumentalen Idealentwurf das Interesse des Kaisers zu gewinnen. Es handelte sich also um ein an Leopold I. gerichtetes Repräsentationsstück, mit dem Fischer sein architektonisches Können und seine Fähigkeiten als „Inventor" überzeugend unter Beweis stellen wollte. Sein Ruf als einer der hervorragendsten Architekten wurde durch diesen Entwurf, der bereits die Zeitgenossen nachhaltig beeindruckte und vielfach gepriesen wurde, bestätigt. Bei der bestehenden Konkurrenz um die politische Vormachtstellung in Europa und den zahlreichen damit verbundenen kriegerischen Auseinandersetzungen Leopolds mit dem französischen König Ludwig XIV., der in Versailles residierte, kam es bereits zu Beginn des 18. Jahrhunderts immer wieder zu Vergleichen des ersten Schönbrunn-Entwurfes mit Versailles. Der Künstler wollte mit dem Projekt sicherlich eine vergleichbare imperiale Anlage vorführen, für eine Realisierung war das ideal-utopische Projekt jedoch ungeeignet. Es sollte lediglich als eindrucksvoll inszeniertes Schaubild dienen, durchaus in der Lage, den Vergleich mit Versailles standzuhalten, was auch gelang und wenig später seinen Niederschlag fand. So berichtete der Chronist Eucharius Rinck bereits 1713 über den ersten Entwurf: „Schönbrunn, daß dessen prächtiger prospect vielen vollkommener vorkommt als Versailles selbst … Wiewohl einige betauren dass es nicht auf der hinten an den garten

Kaiser Leopold I. Gemälde (Ausschnitt) von Benjamin von Block. Um 1672
Unten: **Medaille auf J. B. Fischer von Erlach.** Benedikt Richter. 1719

JOHANN BERNHARD FISCHER VON ERLACH

Johann Bernhard Fischer von Erlach wurde 1656 in Graz als Sohn des Bildhauers Johann Baptist Fischer geboren und bereits im jugendlichen Alter – um 1671 – vom Vater zu Studienaufenthalten nach Italien geschickt. Er erhielt seine künstlerische Ausbildung zuerst in Rom, später auch in Neapel, und pflegte intensive Kontakte zu Gian Lorenzo Bernini, einem der bedeutendsten Barockkünstler Italiens, und dessen Schule. Die hochqualifizierte Ausbildung und die prominenten Kontakte ermöglichten dem jungen Künstler nach seiner Rückkehr in die Heimat um 1686/87 eine rasante Karriere. Während seines kurzen Aufenthaltes in Graz kam Fischer mit adeligen Bauherren in Kontakt, darunter mit der Familie Dietrichstein, die ihn an den Kaiserhof weiterempfahl. Wien war die Metropole des „Heiligen Römischen Reiches Deutscher Nation" und bei der enormen Architektennachfrage für die umfangreichen Bauvorhaben sprach sich die Ankunft des begabten Künstlers offensichtlich schnell herum. Das große Interesse ist durch eine Anfrage des Grafen Althan – für den Fischer später mehrfach tätig sein sollte – belegt, der sich im Jahre 1688 erkundigte „ob derjenig, so bey dem Cavaglier Bernini 16 Jahr sich aufgehalten, Fischer heysse".

SCHÖNBRUNN I

Der Entwurf zeigt eine weitläufige Anlage mit Terrassenbauten, Kollonaden, Höfen, Turnierplätzen, Rampen und Kaskaden, die sich vom Wienfluß bis zur Höhe des Schönbrunner Berges ausdehnen. Die Kuppe des Berges ist vom Schloß bekrönt: Von hier aus sollte der Herrscher sein Reich bis an dessen Grenzen überschauen. Die einfache Bezeichnung als „Venérie Imperial", als kaiserliches Jagdhaus, erscheint bescheiden für die Ausdehnung, Gestaltung und Pracht der Schloßanlage, in der augenscheinlich der Ausdruck eines unbegrenzten Machtempfindens und Machtstrebens zu erkennen ist. Das weitläufige Areal ist durch Terrassen zu einer Stufenlandschaft gebildet, die als Sockel für das bekrönende und ausladende Schloß dient.

Die aufwendige Symbolik in der künstlerischen Gestaltung der terrassierten Landschaft und die ikonographischen Attribute lassen die Absicht des Architekten erkennen, den Anforderungen kaiserlicher Repräsentation zu entsprechen. Der Eingang in der Ebene, flankiert von einem Triumphsäulenpaar, führt zu einem großzügigen Turnierhof. Die trajanischen Säulen werden von Adlern bekrönt und seitlich von Statuen begleitet, die Herkulestaten darstellen. Die Figurengruppen der Brunnen im Turnierhof zeigen als Personifizierung des Triumphes wiederum Herkules, bereichert um die Figur des Apoll. Im rechten Brunnen erscheint Apoll mit Bogen als Pythontöter, der von Nike, der Siegesgöttin, bekränzt wird. In der Figurengruppe des linken Brunnens sind die vier Weltreiche personifiziert, über die Europa als bekrönende Figur triumphiert, während am Fuß der Gruppe Herkules als siegreicher Zerberusbändiger dargestellt ist.

Das Schloß auf der Anhöhe ist in der Mittelachse durch eine Quadriga betont, die von einer männlichen Figur – offensichtlich der Kaiser als Sonnengott – gelenkt wird.

Der junge Architekt Fischer führte durch das ikonographische Programm seine weitreichenden Kenntnisse über antike Symbolik vor Augen, die den Inhalt seines Präsentationsentwurfes bestimmte und die universale Kaiseridee als Gottesgnadentum zum Ausdruck bringen sollte. Dazu diente Herkules als ideale Symbolfigur und von jeher beständiger Teil der Herrschersymbolik, während Apoll als der „Leuchtende" erst durch die spätrömische Sonnensymbolik an Bedeutung gewann.

Das Adler-Weltkugelmotiv, das im später realisierten Schönbrunn-Entwurf beibehalten und von Fischer immer wieder verwendet wurde, symbolisierte die kaiserliche Tugend der Vorsehung (Providentia), die Säulen selbst das römisch-imperiale Kaisertum. Bei dem Motiv der Quadriga, von Apoll gelenkt und im Scheitelpunkt der Anlage situiert, wurde auf Joseph als zukünftigen Sonnengott angespielt und damit auch die bewußte Rivalität mit dem französischen Sonnenkönig angedeutet. Die Darstellung als Lichtgott fand als traditionelles Element der Herrscherstilisierung Eingang in die barocke Ikonographie, bereichert durch das Lenken der Quadriga. Der Gestus des Lenkens steht stellvertretend für die Herrschaft Gottes auf Erden, um die dynastische Verbindung Habsburgs zur Römischen

stossenden höhe liegen soll, welches aber wohl des architectes maynung selber mag gewesen seyn."

Auch in der nachfolgenden Kunstgeschichtsforschung wurde zumeist bedauert, daß der Entwurf, den man aufgrund seiner Monumentalität vielfach überschätzte, nicht zur Ausführung gelangte. Erst in jüngster Zeit konnte aufgezeigt werden, daß die Anlage nur durch perspektivische „Tricks" kompakt geschlossen erscheint und daß es sich bei dieser Planung gewissermaßen um ein unrealisierbares Schreibtischprojekt des jungen Architekten handelte.

DER ZUKÜNFTIGE „SONNENKÖNIG" JOSEPH

Joseph, der Sohn Leopolds aus dessen dritter Ehe mit Eleonore Magdalena von Pfalz-Neuburg, wurde 1678 geboren und unterschied sich in mehrfacher Hinsicht von seinem Vater. Leopold I. war ein sehr bedächtiger Mensch, dem es in politischer Hinsicht oft an der notwendigen Entscheidungskraft mangelte. Allerdings verstand er es um so besser, tüchtige und erfahrene Mitarbeiter an sich zu binden, zu de-

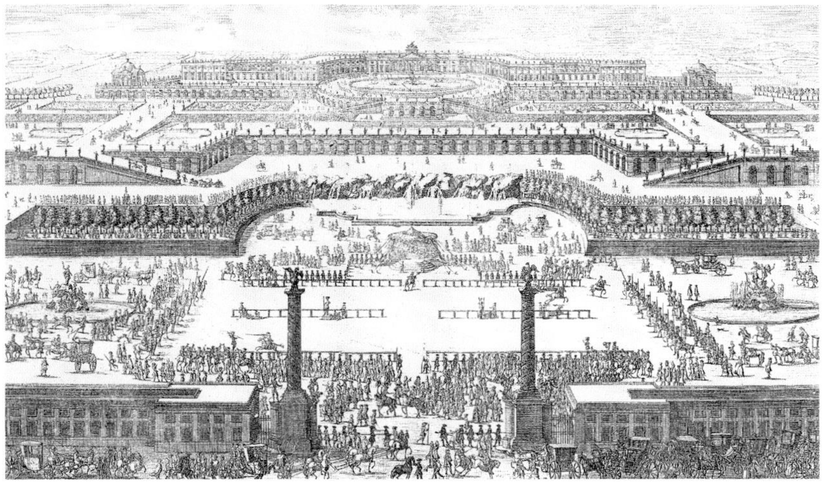

Schönbrunn-I-Entwurf
Kupferstich von Johann Bernhard Fischer von Erlach. 1721

Kirche zu veranschaulichen und das Gottesgnadentum zu legitimieren.
Joseph wurde in der Folge mehrfach als Sonnenkönig dargestellt, unter anderem auf den Triumphtoren, die anläßlich seiner Krönung zum Römischen König im Jahre 1690 bei seinem feierlichen Einzug in Wien, ebenfalls nach Entwürfen Fischers, errichtet wurden.
In der Symbolik des Schönbrunn-I-Entwurfes sollte sich das gesteigerte Bewußtsein der wiedererstarkten Macht des Kaiserhauses und der Triumph im Kampf gegen die Widersacher zeigen. Das eindrucksvoll inszenierte Schaubild der Anlage in der Vogelperspektive stimmte allerdings mit den gegebenen topographischen Verhältnissen Schönbrunns nicht überein. Der eigentliche Schloßbau auf dem Hügel wäre durch die terrassierte Stufenlandschaft vom Eingang aus gar nicht zu sehen gewesen. Durch die trickreiche Verwendung perspektivischer Prinzipien in der Zeichnung wurde über den realen Mangel und die Undurchführbarkeit hinweggetäuscht.
Im Stichwerk *Entwurff einer Historischen Architektur*, das Fischer von Erlach im Jahr 1721 nach langjähriger Schaffenszeit publizierte und bereits 1711 dem neuen Kaiser Karl VI. widmete, ist das erste Schönbrunn-Projekt in der französischen Beischrift – *Premier projét que l'auteur a formé pour placer la Venérie Imperial sur la hauteur de Schönbrunn* – als kaiserliches Jagdschloß bezeichnet.

Es mußte somit für Leopold I. bestimmt und deshalb kaum für eine Realisierung konzipiert gewesen sein. Eine Anlage dieses Ausmaßes entsprach wohl nur wenig dem eher schwerfälligen und im zunehmenden Alter mehr dem Transzendenten zugewandten Kaiser und hätte auch die finanziellen Möglichkeiten der kaiserlichen Kasse überfordert.
Die Absicht Fischers, mit dem beeindruckenden ersten Entwurf für Schönbrunn das kaiserliche Interesse zu gewinnen, verfehlte sein Ziel nicht, denn 1689 wurde er zum Architekturlehrer des Thronfolgers bestellt. In diesem Zusammenhang war der Idealentwurf wohl ausschlaggebend, da er alles Wissenswerte über einen kaiserlichen Schloßbau aufwies und somit auch als Lehrstück für eine adäquate Erziehung des Thronfolgers dienen konnte.

nen auch Prinz Eugen von Savoyen als einer der erfolgreichsten Feldherren zählte. Dem militärischen Geschick Eugens war es schließlich zu verdanken, daß die gefährlichsten Gegner – Türken und Franzosen – abgewehrt werden konnten und das Haus Habsburg zu einer europäischen Großmacht aufstieg.

Joseph, der bei seiner gebildeten wie auch frommen Mutter aufwuchs, zeigte schon in seiner frühen Kindheit ein ausgeprägtes Selbstbewußtsein und ein ungestümes Temperament. Im Alter von sieben Jahren wurde für den Thronfolger der aufgeklärte Carl Dietrich Otto Fürst von Salm zum „Ajo“, zum verantwortlichen Erzieher, ernannt. Salm holte bedeutende Lehrer an den Hof – wie zum Beispiel Hans Jakob Wagner von Wagenfels für Geschichte und Politik – und sorgte dafür, daß sein Schützling eine umfassende Ausbildung erhielt.

Zwei Jahre später, 1687, erfolgte die Krönung Josephs zum Erbkönig von Ungarn und elfjährig zum Römischen König, womit die Nachfolge in der Kaiserwürde gesichert war. Bald danach zog Kaiser Leopold seinen hochbegabten Sohn zunehmend zu den Regierungsgeschäften heran. Er ließ ihn an

Beratungen des Staatsrates teilnehmen, wo der junge König, der bereits mehrere Sprachen beherrschte, durch seinen scharfen Verstand und seine schnelle Auffassungsgabe überraschte.

Neben seinem Interesse für politische Angelegenheiten war Joseph auch ein begabter Musiker und Komponist. Zudem war er ein gutaussehender junger Mann, dem – anders als bei seinen Vorfahren – die für die Habsburger so typischen Merkmale wie das vorspringende Kinn und die breite Unterlippe fehlten.

Wilhelmine Amalie.
Kupferstich von Gustav Adolf Müller nach Frans van Stampart. Um 1720

Manche Wesenszüge des Thronfolgers gaben hingegen Anlaß zur Sorge: Bei den Jagdpartien und Ausritten scheute der Thronfolger keine Gefahren, aber noch besorgniserregender waren seine zahlreichen Liebesaffären, die den Vater, einen mustergültigen Ehemann, schwer bekümmerten. Die Abenteuer mit adeligen Damen genauso wie mit Dienstmädchen zählten bald zum beliebtesten Gesprächsstoff der Wiener Bevölkerung.

Das Kaiserpaar wie der gleichermaßen besorgte Fürst Salm kamen zur Ansicht, daß Joseph durch eine Heirat und der damit verbundenen Verantwortung reifen würde. Die Brautsuche gestaltete sich allerdings nicht ganz einfach, und zahlreiche Diplomaten waren ab 1694 mit der Mission beschäftigt, eine passende Bewerberin ausfindig zu machen. Schließlich stellte sich die um fünf Jahre ältere Prinzessin Wilhelmine Amalie von Braunschweig-Lüneburg als die aussichtsreichste Kandidatin heraus.

Nach einer genealogischen Untersuchung, die ergab, daß sich unter den Vorfahren der hannoveranischen Prinzessin im siebten Grad unter anderem auch Lucrezia Borgia, der „Bastard" Papst Alexanders VI., befand, zeigten sich allerdings bei den strengkatholischen Eltern größte Bedenken. Der Kaiser war entsetzt, und angesichts der Neigung Josephs zu amourösen Eskapaden war man nicht gewillt, eine solche Verbindung zu billigen. Der Universalgelehrte Gottfried Wilhelm Leibniz wurde konsultiert, um die Ahnenreihe der Prinzessin zu kommentieren. Die Abhandlung des Gelehrten konnte Leopolds abweisende Haltung der Braut gegenüber umstimmen, da Leibniz meinte, es stehe dahin, ob Lucrezia Borgia wirklich so schlecht war wie ihr Ruf; auch Eleonore von Mantua, dritte Gemahlin Ferdinands III. und Stiefmutter des Kaisers, stammte in direkter Linie von Lucrezia ab, und ähnliche Fälle hätten sich in den größten Häusern zugetragen.

Mit einem weiteren, dreißigseitigen Dokument wurden die Vorteile der angestrebten Verbindung, der auch Joseph selbst nicht abgeneigt war, unterstrichen und damit sämtliche Ehehindernisse aus dem Weg geräumt. Im Februar 1699 fanden schließlich die Hochzeitsfeierlichkeiten statt. Am folgenden Tag verspätete sich das frischvermählte Paar um Stunden, trotz der väterlichen Ermahnung, pünktlich zur Morgenmesse zu erscheinen. Die Messe mußte auf 16 Uhr, das Mittagessen auf 17 Uhr verschoben werden – die Ehe schien unter guten Vorzeichen zu stehen.

Schon bald nach der Vermählung wurde jedoch klar, daß der Thronfolger nicht gewillt war, den exzessiven Lebensstil – rauschende Feste und wilde Jagden – seiner Junggesellenzeit aufzugeben oder auf seine zahlreichen Liebesabenteuer zu verzichten.

Kaiser Joseph I.
Anonyme Kreidelithographie (Ausschnitt). Nach 1705

Joseph war nicht nur ein ausgelassener und leidenschaftlicher Bonvivant, er zeichnete sich in seiner kurzen Regierungszeit von nur sechs Jahren auch als weitblickender Reformpolitiker aus.

Nach dem Tod seines Vaters Leopold im Jahr 1705 übernahm er ein schweres Erbe, das vom spanischen Erbfolgekrieg und der Rivalität mit Frankreich gekennzeichnet war. Als Karl II., der letzte Habsburger der spanischen Linie, im Jahr 1700 kinderlos starb, erhoben sowohl die österreichischen Habsburger als auch Frankreich Anspruch auf den spanischen Thron. Dem französischen Hof war es mit diplomatischem Geschick gelungen, dem sterbenden König von Spanien ein Testament abzuringen, dem zufolge der Enkel Ludwigs XIV., Philipp von Anjou, das Erbe antreten sollte: Der nun folgende Spanische Erbfolgekrieg wird über vierzehn Jahre die gesamte europäische Geschichte bestimmen und das Ende der habsburgischen Dynastie in Spanien bedeuten.

Noch zu Lebzeiten seines Vaters lehnte sich der junge Kronprinz gegen das starre Regierungskabinett Leopolds auf. Joseph versuchte, mit der Bildung eines „jungen Hofes" – einer Gruppe von jüngeren Beamten und Militärs, zu denen auch Prinz Eugen gehörte (der in der Folge zu einem seiner engsten Vertrauten wurde) – administrative und militärische Reformen durchzusetzen. Er reorganisierte und straffte die obersten Behörden und gründete eine Staatsbank, um das von seinem Vater stark vernachlässigte Finanzwesen zu sanieren. Sein erklärtes Ziel als Kaiser war, die Vorherrschaft des französischen Königs zu brechen und die Vormachtstellung der habsburgischen Monarchie zu erreichen. In Fragen der Innen- wie auch der Außenpolitik erwies sich Joseph als Vollblutpolitiker, dem es mit Hilfe seiner Berater und Mitarbeiter gelang, die Macht der Habsburger auf Italien auszudehnen und die Herrschaft in Ungarn zu sichern. Durch eine kluge Bündnispolitik konnte er die Hegemonie Frankreichs brechen, obwohl ihm im Spanischen Erbfolgekrieg ein durchschlagender Erfolg verwehrt blieb: Noch während seiner Regierungszeit war nicht länger von der Hand zu weisen, daß das spanische Erbe nicht mehr zu retten war.

Joseph I. als Römisch-Deutscher Kaiser im Krönungsornat. Anonymes Gemälde. 1705

Kaiser Joseph I. starb völlig unerwartet am 17. April 1711 im Alter von 33 Jahren an Blattern. Sein Tod war für das habsburgische Reich ein schwerer Schlag, viele seiner Reformen, geprägt von dynastischem Denken und dem Ziel, das Reich auszudehnen wie auch zu stärken, blieben unvollendet.

Joseph hinterließ dem Reich keinen männlichen Thronfolger, der einzige Sohn starb noch im ersten Lebensjahr, und die beiden Töchter waren von der Thronfolge ausgeschlossen. Die Nachfolge trat nun sein jüngerer Bruder Karl an, der aufgrund des Spanischen Erbfolgekrieges gerade in Barcelona residierte, von wo er unverzüglich nach Wien reiste.

DER SCHÖNBRUNN-II-ENTWURF

War das Schönbrunn-I-Projekt als Idealentwurf geplant, das unter anderem für den wißbegierigen Joseph als Lehrstück über Architektur dienen sollte, traf der Kaiser dennoch bald die Entscheidung, auf den Ruinen des Gonzagaschlosses in Schönbrunn die Errichtung eines Jagdschlosses für seinen Nachfolger ins Auge zu fassen. Wie die Quellen bestätigen, gab es für dieses Bauvorhaben im Jahr 1693 konkrete Planungen, da Fischer von Erlach dem Kaiser die anbefohlenen Entwürfe für Schönbrunn vorlegen sollte und von einer „zu negst bevorstehendter auferbauung des Schloß" die Rede ist.

Der endgültige Schönbrunn-II-Entwurf wurde im Stichwerk Fischers 1721 publiziert, der in der Beischrift den Baubeginn mit 1696 und die Widmung für Joseph als Römischer König nennt: „Prospect deß Neuen Gebäu und Gartens Schönbrunn, so Seine Kaiserl. Mayst. Josephus I., als Römischer König, vor ein Jacht-Haus bauen zu laßen angefangen 1696."

DER BAU DES SCHLOSSES

Bevor man den Bau in Angriff nahm, mußten noch umfangreiche Aufräumungsarbeiten vorgenommen werden, da auf der Baustelle des neuen Schönbrunn noch die Ruinen des zerstörten Lustschlosses der Kaiserinwitwe standen. Daneben veranlaßte Joseph 1695 als weiteren Schritt, die seit 1677 im

SCHÖNBRUNN II

Der zweite Entwurf zeigt das Jagdschloß als einen kompakten und auch benutzbaren Baukörper, der nun in die Ebene vor dem Schönbrunner Berg verlegt wurde. Die gesamte Anlage mit Schloß und Garten erstreckt sich, den barocken Gestaltungsregeln entsprechend, entlang einer dominierenden Zentralachse. Dem Schloß ist ein quadratischer Ehrenhof vorgelagert, hinter dem Schloß befindet sich ein weitläufiger und nur schematisch dargestellter Garten, an den der bewaldete Hügel anschließt. In der Mittelachse ist am Fuß des Berges, wo sich heute der Neptunbrunnen befindet, eine Kolonnade angelegt, während die Bergkuppe von einem luftigen Belvedere bekrönt wird und den Abschluß der Gesamtanlage bildet, eine Lösung, die tatsächlich erst mit dem Bau der Gloriette zur Zeit Maria Theresias realisiert werden konnte.

Der Ehrenhof wird von eingeschossigen Flügelbauten gerahmt, die als Marställe dienen sollten, zu denen sich parallel dahinter je ein weiteres Stallgebäude erstreckt. An der nördlichen Front befindet sich ein Obeliskentor mit bekrönenden Adlern und Herkulesstatuen, ein aus dem ersten Entwurf übernommenes Motiv, wobei die Trajansäulen nun durch Obelisken ersetzt sind. Der breitgelagerte Ehrenhof wird durch zwei Springbrunnen akzentuiert. Das Schloß selbst setzt sich aus einem langgestreckten Baukörper mit seitlichen Flügelbauten zusammen und entspricht dem Typus der Portikusvilla – nach antikem Vorbild mit einem meist in der Mittelachse geöffneten Portalbau –, die durch die vorgezogenen Seitenflügel zu einer Ehrenhofanlage erweitert wird.

Schönbrunn-II-Entwurf.
Kupferstich von Johann Bernhard Fischer von Erlach. Gedruckt 1721

Der siebzehnachsige Mittelteil des Schlosses, das Corps de logis, weist eine besondere Betonung auf. Als Risalit gebildet, ist ihm eine mächtige Freitreppe vorgelegt, die den Zugang zum Piano Nobile gewährleistet. Eine Rampe bis zu einem Springbrunnen im Zentrum der Treppe sollte sogar die Auffahrt von Kutschen ermöglichen.

Besitz von Baron Tullio Miglio befindliche Mühle und Wirtschaft von den Hofämtern ablösen zu lassen. Die Tradition der wirtschaftlichen Nutzung des Areals als Mühlenbetrieb wurde aber bald wieder aufgenommen: Die Mühle samt Grundstücken und Zubehör erhielt wenige Jahre später Johann Baptist Bevier von Freyriedt, ein Kammerdiener Josephs, zur Nutzung, der einige Zeit später auch der erste Schloßhauptmann wurde.

Noch vor dem Baubeginn besuchte der Joseph häufig das Areal, und es wird allgemein vermutet, daß er auch aktiv in die Planungen und in das konkrete Baugeschehen eingriff.

Der Bau wurde maßgeblich vom ehemaligen Ajo und nunmehrigen Obersthofmeister Josephs, Fürst Salm betrieben, in dessen Händen die gesamte Bauführung lag. Er ließ sich den Architekten Fischer von Erlach, mit dem er persönlich befreundet war, direkt unterstellen, um so die Bürokratie der Baubehörden, namentlich des Hofbauamtes, auszuschalten. Wahrscheinlich über das Hofzahlamt besorgte ein weiterer Vertrauter, nämlich Graf Leopold Ignaz von Dietrichstein, die Bereitstellung der finanziellen Mittel. Die Bauarbeiten vor Ort unterstanden der unmittelbaren Aufsicht des Architekten Fischer von Erlach.

Gleichzeitig mit dem Beginn der Aufräumungsarbeiten um 1695 legte der Franzose Jean Trehet, der als Gartenarchitekt und Tapisseriekünstler bereits 1686 nach Wien berufen wurde, den Garten des Schlosses an, der 1699 fertiggestellt war.

Diese monumentale Treppe mündet in einen fünfachsigen Portalbau, der durch Arkaden und Vollsäulen gegliedert ist. Die anschließenden Fassaden weisen ein rustiziertes Sockelgeschoß mit Portal- und Fensteröffnungen auf, das Hauptgeschoß ist durch eine Kolossalpilasterordnung rhythmisch gegliedert, die die Nobeletage und das darüber liegende Mezzaningeschoß zusammenfaßt.

Die Seitenrisalite sind zweifach abgetreppt und jeweils um einen Innenhof gruppiert. Die Stirnfronten weisen gegenüber der gleichmäßigen Gestaltung der übrigen Fassade wiederum eine reichere Gliederung auf. Die Mitte ist jeweils durch einen Portalbau auf Säulen ausgezeichnet, über dem sich ein Balkon erhebt, die Wandflächen sind durch Doppelpilaster gegliedert.

Der gesamte Baukörper wird von einem durchlaufenden Kranzgesims zusammengefaßt, über dem sich eine umlaufende Statuenbalustrade und im Bereich des zentralen Portikus ein fünfachsiger Aufsatz erhebt. Das rundbogige Mitteljoch des Aufsatzes, in seiner Plazierung an die Quadriga des ersten Projektes erinnernd, sollte ein Reitermonument Josephs aufnehmen.

Die Schloßmitte erhält durch diese vertikale Staffelung von Treppenanlage, Portal und Aufsatz eine überaus starke Betonung, in der die gestalterischen Motive konzentriert sind. Gleichzeitig wird diese Mitte aber auch mit den Stirnfronten der Seitenrisalite durch die Fünfachsigkeit als gemeinsames Merkmal kompositorisch verknüpft und damit die Geschlossenheit der gesamten Front erreicht.

Hinter dem Schloß erstreckt sich eine eher schematisch dargestellte Parkanlage bis zum Fuß des Schönbrunner Berges.

Der Grund für die oft als einfallslos kritisierte Gestaltung des Gartens liegt wahrscheinlich darin, daß diese ja eigentlich in den Händen des französischen Gartenarchitekten Jean Trehet lag und daher in der Entwurfzeichnung nicht berücksichtigt worden war.

Niederer Prospect des Eingangs Schönbrunn.
Kupferstich von Johann Bernhard Fischer von Erlach. Gedruckt 1721

Während dieser Zeit reiste Trehet im Auftrag des Römischen Königs nach Paris beziehungsweise „auf des Fürst Salms expressen befelch in alle Lust- und andere Häuser, auch übrige in Frankreich befindliche kostbahre Pallast“: Trehet sollte nicht nur die gängigen Normen der Gartenbaukunst kennenlernen, sondern auch die dazu notwendigen technischen Vorrichtungen der Wasserversorgung für die vorgesehenen Brunnenanlagen und Wasserspiele studieren und das Modell einer Wassermaschine nach Schönbrunn bringen. Die Gartengestaltung und die Realisierung des Bauvorhabens müssen ab 1695 Hand in Hand gegangen sein, zumal noch im Herbst eine bewilligte Bauhilfe von den steirischen Landesständen zugesagt wurde. Zahlreiche Materiallieferungen ab dem folgenden Jahr lassen einen zügigen Baufortschritt vermuten.

Der im Fischer-Stich dokumentierte Baubeginn erfolgte im Jahre 1696; im gleichen Jahr wurde Fischer vom Kaiser das Adelsprädikat „von Erlach“ verliehen, eine Auszeichnung, die sicherlich mit seiner konkreten Tätigkeit für den Bau des Jagdschlosses in Verbindung stand.

DAS BAUGESCHEHEN

Bis vor kurzem wurde vermutet, daß Fischer das neue Jagdschloß für Joseph I.in die grüne Wiese stellte und daß sich der von den Türken zerstörte Vorgängerbau an der Stelle der späteren Orangerie im Osten der Anlage befand. Auch über den tatsächlichen Baubeginn und die konkrete Bausituation vor Ort gab es bislang die unterschiedlichsten Meinungen. In der kunsthistorischen Fachliteratur wurde immer wieder die Planung Fischers für das ausgeführte Schönbrunner Jagdschloß als eine für den prominenten Architekten untypische und nur wenig einfallsreiche Schöpfung kritisiert, die im Vergleich mit seinen übrigen Werken nicht erklärt werden konnte.

Bei rezenten Grabungen wurde die bisher vertretene Hypothese bezüglich der Lage des Vorgängerbaues – die Katterburg mit dem Gonzaga-Lustschloß – widerlegt. Die zutage gebrachten Bodenfunde im Erdgeschoß des Schlosses zeitigten auch hinsichtlich der Planung und Bauausführung neue Erkenntnisse, die das Geschehen vor Ort neu interpretieren lassen.

Anfänglich lag der Auftrag an den Architekten wohl darin, ein kleines Jagdschloß in den Dimensionen des Vorgängerbaues, jedoch dem Zeitgeschmack entsprechend, zu erbauen. Dabei sollten die Fundamente des frühbarocken Lustschlosses in den Bau integriert werden, eine seit Jahrhunderten durchaus gängige Praxis, die darin bestand, vorhandene Fundamente aus Gründen der Kostenersparnis zu verwenden. Aus dem eher bescheidenen Bauvorhaben wurde jedoch bald darauf das weit größer dimensionierte Projekt, nämlich ein repräsentatives Jagdschloß für den zukünftigen Kaiser zu schaffen. Die Entscheidung dafür traf der regierende Kaiser erst nach dem

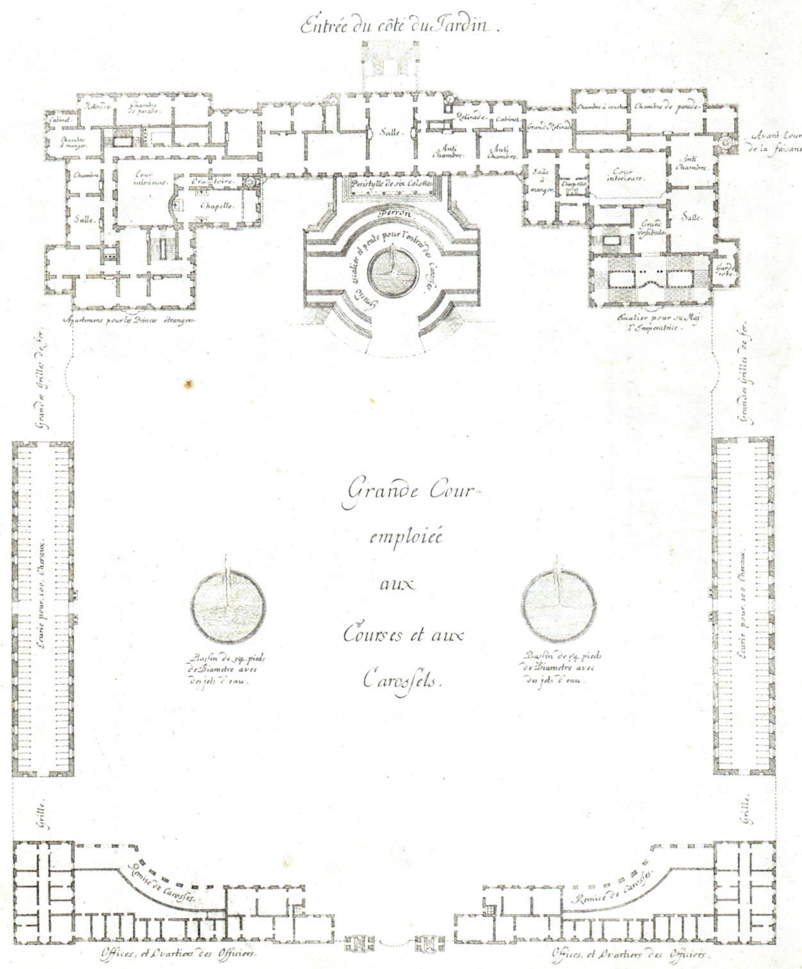

Grundriß des Jagdschlosses Schönbrunn mit dem Ehrenhof und seinen Trabantbauten. Kupferstich von Johann Bernhard Fischer von Erlach. Gedruckt 1721

Baubeginn, wahrscheinlich im Jahr 1697: Nachdem die angestrebte Verheiratung des temperamentvollen Thronfolgers durch die Wahl einer geeigneten Kandidatin zunehmend in Sicht kam, reifte auch sein Entschluß, eine Planänderung in Angriff zu nehmen. Anstelle des einfachen Jagdhauses sollte nun ein Residenzschloß erbaut werden, in dem auch ein um einiges erweiterter Hofstaat Platz finden mußte.

Dahin gehend kann auch die entsprechende Textstelle von Eucharius Gottlieb Rinck in dessen Biographie *Joseph des Sieghaften Römischen Kaysers Leben und Thaten* aus dem Jahr 1712 interpretiert werden, wo folgendes berichtet wird: „Als er [Joseph] noch König war, legte er ein prächtiges lust=Schloß an, welches eines mit von den prächtigsten gebäuden von Europa, und hat allhier der Baron Bernhard von Fischer ein meister=stück der architectur erwiesen, wiewohl es anfangs viel kleiner angelegt war, doch wurden, auf Kayser Leopolds einrathen, an das Corps de logis noch zwey Höfe angehänget, wodurch es geschickt war, die gantze Kayserl. Hof=stadt zu behalten. Der dazwischen kommende krieg hat verhindert, daß es an allen orten noch nicht auffgebauet ist."

Vielfach wurde aufgrund dieser Beschreibung behauptet, daß ursprünglich nur der Mittelteil mit den vierachsigen Seitenrisaliten erbaut und erst im Jahr 1699 die Erweiterung um die äußeren Risalite ausgeführt wurde, wie sie der Grundriß des Schönbrunn-II-Entwurfes zeigt. Das Mißverhältnis in den Proportionen eines derart kleinen Schlosses mit der mäch-

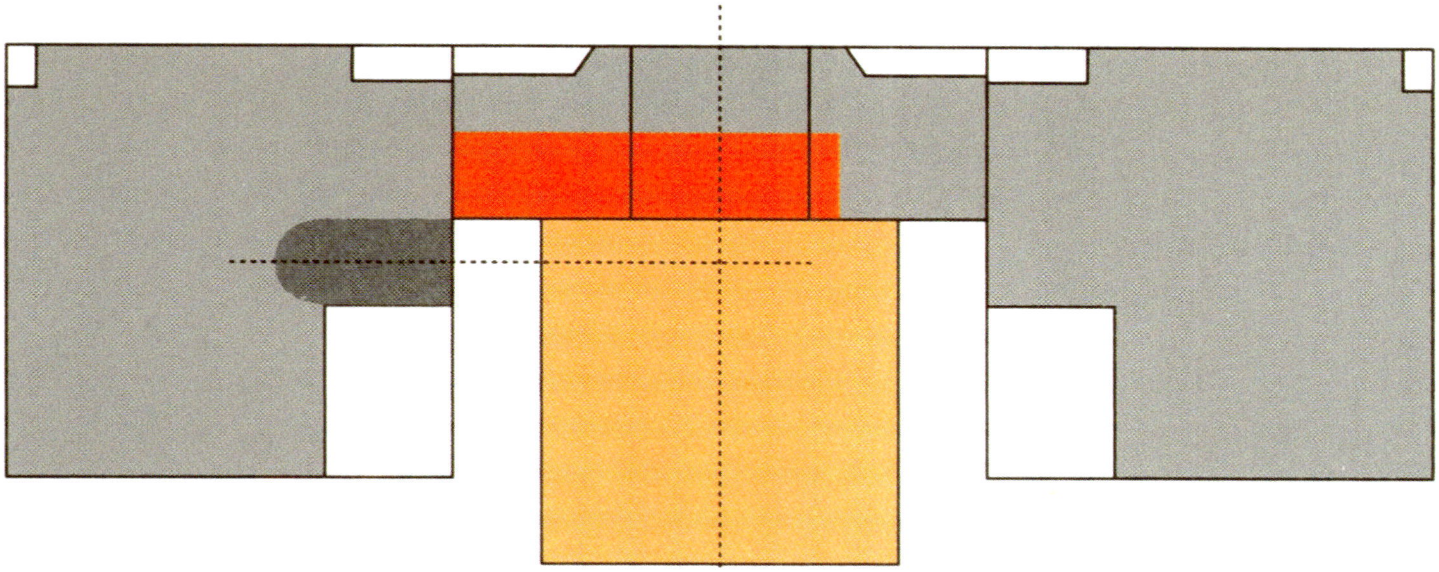

Proportionsschema des Fischerschen Grundrisses mit dem integrierten Vorgängerbau

tigen Freitreppenanlage konnte bei dieser Interpretation nicht erklärt werden.

Den neuen Erkenntnissen zufolge zeigt der zweite Entwurf die 1697/98 erfolgte Planerweiterung. Erst in der neuen Proportion des Baukörpers plante der Architekt die monumentale Freitreppe, die zwar ausgeführt, beim Umbau des Schlosses durch Maria Theresia allerdings wieder abgebrochen wurde.

Fischer errichtete also ab 1696, dem immer noch gültigen Baubeginn Schönbrunns, auf den Fundamenten des Vorgängerbaues den Mitteltrakt, das Corps de logis. Diesen erweiterte er um kleine Seitenflügel, wobei in östlicher Richtung die Reste der älteren Katterburg beseitigt oder möglicherweise auch verwendet werden mußten. Eine Vorstellung von der Größe dieses ersten Bauprojektes kann anhand der Gartengestaltung durch Trehet, vor allem im Bereich des Mittelparterres, gewonnen werden. Die Seitenflügel des zuerst geplanten Jagdschlosses erstreckten sich zunächst – analog zu der bis heute bestehenden Ausdehnung des Mittelparterres – lediglich über vier Fensterachsen, wie durch entsprechende Baunähte bewiesen werden konnte.

Anhand der Materiallieferungen, die im Zeitraum von 1696 bis 1701 belegt sind, läßt sich der Baufortschritt nachvollziehen. Die in dieser Zeit geleisteten Sandfuhren können dahin gehend interpretiert werden, daß im Jahr 1696 zügig mit dem Bau begonnen, der ein Jahr später jedoch offensichtlich durch eine wesentlich geringere Anzahl von Lieferungen gebremst wurde. Die Lieferungen stiegen im Jahr 1698 um das Dreifache an und dokumentieren einen neuerlichen Impuls im Baugeschehen. Es mußte also 1697 die Entscheidung getroffen worden sein, den Bau zu erweitern, wobei, wie bereits vielfach zitiert, „auff Kaysers Leopolds einrathen, an das Corps de logis noch zwey Höfe angehänget" wurden. Damit war eine Aufwertung des Jagdschlosses in Funktion, Rang und Form zu einer Residenz verbunden.

Fischer hatte nun die Aufgabe, den bereits fortgeschrittenen Bau den Anforderungen des kaiserlichen Auftraggebers entsprechend zu modifizieren, schließlich war neben den Fundamenten auch das Mauerwerk im Erdgeschoß bereits aufgezogen. Im Zuge dieser Neuplanung für einen nunmehr repräsentativen Bau entstand der uns heute so selbstverständliche Schönbrunn-II-Entwurf mit der zentralen Treppenanlage und jenen Seitenrisaliten, die um Innenhöfe angelegt wurden. Auch die Kapelle im Ostflügel des Schlosses, die dem Zeremoniell entsprechend in einer Residenz erforderlich war, fand erst bei dieser endgültigen Planung ihren Platz. Im ursprünglich klein dimensionierten Jagdschloß war sicherlich nur eine ebenso kleine Kapelle vorgesehen.

Unklar ist bislang immer noch die Situation im Westflügel des Schlosses. Fischer publizierte in seinem Stichwerk auch den Grundriß Schönbrunns, der im Westflügel eine prunkvolle Treppenanlage aufweist, die als „Escalier pour sa Maj. L'Impératrice", als Kaiserintreppe, bezeichnet ist. Aufgrund dieser Bezeichnung kann erst das Jahr 1705 als frühestes Entstehungsdatum angenommen werden, als Joseph seinem Vater in der Kaiserwürde nachfolgte. Die finanziellen Schwierigkeiten, durch den Spanischen Erbfolgekrieg ausgelöst, erlaubten jedoch nicht, das Schloß zu Lebzeiten Josephs fertigzustellen. Dies berichtete auch Rinck in der Biographie über Kaiser Leopold aus dem Jahr 1713: „... das Schloß sei auch nicht ganz ausgebaut, denn die beyden Flügel/worinnen kleine höffe/sind noch nicht unter das Dach/doch stehet das andere alles." Es ist daher unvorstellbar, daß eine derartige Prunktreppe als Entrée der Kaiserin ausgeführt wurde. Zudem stellt sich bei eingehender Betrachtung heraus, daß der Grundriß zwar ein großräumiges Treppenhaus zeigt, die Laufführung der Treppe jedoch nur eine unausgereifte Lösung sein konnte, die letztlich auf den ehrenhofseitigen Balkon oder in das über alle Geschosse reichende große Vestibül im Inneren führte.

Es ist anzunehmen, daß Fischer von Erlach nachträglich für sein Stichwerk aus dem Jahr 1711 in diesem Bereich eine Lösung anbot, die mit den realen Gegebenheiten nur wenig zu tun hatte. Die aufwendige Treppenanlage könnte allerdings auch mit dem Ansinnen in Verbindung stehen, daß der Architekt, der bereits seit Jahren ohne größeren Auftrag war und zudem mit einer Reihe prominenter Architekten konkurrieren mußte, mit dem Stiegenprojekt nach dem Tod Josephs beim neuen Kaiser reüssieren wollte. Tatsächlich ausgeführt wurde in Schönbrunn eine wesentlich kleinere Treppenanlage, die wahrscheinlich nur die östliche Hälfte der projektierten Prunktreppe einnahm und den Zugang in die offiziellen Räumlichkeiten der Nobeletage ermöglichte.

Der realisierte Bau des Schönbrunn-II-Projektes ließ sich aus kunsthistorischer Sicht bislang nur schwer in das Werk der Fischerschen Lustgebäude eingliedern. Der strenge und breitgelagerte Baukörper Schönbrunns steht im völligen Gegensatz zum gängigen Formenrepertoire des Architekten, des-

DIE FINANZIERUNG

Für den nun groß angelegten Bau ab 1698 gestaltete sich die Materialbeschaffung ebenso wie die Finanzierung schwierig.

Die Staatskasse war durch die jahrelange Mißwirtschaft der Regierung Leopolds I. nicht in der Lage, die hohen Kosten zu tragen, und so wurden schon für das erste Bauprojekt Schönbrunn finanzielle Unterstützungen von den Landesständen zugesagt, die allerdings nicht ausreichend waren. Als überaus ergiebige Geldquelle erwiesen sich immer wieder „Anticipationen", die von privaten sowie dem Hof nahestehenden Personen gegen Verzinsung bereitgestellt wurden und in unregelmäßigen Raten zurückgezahlt werden konnten. Gleichzeitig erklärten sich Lieferanten und Handwerker bereit, die Bezahlung von Materialien und Arbeitsleistungen vorerst zu stunden, wohl nicht damit rechnend, daß ihre Forderungen erst Jahrzehnte später beglichen werden sollten.

Die Baumaterialien wurden aus der näheren Umgebung bezogen. Bauholz stand auf dem Areal selbst zur Verfügung, da bereits bei der Türkenbelagerung viel Holz aus dem bestehenden Jagdrevier geschlägert wurde. So wurde 1683 berichtet, daß „das Holtz im Tiergarten Zu Schönbrunn vom Erbfeindt ganz nidergehaut, und kaum etlich stamb aufrecht gelassen worden". Darüber hinaus mußte wahrscheinlich auch ein Teil des Waldes der Anlage des Gartens weichen.

Das Baumaterial wurde aus den umliegenden Steinbrüchen in Hietzing und Hetzendorf bezogen. Auch aus dem kaiserlichen Steinbruch im Leithagebirge lieferte man einen hochqualitativen Stein, der wahrscheinlich für die Herstellung von Architekturgliedern und Skulpturenschmuck verwendet wurde.

Die verzeichneten Materiallieferungen lassen den Schluß zu, daß nach der erfolgten Planerweiterung der Bau des Schlosses wieder zügig voranschritt und im Jahr 1700 weitgehend fertiggestellt war. Die große Anzahl von Sandlieferungen im gleichen Jahr deutet darauf hin, daß man daranging, die Außenanlage des Schlosses mit Ehrenhof und Seitentrakten sowie die Parkanlage mit der Planierung der Wege zu vollenden.

Im Herbst 1699 wurden die notwendigen Zimmermannsarbeiten für das Dach des Schlosses durchgeführt, im Anschluß daran erfolgte die Eindeckung als Flachdach „à l'Italienne", und die Statuenbalustrade wurde aufgesetzt. Der Bau war allerdings noch nicht gänzlich fertiggestellt, ebensowenig die Ausstattung, die in den folgenden Jahren in Angriff genommen werden sollte.

EINE MEDAILLE ZUM BAUABSCHLUSS

Nicht nur der archivalisch belegte feierliche Einzug, sondern auch die Prägung einer Medaille dokumentieren den vorläufigen Bauabschluß Schönbrunns.
Die Vorderseite der Medaille, von einem Meister Wolfgang signiert, zeigt das Brustbild des Römischen Königs, als ROMANOR: ET HUNGAR: REX und auch als Sonnenkönig ist Joseph in der Medailleninschrift tituliert: SOL UBI ROMANUS CURIS/ PERCURRERIT ORBEM/HOC PULCHRO FESSOS FONTE/RELAXAT EQUOS/1700.
Der Revers zeigt das Schloß in der Fischerschen Vogelperspektive und ist das früheste Bilddokument, das heute bekannt ist. Fischer selbst ließ im gleichen Jahr anläßlich des „neuerpauten Khöniglichen Palatio zu Schenprun" mehrere Kupferstiche anfertigen, für die er das kaiserliche „Privilegium Impressorium" erhielt. Diese Stiche verschickte er in der Folge an eine Reihe potentieller Auftraggeber aus Adel und Kirche.

sen Lustschlösser sich durch kräftige Akzentuierungen und Kontraste der einzelnen Baukörper auszeichnen und zahlreiche Gliederungsvarianten aufweisen. Die strenge Formensprache des Schlosses wurde häufig mit der Bestimmung des Bauwerks für den zukünftigen Herrscher erklärt und daß dieses somit der römischen Antike verpflichtet war, die in der gängigen Herrschaftssymbolik der Habsburger die Kontinuität des Imperiums zum Ausdruck bringen sollte. Diese Gestaltung unterlag jedoch nicht nur einer künstlerischen Intention, sondern auch den realen Gegebenheiten. Bei der Planung Schönbrunns wurde Fischer nämlich vor die Aufgabe gestellt, von einem Altbestand ausgehend einen Neubau zu schaffen, in dem er trotz der vorgegebenen Einschränkungen ein einheitliches Proportionsschema entwickelte. Auf der Maßeinheit von zwölf Klaftern (1 Klafter = 1,89 Meter) – und damit in Verdoppelung des sechs Klafter breiten Vorgängerbaues – wurde sowohl der erste wie auch der erweiterte Bau ab 1697 angelegt; ein Rastermaß, in das sich schließlich ebenso die monumentale Freitreppenanlage und wahrscheinlich auch die realisierte und kleinere Kaiserintreppe einbinden ließ.

DER FEIERLICHE EINZUG IM JAHR 1700

Ein vorläufiger Abschluß der Bauarbeiten erfolgte im Frühjahr 1700, als der Mitteltrakt des Hauptgebäudes fertiggestellt war und eine „Logierung" ermöglichte. Dauerhaft bewohnt konnte das Schloß allerdings noch nicht werden, denn in den Seitenflügeln und Nebengebäuden fehlte die Ausstattung noch zur Gänze. Dennoch wurde am 28. April 1700 der Einzug in Schönbrunn durch eine feierliche Sedienfahrt begangen, zu der Joseph als Hausherr einlud. Schon eine Woche vorher veranstaltete er ein glanzvolles Fest mit einer Komödienaufführung zu Ehren seiner Gemahlin Wilhelmine Amalie, die der Tradition folgend wahrscheinlich im Garten stattfand. An der folgenden Sedienfahrt nahmen die Angehörigen der kaiserlichen und königlichen Familie mit ihrem Hofstaat teil. Kaiser und Kaiserin, König und Königin sowie Erzherzöge und -herzoginnen samt den Kammerfräulein nahmen paarweise in dreizehn zweisitzigen Sänften Platz, um von der Hofburg nach Schönbrunn getragen zu werden; begleitet wurden sie von den jeweiligen Würdenträgern und Edelknaben zu Pferd. Den Abschluß der Sänftenkolonne bildete die Arcierenleibgarde.

Dieser offizielle Einzug in Schönbrunn, ebenso wie das vorangegangene Fest, war wohl auch mit einer entsprechenden Bewirtung der Gäste verbunden, für die bereits vor Ort gesorgt werden konnte. Dazu notwendige Einrichtungen und verfügbares Hofpersonal für eine wenn auch noch provisorische Bewohnung standen den Quellen zufolge bereits zur Verfügung, darunter ein Schloßhauptmann wie auch ein Hofrauchfangkehrer.

DIE INNENAUSSTATTUNG DES SCHLOSSES

Im Verlauf der folgenden Jahre wurde, wenn auch aufgrund der andauernden Finanznöte nur in begrenztem Ausmaß, an der Innenausstattung des Schlosses weitergearbeitet. Alle

Arbeiten konzentrierten sich zuerst auf den westlichen Flügel, um den zeremoniellen Anforderungen für ein Residenzschloß gerecht zu werden. Im Jahr 1700 war wohl bereits der Mitteltrakt fertiggestellt, der eine eher unkomplizierte Benutzung im Sinne ländlicher Aufenthalte ermöglichte. Ohne den zeremoniellen Aufwand des Antichambrierens gelangte man über die Freitreppe direkt in den Mittelsaal, der von Johann Michael Rottmayr, einem der bedeutendsten österreichischen Barockmaler, ausgestattet war. Ein ovaler Deckenspiegel zeigte das „Gute Regiment des Hauses Habsburg" als allegorische Darstellung entsprechend der gängigen Ideologie der ererbten Tugenden und ist durch ein Huldigungsgedicht des Jesuitenpaters Antonius Gropper aus dem Jahr 1744 an Maria Theresia überliefert. Das Deckengemälde wurde von vier freskierten Wandbildern ergänzt.

Die gesamte Ausstattung dieses Saales mußte beim maria-theresianischen Umbau der Großen und der Kleinen Galerie weichen, wobei die Kleine Galerie knapp sechzig Jahre später neuerlich ein Deckengemälde mit der Darstellung des „Milden Regiments", diesmal das Maria Theresias, erhalten sollte.

Sowohl die Gemälde wie auch die heute im Zwischendeckenbereich noch erhaltenen Reste der aus dieser Zeit stammenden Stuckmarmor-Ausstattung beweisen, daß der zentrale Mittelsaal dem Zeitgeschmack entsprechend eine ästhetisch hochwertige Gestaltung erhielt, für dessen Ausführung namhafte Künstler herangezogen und wohl auch keine Kosten gescheut wurden. Der Maler Rottmayr, der im Jahr 1704 geadelt wurde und in seinem diesbezüglichen Ansuchen die Arbeiten in Schönbrunn als besondere Leistung angab, erlebte ein ähnliches Schicksal wie auch der Architekt Fischer von Erlach sowie Lieferanten und Handwerker: Seine Forderung für die Schönbrunner Arbeiten wurde erst viel später, im Jahr 1709, beglichen.

Die kaiserlichen Appartements im Westflügel

Im Westflügel waren dem Grundriß zufolge die kaiserlichen Appartements untergebracht, während der Ostflügel zur Beherbergung der Gäste dienen sollte. Die Repräsentationsräume an der Ehrenhofseite umfaßten den Mittelsaal und die daran anschließenden „Antichambres" als Wartezimmer für Gäste und Audienznehmer, gefolgt vom Speisesaal.

Die Privatgemächer des zukünftigen Kaisers waren an der Gartenseite angelegt und bis zur Regierungsübernahme im Jahr 1705 weitgehend ausgestattet.

Der Speisesaal, der beim Umbau durch Maria Theresia der Blauen Stiege weichen mußte, diente festlichen Anlässen. Hier fanden Empfänge und Tafeln statt, die oft von Spiel und Musik begleitet waren.

Die heute noch existierende Ausstattung zeigt die für Fischer von Erlach typische Wandgliederung mit ionischen Doppelpilastern und eine Betonung der Fensternischen mit reichem, muschelförmigem Stuckdekor, der ursprünglich einen Goldgrund aufwies. Die mit Marmor verkleideten Türöffnungen waren von gemalten Supraporten bekrönt, die beim Einbau des Stiegenhauses um 1747/49 durch Rundgiebel ersetzt wurden. Bei diesem Einbau wurden aus Symmetriegründen auch die Fenster auf der gegenüberliegenden Westseite eingefügt und mit Muschelverzierungen, allerdings ohne Goldgrund, versehen. Die Wände des Speisesaales, der nach Bedarf auch als Ratsstube benutzt wurde, waren – der Beschreibung Johann Basilius Küchelbeckers aus dem Jahr 1730 zufolge – mit lebensgroßen Portraits habsburgischer Kaiser und Kaiserinnen geschmückt, ebenso wie die der beiden Antichambres.

Das monumentale Deckengemälde mit einer allegorischen Darstellung des Römischen Königs als tugendhafter Mann und Kriegsheld wurde vom venezianischen Maler Sebastiano Ricci 1701/02 ausgeführt. Den Verführungen der Venus ausgesetzt, wendet sich der jugendliche Held an der Schmalseite des Freskos – von einem Satyr zwar am Mantelsaum gehalten, jedoch von einem Engel geleitet – entschlossen seinem Weg zu. Auf der gegenüberliegenden Seite erscheint er als ein mit Schwert und Lanze bewehrter Krieger zu Pferde, der die fliehenden Feinde verfolgt. Schließlich schreitet er im Zentrum des Bildes als Sieger auf einer ansteigenden Wolkenbahn empor, um den von Lichtgöttinnen gehaltenen Lorbeerkranz auf dem Thron der Ewigkeit in Empfang zu nehmen.

Wohl auf den gerade aufgeflammten Spanischen Erbfolgekrieg anspielend, dienten wiederum allegorische Themen wie „Herkules am Scheideweg" und der „Sieg der Tugenden" für die Repräsentation der habsburgischen Kaiserideologie. Gleichzeitig zeigt sich in dieser Apotheose des siegreichen Königs der für das Barockzeitalter typische Personenkult um Joseph, der sich bereits ein Jahr zuvor in der Prägung der Schönbrunn-Medaille angekündigt hatte: Joseph als selbstbewußter Herrscher und durchaus in der Lage, den Kampf mit dem französischen Sonnenkönig aufzunehmen.

TAPEZIERER

und Spaliermacher zählten spätestens seit 1705 zu jener Gruppe von Künstlern, die bei dem häufigen Wechsel der Aufenthalte des kaiserlichen Hofes, bei Reisen, Reichstagen und Krönungen die Aufgabe innehatten, unterschiedlichste Räumlichkeiten den funktionellen Anforderungen entsprechend einzurichten. Zu ihren weiteren Aufgaben zählten darüber hinaus, vergleichbar mit der Funktion eines Innenarchitekten, die festen Wohnsitze auszustatten und bei Festlichkeiten, Empfängen, Hochzeiten wie auch Begräbnissen ein entsprechend prunk- und würdevolles Ambiente zu schaffen.

Die im Grundriß Fischers von Erlach angegebenen Bezeichnungen der Räume lassen keine wirklichen Schlüsse auf die tatsächliche Bestimmung der einzelnen Zimmer sowie deren Funktion und Erschließung zu. Auch hier scheint es sich weitgehend um eine spätere Schreibtischarbeit des Architekten zu handeln. Aus dem Inventar, das anläßlich der Übernahme des Schlosses durch Karl VI. im Jahr 1728 angefertigt wurde, geht hervor, daß es sich bei den vom Speisesaal her betretbaren Räumen um eine kontinuierliche Abfolge bis zu den intimsten Räumen des Kaisers handelte. Diese wurden vermutlich von Fischer selbst konzipiert, wie zum Beispiel ein sogenanntes Holländisches Kabinett, und von dem namhaften Tapezierer Peter Quantin ausgestattet, der 1705 von Joseph I. in den Hofdienst aufgenommen wurde.

Bis zum Ausbau der Appartements im Westflügel dienten die südseitigen Räume an der Gartenfront als Privatgemächer des Kaiserpaares. Sie waren, der Vorliebe des Hausherren entsprechend, mit Jagdbildern des Hofmalers Hamilton geschmückt.

Die westseitige Raumflucht des Flügels war für die Kaiserin geplant und sollte über die Kaiserintreppe erschließbar sein. Um den inneren Hof war eine Enfilade aus offiziellen und privaten Räumen angelegt, die, den Kriterien eines barocken Schlosses entsprechend, an der Gartenseite mit dem Appartement des Kaisers zusammentraf. Durch den plötzlichen Tod Josephs 1711 konnte dieser Trakt wahrscheinlich nie fertiggestellt werden.

Den Inventaren zufolge war zu Lebzeiten Josephs auch für die Unterbringung des Hofstaates gesorgt, für den eingerichtete Räume im Schloß zur Verfügung standen. Ebenso waren die für eine repräsentative Hofhaltung notwendigen Küchen, Bäckereien und Stallungen vorhanden.

In diesem Zusammenhang ist allerdings festzuhalten, daß die Sommerschlösser üblicherweise zwar ausgestattet, das heißt bewohnbar, jedoch bis zur Mitte des 19. Jahrhunderts lediglich „mobil" eingerichtet waren. Für den jeweiligen „Séjour", den Aufenthalt des Hofes, mußten die Einrichtungsgegenstände wie auch der gesamte Hausrat in die Schlösser transportiert werden, um einen standesgemäßen Verbleib des Hofes und einen reibungslosen Ablauf der Versorgung zu gewährleisten.

Als Residenzschloß geplant, war in Schönbrunn zu Beginn des 18. Jahrhunderts offensichtlich für einen Dauerbetrieb weitgehend gesorgt worden, obwohl das Kaiserpaar, der Tradition ihrer Vorgänger folgend, auch weiterhin den Sommer im Schloß Favorita auf der Wieden verbrachte und Schönbrunn nur zu besonderen Anlässen aufsuchte und nutzte.

DIE SCHLOSSKAPELLE

Zum festen Bestandteil einer fürstlichen Residenz zählte die Schloßkapelle, die aufgrund der habsburgischen Frömmigkeit und zur Legitimation des Gottesgnadentums auch in Schönbrunn nicht fehlen durfte. In der ersten Konzeption für ein einfaches Jagdschloß war wahrscheinlich nur eine kleine Hauskapelle vorgesehen. In der Planerweiterung fügte Fischer eine größer dimensionierte Kapelle als Pendant des Speisesaales im gegenüberliegenden Seitenflügel ein, die bis heute – abgesehen von einer geringfügigen Modifizierung und einer neuen Bildausstattung – weitgehend das Aussehen der Fischerschen Raumausstattung bewahren konnte. Die Schönbrunner Schloßkapelle ist als Rechtecksaal mit einer nach Osten gerichteten halbrunden Apsis gestaltet und von einer hohen Stichkappentonne überwölbt. Die Wände sind von einer großen korinthischen Pilasterordnung aus grauem Marmor gegliedert, die durch ein umlaufendes Gebälk zusammengefaßt wird. Die seitlichen Türnischen weisen eine kleine ionische Ordnung aus rotem Marmor mit Architrav auf.

Analog zum Farbakkord der Wandgliederung war der Fußboden aus roten und grauen Marmorplatten gestaltet. In der oberen Wandzone gewährleisten große Fenster an der Nordseite die Beleuchtung des Kapellenraumes. Das Deckengewölbe zeigt reichen, für die Zeit um 1700 typischen Stuckdekor mit klassischen Formen. Die Gurten sind mit Rosetten geschmückt, die Kalotte über dem Hochaltar ziert ein Wappen mit Bindenschild, bekrönt mit dem Erzherzogshut. Das zentrale Deckengemälde wurde erst zur Zeit Maria Theresias ausgeführt, über die vorangegangene Gestaltung fehlen jegliche Quellen. Der Eingang befand sich an der Nordseite der Kapelle, während das Oratorium auf der gegenüberliegenden Seite in der Nobeletage zur Ausführung kam.

Die der heiligen Maria Magdalena geweihte Kapelle war bereits knapp nach 1700 vollendet und eingerichtet. Für die Ausstattung wurden namhafte Künstler herangezogen, darunter Johann Michael Rottmayr, der für den Hochaltar ein Gemälde der heiligen Magdalena mit der Vision des Gekreuzigten schuf, das sich heute in der Augustinerkirche befindet. Es wird vermutet, daß das gesamte Ausstattungskonzept entweder von Rottmayr oder dem in Österreich wirkenden Jesuitenarchitekten Andrea Pozzo stammt.

Erst nach dem Tod Josephs wurden von seiner Witwe Wilhelmine Amalie die ehemaligen Seitenaltarbilder, eine Kreuzigung und eine Grablegung Christi, bei dem berühmten Barockmaler Peter Strudel in Auftrag gegeben, die in den 1740er Jahren einer neuen Gemäldeausstattung weichen mußten.

Die Schloßkapelle konnte bereits zu Lebzeiten Josephs für den Gottesdienst und für höfische Veranstaltungen benutzt werden. Hier feierten Schloßpersonal und Bevölkerung seit 1707 das Fest des Kirchenpatroziniums, bei dem eine Prozession mit Pfarrer, Fahnenträgern und Musik stattfand. Die Prozession erfreute sich unter anderem deshalb besonderer Attraktivität, weil die Teilnehmer danach zu einem vom Kaiser finanzierten Festmahl geladen waren. Auch Hochzeiten des Hofpersonals fanden in der Schloßkapelle statt.

Die Vermählungsfeier der Wolfenbüttelschen Prinzessin Elisabeth Christine mit Karl III., dem König von Spanien und späteren Kaiser Karl VI., fand im April 1708 „per procurationem“ – das heißt in Abwesenheit des Bräutigams, der durch einen nahestehenden Verwandten vertreten wurde – ebenfalls in Schönbrunn statt. Die Trauung selbst wurde allerdings nicht in der Schloßkapelle, sondern aus Platzmangel in der Pfarrkirche Maria Hietzing zelebriert.

Die enge Bindung des Hofes mit der nahe gelegenen Pfarrkirche Hietzing wurde, der bestehenden Tradition folgend, auch im 18. Jahrhundert weiterhin intensiv gepflegt. An den prächtigen Umgängen von der Schloßkapelle nach Maria Hietzing, die allerdings erst nach dem Tod Josephs dokumentiert sind, nahm neben der lokalen Bevölkerung auch der kaiserliche Hof teil.

GESELLSCHAFTLICHES LEBEN IN SCHÖNBRUNN

Der feierliche Einzug des zukünftigen Kaiserpaares im Jahr 1700 sollte in Schönbrunn ein glanzvolles höfisches Leben einleiten. Joseph neigte als typischer Herrscher des Barockzeitalters dazu, die pompöse Hofhaltung seines Gegenspielers Ludwig XIV. nachzuahmen und bei großen Festlichkeiten weder Mühe noch Kosten zu scheuen.

Das nächste opulente Fest gab man allerdings erst Jahre später – 1706 – anläßlich des Namenstages der Kaiserin Wilhelmine Amalie. Aufgrund der permanenten Finanznöte gingen die Arbeiten an der Ausstattung des Schlosses nur schleppend voran, weshalb aufwendige Feste in Schönbrunn offenbar nicht organisiert werden konnten.

Das mehrtägige Namenstagsfest zu Ehren der Kaiserin, mit dem Joseph wohl wieder einmal ein besseres Einvernehmen mit seiner Gemahlin herstellen wollte, fand aufgrund der bis Mai des Jahres andauernden Hoftrauer für den verstorbenen Kaiser Leopold I. erst im Juli statt. Das Kaiserpaar und der versammelte Hofstaat erschienen in prächtiger Gala, um dem reichen Programm des Festes beizuwohnen. Das jeweilige Mittagsmahl wurde von Tafelmusik begleitet, am ersten Abend im Mittelsaal eine *Opera* gegeben. Kaiserpaar und Hofstaat übernachteten in Schönbrunn, da der Höhepunkt des Festes am nächsten Tag durch ein Turnier im Ehrenhof erfolgen sollte.

Es handelte sich um ein „Kopfrennen“, das mit Lanzen, Pistolen, „Dard“ (wahrscheinlich Wurfpfeile) und Degen ausgetragen wurde und mit einer Preisverleihung für den Sieger endete.

Auf der Freitreppe vor dem Mittelrisalit wurde eine zweigeschossige Fest- und Zuschauertribüne aus „Thanen gräß“ (Tannenreisig) errichtet, die mit Festons geschmückt war. Für das Binden dieser Blumengirlanden waren 36 Gärtner und Tagwerker über eine Woche lang beschäftigt. Auf dieser

DAS TURNIER

Das Turnier, das durch einen Paradezug eröffnet wurde und dann wegen eines plötzlich aufsteigenden Gewitters auf den nächsten Tag verschoben werden mußte, ist durch eine detaillierte Beschreibung im *Wiener Diarium* überliefert. Es war nun nicht mehr mittelalterliches Ritterspiel, bei dem Mann gegen Mann im Harnisch kämpfte, sondern ein höfisch verfeinerter Wettstreit im Degenfechten, Zielschießen, Lanzenwerfen, Hellebardenschwingen und Ringstechen zu Fuß oder zu Pferde, bei dem die Teilnehmer ihre Geschicklichkeit und Schnelligkeit unter Beweis stellen mußten. Als Zielscheiben für diese nahezu sportlich anmutenden Übungen dienten aufgesteckte Türkenköpfe aus Ton und Holz, die auch noch beim legendären Roßballett Maria Theresias 1743 in der Winterreitschule der Hofburg verwendet wurden – die ehemaligen Ressentiments gegen die Türken hielten offenbar unvermindert an.

Das Turnier wurde von zwei Parteien, den Squadronen (Schwadronen), bestritten, eine unter dem Kommando des Kaisers, die andere unter der Führung des Prinzen Max von Hannover. Jede Squadron bestand aus acht prunkvoll aufgeputzten Pferden, die von Reitknechten geführt wurden, einem Chor von Trompeten- und Paukenspielern zu Pferde, kaiserlichen Läufern und Lakaien. Diesem Zug, der das Turnier eröffnete, folgten die Hofwürdenträger in Galakleidung, deren Helme mit weißen Federbüschen geschmückt waren. Die Kavaliere der kaiserlichen Squadron wurden von Graf Starhemberg in prächtigen roten, mit Gold reichbestickten Kleidern angeführt. Die kaiserlichen Edelknaben mit vergoldeten Lanzen und Hellebarden schlossen den ersten Zug ab. Nun kam der Kaiser selbst, dem vier Offiziere in stattlichem Aufzug mit Lanzen und Hellebarden folgten, im Anschluß daran jeweils zwei Kavaliere zu Pferde. So entstand eine Gruppe von fünf Teilnehmerpaaren in kostbaren roten goldgeschmückten Gewändern, die von den bewaffneten Offizieren begleitet wurden. Reiter und Pferde waren mit blauen Bändern versehen. Die gegnerische zweite Squadron war nicht minder geschmückt als die erste, jedoch in blauen Uniformen adjustiert und mit roten Bändern aufgeputzt.

Tribüne sollten im oberen Bereich die Kaiserin, die Kaiserinmutter und die Erzherzoginnen Platz nehmen, der untere Teil war in der Mitte für die Turnierrichter, die Seite für Kavaliere und Damen bestimmt. Als Turnierrichter fungierten neben anderen der venezianische Botschafter, der Obersthofmeister Fürst Salm und der Oberstkämmerer Graf Trautson.

Alle Teilnehmer stammten aus höchsten adeligen Kreisen, denn nur die adelige Herkunft galt als Nachweis für die Turnierfähigkeit. Das Turnier selbst, bei dem das längst vergangene Ideal des Rittertums weiterleben sollte, wurde zu einem Standessymbol für Adel und Herrscher.

Ähnlich wie es Fischer von Erlach in seinem ersten Schönbrunn-Entwurf bei den Staffagefiguren im Turnierhof des Schlosses vorgeführt hatte, ritten nun die beiden auf das prächtigste geschmückten Gruppen in der beschriebenen Ordnung auf dem Turnierplatz herum, bis sie endgültig Aufstellung bezogen und einander gegenüberstanden.

Der Wettkampf bestand unter anderem darin, mit den genannten traditionellen Waffen die aufgesteckten Köpfe im Vorbeireiten abzuschlagen. Den Anfang dazu machten Joseph und sein Gegenspieler, der Prinz von Hannover, als Anführer, danach mußten die jeweiligen Mannschaften paarweise gegeneinander antreten. Zu den Preisen zählten bei diesem Turnier ein großer silberner Leuchter, eine kostbare Uhr, zwei silberne Wandleuchter mit Spiegeln, ein silbernes Lavoir und andere Pretiosen. Der Kaiser ging als unvergleichlich gewandter Sieger hervor und erkämpfte sich neben dem Lavoir auch noch den Sonderpreis, ein kostbares „Nachtzeug", das wahrscheinlich in einer Toilettegarnitur bestand. Ergänzend sei noch bemerkt, daß es sich bei dem Prinzen Max wahrscheinlich um ein Pseudonym – möglicherweise für einen nichtadeligen Teilnehmer – handelt, da ein hannoverscher Prinz dieses Namens in keiner europäischen Stammtafel aufscheint.

Über andere Veranstaltungen sind keine Quellen bekannt, es ist jedoch anzunehmen, daß Joseph auch weiterhin Feste, Bälle, Theateraufführungen und Konzerte in Schönbrunn gegeben hat. Im Winter 1707 ist eine Schlittenfahrt des Kaiserpaares in Begleitung von vierzig Fahrzeugen von der Hofburg nach Schönbrunn belegt, wo man das Mittagsmahl einnahm, um am Abend, von Lakaien mit Windlichtern geleitet, wieder in die Hofburg zurückzukehren.

Belegt sind in den Jahren 1706 bis 1710 auch zahlreiche Aufenthalte des Kaisers im Sommer und Herbst; als leidenschaftlicher Jägerfrönte er in Schönbrunn seinem Jagdvergnügen. Bei diesen Jagdaufenthalten nahm Joseph I. immer ein Frühstück ein, für das in der Mehrzahl ein in Schönbrunn ansässiger Wirt zu sorgen hatte.

DER WITWENSITZ

Joseph I. wurde im Jahr 1711 völlig unerwartet Opfer einer tödlichen Blatternepidemie. Seine Witwe Wilhelmine Amalie erhielt von ihrem Schwager, dem nachfolgenden Kaiser Karl VI., Schloß und Garten von Schönbrunn als Witwensitz. Für die Erhaltung der gesamten Anlage und für den Aufenthalt ihres Hofstaates wurde ihr weiterhin der seit 1709 bewilligte Betrag von 1200 Gulden zugesagt. Der Betrag erlaubte allerdings keine endgültige Fertigstellung, wie Johann Christoph Volkamer 1714 berichtete: „Was noch an diesem Kaiserlichen Lust-Schloss und Garten anzubauen ist, das soll unter der glücklichen Regierung unseres jetzigen allertheuersten Kaisers Carl VI. Majestät … nechstens seine Perfection zu hoffen haben. Inzwischen bringet Ihr verwittibte Kaiserl. Majestät Wilhelmine Amalia allhier die mehriste Sommer-Zeit zu."

Die Kaiserinwitwe verbrachte von 1712 bis 1722 mit ihren beiden Töchtern samt Hofstaat die Sommermonate in Schönbrunn und bewohnte den bereits eingerichteten Mittelteil des Schlosses. Für ihre Töchter wurden die beiden ostseitigen Räume neben dem zentralen Mittelsaal eingerichtet. Vor der Erhebung zum Witwensitz wurden noch eiligst die erforderlichen Reparaturen vorgenommen, um das Schloß in einen bewohnbaren Zustand für einen Daueraufenthalt zu bringen. Die Arbeiten konzentrierten sich dabei auf die Einplankung des Tiergartens, um diesen vom Lustgarten und dem Schloß zu trennen.

Die ebenfalls kunstsinnige Wilhelmine Amalie, die unter den außerehelichen Beziehungen ihres Gatten immer sehr gelitten hatte, pflegte in ihrer Witwenzeit ein reges gesellschaftliches Leben in Schönbrunn. Es ist anzunehmen, daß sie aufgrund der begrenzten finanziellen Mittel aus der Staatskasse eigenes Kapital aufbrachte, um das Schloß ihren Bedürfnissen entsprechend im Inneren auszustatten und den Lustgarten zu erweitern. Für die Ausführung ihrer Pläne standen ihr der bereits erwähnte Hoftapezierer Quantin und der Gärtner Johann Georg Hätzl zur Verfügung, zwei namhafte Künstler, die sie in ihren Hofstaat aufgenommen hatte.

Möglicherweise wurde in dieser Zeit auch die Weiße Stiege eingebaut, die einen adäquaten Zugang – den zeremoniellen Anforderungen entsprechend – zu den Appartements im Westflügel ermöglichte. Die beiden kleinen Einfahrtsräume zwischen den Höfen lassen aufgrund der Stuckausstattung ihrer Flachkuppeln vermuten, daß sie zwischen 1710 und 1730 entstanden sind und vielleicht mit Joseph Emanuel Fischer von Erlach, dem Sohn des Hofarchitekten, in Verbindung stehen, der möglicherweise auch für die großdimensionierte Weiße Stiege verantwortlich zeichnet.

Das rege Leben in Schönbrunn, für dessen Sicherheit eine 45 Mann starke Bewachungstruppe der „Stadtguardia" beordert wurde, erhielt durch die häufigen Besuche der regierenden kaiserlichen Familie und durch Galatage bei festlichen Anlässen eine besondere Attraktivität. Häufig waren fremde Fürstlichkeiten zu Besuch, und der Tiergarten bot weiterhin vielseitige Möglichkeiten für Hofstaat und Besucher, dem Jagdvergnügen nachzugehen. Die Kaiserinwitwe, die mit ihrem Schwager Karl VI. ein ausnehmend freundschaftliches Verhältnis pflegte, lud ihre Gäste zu Festessen ein, die oft musikalisch unterlegt wurden. So auch anläßlich ihres Namenstagsfestes im Jahr 1715, bei dem die gesamte kaiserliche Familie und der Kurfürst zu Trier eingeladen waren.

Im Sommer 1718 fanden sich in Schönbrunn die Kurprinzen Friedrich August von Sachsen und Carl Albrecht von Bayern als Brautwerber der beiden Erzherzoginnen Maria Josepha und Maria Amalia ein, jeder der beiden Kandidaten eine glänzende und standesgemäße Partie für die josephinischen Töchter. (Carl Albrecht von Bayern sollte nach dem Ableben Karls VI. Besitzansprüche auf das habsburgische Erbe geltend machen und für wenige Jahre als Kaiser Karl VII. die Krone des Römisch-Deutschen Reiches tragen.)

Nach der Vermählung der beiden Töchter in den Jahren 1719 beziehungsweise 1722 verbrachte Wilhelmine Amalie den letzten Sommeraufenthalt allein in Schönbrunn, um sich danach in das von ihr gestiftete Kloster der Salesianerinnen am Rennweg zurückzuziehen.

Nach einem glanzvollen Jahrzehnt höfischen Lebens, das bedauerlicherweise nur sehr wenig dokumentiert ist, blieb Schönbrunn nun vereinsamt. Karl VI. suchte das Schloß als begeisterter Jäger nur mehr zum Jagen auf. 1728 entschloß sich die Eigentümerin, Schönbrunn samt allen Zugehörigkeiten und Rechten ihrem Schwager Karl VI. gegen einen Betrag von 240 000 Gulden abzutreten; die feierliche Übergabe erfolgte in den Räumen des Schlosses, bei der alle Schloßbediensteten anwesend waren, um dem neuen Eigentümer angelobt zu werden. Der Besitzerwechsel bedeutete für Schönbrunn eine Gleichstellung mit den übrigen Hofgebäuden, für die Betreuung war von nun an das neu organisierte Hofbauamt zuständig. Im Zuge dieser Übertragung wurden auch die finanziellen Mittel zur Erhaltung bedeutend erhöht.

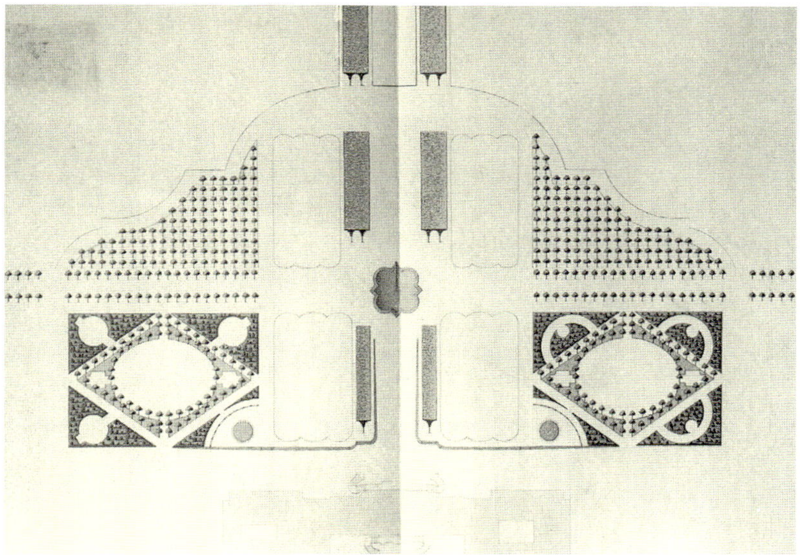

Plan des Parterres.
Zeichnung von Josef Hätzl. Um 1745/50

DER LUSTGARTEN DES KAISERPAARES

Der zur Zeit des Baubeginns angelegte Garten, für den Jean Trehet, ein Schüler des berühmten französischen Gartenkünstlers André Le Notre, beauftragt wurde, war bereits 1699 fertiggestellt. Trehet arbeitete in den Jahren 1695 bis 1697 an der „anleg- aussteck- und Verfertigung des Garthens zu Schönbrunn“, bevor er – wie bereits erwähnt – von Fürst Salm nach Frankreich geschickt wurde, um dort neben der Anfertigung von Plänen auch „rares Baum- und Blumenwerck“ zu kaufen. Ähnlich wie bei anderen Künstlern wurden die finanziellen Forderungen des Gartenarchitekten für die Arbeiten in Schönbrunn erst im Jahre 1736 durch Karl VI. beglichen.

Trehet legte die Ausdehnung des Mittelparterres analog zur Breite des ursprünglich geplanten Jagdschlosses fest. Das Schloß wurde wenig später erweitert, die Breite des Mittelparterres allerdings beibehalten. Ein Plan der Trehetschen Gartengestaltung ist nicht überliefert, ein später ausgeführter Plan vor der Mitte des 18. Jahrhunderts gibt wahrscheinlich den bis dahin weitgehend unveränderten Garten der josephinischen Zeit wieder.

Dieses um 1745/50 datierte Blatt aus der graphischen Sammlung der Albertina von Joseph Hätzl, wahrscheinlich einem Sohn des ehemaligen Hofgärtners der Kaiserinwitwe, zeigt die südseitige Gartenanlage, die sich entlang der Mittelachse erstreckte. Sie war von orthogonalen Alleen, der Lichten Allee unmittelbar vor der Schloßfassade und der dazu parallel verlaufenden Finsteren Allee, durchzogen. Die südliche Ausdehnung des Parterres erreichte etwa die Hälfte seiner heutigen Länge, der Abschluß erfolgte durch eine geschwungene Begrenzungslinie, die etwa im Bereich der späteren Lindenallee lag.

Wie der Plan zeigt, war das Große Parterre in vier Parterrefelder gegliedert und dessen Zentrum durch ein Sternbassin betont. Die seitlich anschließenden quergelagerten Boskette weisen in den zur Schloßfassade gerichteten Ecken viertelkreisförmige Ausnehmungen aus, ein Hinweis darauf, daß die zu geringe Ausdehnung des Mittelparterres im Vergleich zur Schloßbreite möglicherweise schon sehr bald als unbefriedigend empfunden wurde. Zudem widersprach die uneinheitliche Breite von Parterre und Schloß auch den Regeln der französischen Gartenkunst. Ob diese Ecklösung bereits in der ersten Hälfte des 18. Jahrhunderts ausgeführt wurde, konnte bislang nicht belegt werden.

Südlich der Boskette und durch die Allee getrennt, wurden innerhalb der Begrenzungslinie Baumreihen gepflanzt. Hier fanden wahrscheinlich auch die von Trehet aus Frankreich mitgebrachten „1000 Tapis Bäumbl“ (Eiben) ihre Verwendung.

Die ehemalige Gestaltung der vier Parterrefelder zeigt wahrscheinlich ein Kupferstich mit dem Titel *Die Ersten Zwey gleiche an Seithen des Kaijs. Lust-gebäus Schönbrunn Liegenden Parterres* um 1720, der ein gerahmtes und teppichartig gestaltetes Broderiefeld wiedergibt. Die rundförmig abgekappte Ecke war wohl auf die Mittelfontäne ausgerichtet. Zum Blumenschmuck des Parterres zählten unter anderem aus den Niederlanden importierte Tulpen, Narzissen und Fritillarien aus der Familie der Liliengewächse, die auch „Kaiserkronen" genannt wurden. Zu beiden Seiten des Großen Parterres wurde der Wald aufgeforstet, der im westlichen Bereich des Areals den Tiergarten beherbergte.

Broderiefeld im Großen Parterre.
Anonyme Zeichnung. Um 1720

In jener Zeit, da Schönbrunn als Witwensitz Wilhelmine Amalies diente, kam es offensichtlich zu einer Erweiterung des Gartens, bei der auch ein Kammergarten für die Kaiserinwitwe angelegt wurde.

Kammergärten waren üblicherweise als private Wohngärten der kaiserlichen Familie in unmittelbarer Nähe des Schlosses angelegt und von der übrigen Gartenanlage abgesetzt. In Schönbrunn befinden sich noch heute zu beiden Seiten des Schlosses Kammergärten, die allerdings aus späterer Zeit stammen. Eine konkrete Lokalisierung des Kammergartens für Wilhelmine Amalie konnte noch nicht vorgenommen werden; vermutlich befand er sich im Bereich des später entstandenen Hietzinger Kammergartens an der Westseite des Schlosses.

Dank der Beschreibung Küchelbeckers wird bestätigt, daß Fischer sein Schönbrunn-Projekt trotz der ungeheuren finanziellen Schwierigkeiten realisieren konnte, wobei das Vorhaben maßgeblich auch von Joseph I. vorangetrieben wurde. Durch den frühen Tod des Kaisers zwar nicht vollendet, entsprach das Schloß in seinem baulichen Zustand aber doch weitgehend dem Schönbrunn-II-Entwurf, wie er in einem der Privaträume des ehemaligen Hausherrn zu sehen war. Das adlerbekrönte Obeliskentor, die Seitentrakte, die Ehrenhofbrunnen, von denen nur einer als Springbrunnen fertig war, und das Schloß mit seiner Fassade waren ausgeführt. Der Eintritt erfolgte direkt in den großen Mittelsaal, ein weiteres Indiz dafür, daß die großräumige Kaiserintreppe des Fischerschen Grundrisses als repräsentativer Eingang nicht ausgeführt war und daher auch keine Erwähnung fand.

Küchelbecker war von dem Deckenbild Rottmayrs im zentralen Saal und den kaiserlichen Portraits besonders beeindruckt. Ob es sich bei den „Jagdstücken" im linken Flügel um die aus der Zeit Wilhelmine Amalies stammende Bildausstattung des heutigen Rösselzimmers handelt, ist fraglich. Neben den zahlreichen, teilweise signierten und datierten Pferdeportraits, die in den Jahren zwischen 1719 und 1722 vom Hofmaler Johann Georg Hamilton für Schönbrunn gemalt wurden – angeblich Lieblingspferde Karls VI. –, gehören zu dieser Ausstattung auch Darstellungen von Pferdegestüten und die einer Parforcejagd Josephs I. in den Marchauen, die allerdings erst um die Mitte des 18. Jahrhunderts fertiggestellt wurde.

Links: **Philosopho;** *rechts:* **Excellente.**
Pferdeportraits von Johann Georg Hamilton. Um 1720

In der Schloßkapelle dagegen war „aber nichts Merckwürdiges zu observieren". Küchelbecker beschrieb den Zustand nach der Übergabe des Schlosses an Karl VI. Wilhelmine Amalie hatte zuvor die Einrichtungsgegenstände ihrer Gemächer ins Kloster mitgenommen, darunter wahrscheinlich auch das Altarbild der Schloßkapelle von Rottmayr.

Sämtliche Gebäude waren mit einem Flachdach nach italienischem Vorbild gedeckt und das Schloß darüber hinaus von einer umlaufenden Statuenbalustrade besetzt.

Offensichtlich war auch der geplante triumphbogige Aufsatz ausgeführt, lediglich die Reiterstatue des jungen Sonnenkönigs fehlte, wie durch das Gemälde Hamiltons aus dem Jahr 1732 dokumentiert ist, das Schönbrunn im Hintergrund zeigt.

KAISER KARL VI.

Der Ankauf Schönbrunns durch Karl VI. war wohl durch das Interesse an dem attraktiven Jagdgehege motiviert, das der Kaiser häufig und zunehmend in Begleitung des lothringischen Erbprinzen Franz Stephan, dem zukünftigen Gemahl seiner Tochter Maria Theresia, aufsuchte.

Der Tiergarten, der 1696 vom Penzinger Forstmeister Johann Christoph Saiz neu angelegt wurde, lag zwischen dem Lustgarten und Hietzing, im heutigen Bereich der Menagerie. Er beherbergte Rotwild und mancherlei seltene Tierarten wie Gemsen oder weiße Hirsche mit schwarzen Flecken, Füchse, Marder und Wildkatzen. Ein dazugehöriger Fasangarten erstreckte sich entlang des Ufers der Wien bis nach

DIE ORANGERIE

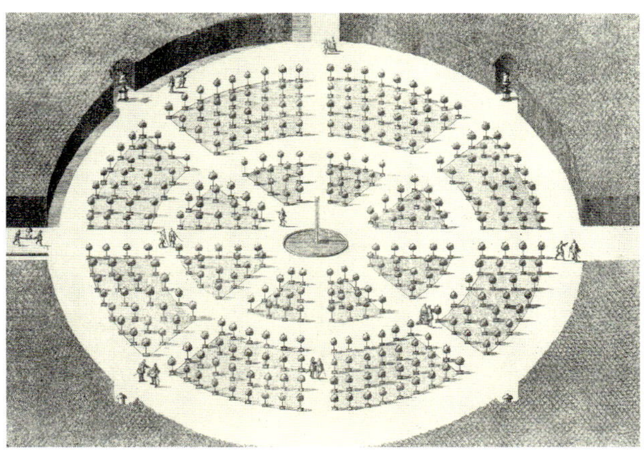

Vermutlich wurde schon von Trehet ein Orangengarten in Schönbrunn geplant und für die Überwinterung der Pomeranzenpflanzen ein Gewächshaus errichtet. Orangen und Zitrusfrüchte, die mit den goldenen Äpfeln aus dem mythologischen Garten der Hesperiden gleichgesetzt wurden, fanden bereits im 17. Jahrhundert Eingang in die fürstliche Repräsentation und Selbstdarstellung. Der mythologischen Geschichte zufolge tötete Herkules den Drachen, der den Eingang des Gartens bewachte, um dann die Früchte als Preis seiner Tugend und als Symbol des ewigen Lebens auf die Erde zu bringen. Analog dazu galt der Besitzer der Orangerie, die zum festen Bestandteil einer barocken Residenz wurde, als Tugendheld und Heilsbringer. Ludwig XIV. ließ in Versailles die symbolträchtigen und begehrten Orangenbäumchen sogar in seinen Gemächern aufstellen.

Schon zur Zeit der zweiten Kaiserinwitwe aus dem Hause Gonzaga waren im Lustgarten Pomeranzenkübel aufgestellt und auch am Beginn des 18. Jahrhunderts durften die exotischen Orangenpflanzen nicht fehlen. 1714 wird in der Beschreibung von J. C. Volkhamer der Lustgarten von Schönbrunn als einer der berühmtesten unter den deutschen und italienischen Gärten gepriesen, in dem auch Orangen gezogen werden.

Den Schönbrunner Orangeriegarten zeigt wahrscheinlich ein undatierter, um 1720 verfaßter Kupferstich. In der kreisförmigen Anlage, die durch Wege in acht Segmente gegliedert ist, stehen 344 Pomeranzen in Kübeln, radial um einen zentralen Brunnen angeordnet. In den acht Kreisen der acht Segmente verjüngt sich regelmäßig die Anzahl der Pomeranzenbäume. Diese Anordnung weist möglicherweise mythologische Wurzeln auf und steht mit der antiken Zahlenmystik, in der die Zahl Acht als heilig galt, in Verbindung. Einem Inventar aus dem Jahr 1718 zufolge besaß die Kaiserinwitwe eine ansehnliche Pflanzensammlung, die neben „allerhandt Indianisch Africanisch und Einheimbische gewächß" auch neunhundert Stück „Höchststammet-Mittlere undt Kleinere Pomerantzen Baum" umfaßte.

KARL VI. ALS NEUER BESITZER

Über das Aussehen des Schlosses bei der Übergabe an Kaiser Karl VI. gibt eine Beschreibung aus dem Jahr 1730 Auskunft, die aus Johann Basilius Küchelbeckers *Allerneueste Nachricht vom Römisch-Kaiserlichen Hofe* überliefert ist. Gleichzeitig dokumentiert die Beschreibung auch den hohen künstlerischen Rang, den die Zeitgenossen dem Schloß Schönbrunn beimaßen. „Unter allen Kayserlichen Lust-Schlössern ist das schönste und magnifiqueste, das von Kayser Joseph zu bauen angefangene Schönbrunn, welches, wenn es wäre zu Stande gekommen, gewisslich ein ander Versailles worden wäre. Nachdem aber dieser grosse Kayser so frühzeitig verstorben, so ist dieser prächtige Bau liegen blieben. Es ist dasselbe eine Stunde von Wien in einer lustigen Aue gelegen, fast zur Helffte mit Holz umgeben, und auf folgende Art uhngefähr gebauet: Bey dem Eingang des Schloss-Hofs stehen zwey grosse und hohe Pyramiden aus Stein gehauen, auf welchen zwey vergoldete Adler zu sehen. Zu beyden Seiten derselben stehen im halben Circul niedrige Gebäude, ohne Dach, so theils Ställe, theils Remisen und Wohnungen vor die Stall-Bedienten abgeben. Mitten im Schloss-Hof, welcher sehr gross und weitläufftig, sollten zwey grosse Bassins mit Jets d'eau kommen, wovon aber nur das eine fertig worden. Die Entrée in das Schloss selber ist sehr magnifique, viele Stuffen hoch, welche rund um die Faciada des Schlosses gehen, und unter einer prächtigen Colonnade und Fronten nach ionischer Ordnung.

Man kommt bey dem Eintritt gleich in einen grossen Saal, so sehr geräumig, hoch, und dessen Plafond überaus künstlich gemahlet ist, und verdienet solcher wohl betrachtet zu werden. In denen Zimmern zur rechten Hand siehet man meistentheils Portraits von der Kayserlichen und ehemaligen Spanischen Familie, so wohl aus denen alten, als neuen Zeiten. In dem Gantz letzten Zimmer sind unter andern zwey Tableaux zu sehen, wovon das erste ein sehr schönes und künstliches Perspectivisches Stück ist, so sehr hoch aestimiret wird; Das andere aber stellet eine Holländische Lustbarkeit auf dem Lande vor, in welchen ungemein viele kleine Figuren zu sehen, weswegen es auch 30000. F. soll gekostet haben. Auf der lincken Seite des Schlosses sind nur noch einige meublirte Zimmer zu sehen, in welchen gantz ungemein schöne Jagd=Stücken anzutreffen sind. Die Schloß=Capelle ist auch auf dieser Seite, in welcher aber nichts Merckwürdiges zu observiren. Aus dem grossen Saal gehet man vermittelst einer schönen Treppe hinunter in den Garten, welcher sehr angenehm und ziemlich groß ist. Das Bosquet, die schönen Allées, und der dabey gelegene Wald geben nicht nur die schönste Promenade, sondern auch den vollkommensten Prospect und das gröste Vergnügen. Nach dem Riß dieses Lust=Schlosses, welchen man unter andern in einen Zimmer siehet, hat auf der Höhe des Walds ein Pavillon sollen zu stehen kommen, so aber nunmehro nicht leicht geschehen wird. Ubrigens ist das gantze Gebäude â l'Italienne, ohne Dach, und mit vielen schönen Statuen oben herum besetzet, welches demselben ein ungemeines Ansehen giebt."

Hietzing. Für das gepflegte Gehege hatte ein „Fasanjäger" zu sorgen, dem man ein entsprechendes Quartier – möglicherweise das zur Zeit Ferdinands II. errichtete Jägerhaus – zur Verfügung stellte. Im Frühjahr 1740 wurde ein neuer Fasanjäger mit einem Jahresgehalt von 2000 Gulden (höher als das eines Hofarchitekten) angestellt.

Als Schönbrunn bereits im Besitz Karls VI. war, wurde das Schloß auf einem Ölgemälde des kaiserlichen Kammermalers Johann Georg Hamilton aus dem Jahr 1732 dargestellt. Dabei handelt es sich um das einzige Gemälde, das die reale Ausführung des von Fischer von Erlach erbauten Schlosses wiedergibt.

Im Vordergrund sind Rebhühner dargestellt, während das Schloß im Hintergrund mit großer Detailtreue wiedergegeben ist. Das Bild ist nicht nur Jagdstück, die symbolhafte Darstellung der einzelnen Elemente bildet eine Apotheose auf die gute Regierung des Kaisers, die dem Staat und dem Volk Wohlfahrt und Reichtum bringt. Das Schloß dient als Symbol der Regentschaft, die Rebhühner im Vordergrund als das der Fruchtbarkeit, das Weizenfeld steht wahrscheinlich für den Überfluß und das Baumskelett, aus dem ein grüner Ast sprießt, für neues Leben.

Ähnlich wie das Deckenfresko im Mittelsaal Schönbrunns wird neuerlich das „Gute Regiment" des regierenden Kaisers thematisiert. Vermutlich wählte der Künstler Schönbrunn für den Hintergrund des Bildes aus, um dem ländlichen Sujet einen stimmigen Gesamteindruck zu verleihen.

Rebhühner im Park von Schönbrunn.
Gemälde von Johann Georg Hamilton. 1732

Dennoch, aus der symbolischen Darstellung sollte wenige Jahre später Realität werden, als Maria Theresia das ehemalige Jagdschloß zu ihrer Sommerresidenz ausbauen ließ.

Einige Jahre nach der Entstehung des signierten und datierten Gemälde Hamiltons befand sich das Schloß aufgrund des Flachdaches nach italienischem Vorbild, das für die lokalen Witterungsverhältnisse gänzlich ungeeignet war, in besorgniserregendem Zustand. Der Schloßhauptmann erstattete 1735 Anzeige beim Hofbauamt, daß die Dippelbäume gefährlich verfault seien und man deren Einsturz stündlich zu erwarten hätte.

Bei der nun eingeleiteten Untersuchung stellte sich heraus, daß nicht nur in den Herrschaftszimmern der Nobeletage neue Dippelbäume einzuziehen wären, sondern ohne Zeitverlust auf das gesamte Hauptgebäude ein neuer Dachstuhl zu setzen sei. Einer Specification des Hofmaurermeisters Anton Erhard Martinelli zufolge mußte die umlaufende Balustrade samt Statuen abgetragen und durch Mauerbänke ersetzt werden. Die schadhaften Stellen des Hauptgesimses waren zu erneuern, für die Dippelbäume die notwendigen Ausbrüche zu machen und nach der Verlegung wieder zu vermauern, die Eisenschließen neu zu ziehen, die Riegelwände auszumauern und zu verputzen. Die Rauchfänge sollten höher geführt und die Böden mit Ziegeln versehen werden. Die erforderlichen Kosten wurden noch im gleichen Jahr bereitgestellt und die Arbeiten, die zwei Jahre später abgeschlossen waren und im Zuge derer das ehemalige Flachdach des Schlosses durch ein neues Walmdach ersetzt wurde, unverzüglich begonnen. Um künftigen Wasserschäden vorzubeugen, wurde das Dach mit soliden Ziegeln anstelle der früheren Schindeln eingedeckt und mit Kupferrinnen versehen, die den Abfluß des Wassers gewährleisten sollten.

Im Abschlußbericht des Hofbauamtes über die durchgeführten Arbeiten wurden „4 fronti Spicia" genannt, die ebenfalls mit Kupfer eingedeckt werden sollten. Die Bezeichnung als Frontispiz führte zur allgemein vertretenen Hypothese, daß das Schloß Schönbrunn im Zuge dieser Arbeiten ein hohes Steildach erhielt. Als Beleg dafür wurde ein Stich von Thomas Bohacz nach einer Zeichnung von Johann Georg Jungmann aus dem Jahr 1744 herangezogen, der

Ansicht des Schlosses Schönbrunn.
Kupferstich von Thomas Bohacz nach J. G. Jungmann. Um 1740

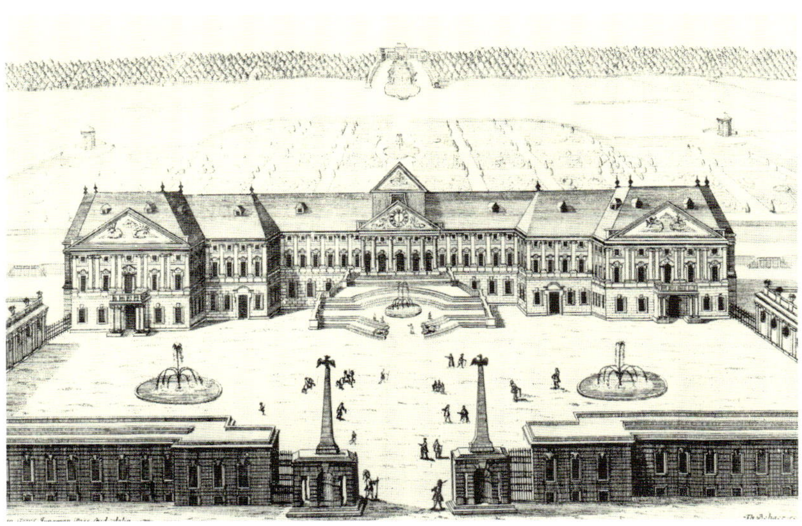

dem von Antonius Gropper verfaßten Huldigungsgedicht an Maria Theresia angeschlossen ist.

Die Ansicht zeigt eine nur geringfügig veränderte Übernahme des Prospekts Fischers, das Schloß im Unterschied dazu aber mit einem hohen Steildach. Auf dieser Darstellung weisen das zentrale Vestibül und die Seitenflügelfronten reliefgeschmückte Dreieckgiebel auf, hinter dem Giebel in der Schloßmitte erhebt sich darüber hinaus ein turmartiger Aufsatz.

Die Darstellung kann nur eingeschränkt als wirklichkeitsgetreue Wiedergabe des Schlosses angesehen werden, da für den Zeichner – als „Poes. stud." bezeichnet – offensichtlich gar nicht die architektonische Wirklichkeit im Mittelpunkt seines Interesses stand. Ein weiteres Indiz, daß es sich hier um keine authentische Ansicht des Schlosses handelt, liegt auch darin begründet, daß Jungmann die Kolonnaden am Fuße des Berges mit dem bekrönenden Belvedere wiedergibt: Motive, die nie zur Ausführung gelangt waren.

Wahrscheinlich wurde bei den zweijährigen Arbeiten jenes Walmdach errichtet, das bis in das 19. Jahrhundert bestehen blieb. Es ist nämlich unwahrscheinlich, daß – wie allgemein angenommen – ein neues Dach bereits im Jahr 1742, zu Beginn des Umbaues durch Maria Theresia, wiederum ersetzt wurde. Die im Stich gezeigte und architektonisch unbefriedigende Lösung hätte darüber hinaus wohl kaum die Zustimmung des damaligen Hofbauamtsarchitekten Joseph Emanuel Fischer von Erlach erhalten.

Mit der Herstellung des neuen Daches wurde für eine Erhaltung des Schlosses gesorgt, das trotzdem weiterhin unbewohnt blieb. Es heißt jedoch, daß Maria Theresia als junge Erzherzogin schon immer eine Vorliebe für Schönbrunn und den umliegenden Garten hatte. Nach ihrer Vermählung mit Franz Stephan von Lothringen im Jahr 1736 widmete man der Erhaltung Schönbrunns wieder größere Aufmerksamkeit. Wahrscheinlich dachte Karl VI. schon bald daran, seiner Tochter das Schloß als Sommerresidenz zu schenken. Damit sollte für Schönbrunn eine neue und glanzvolle Epoche beginnen.

„Alles entspricht hier der Grösse der Monarchinn, die es bewohnt. Das Gebäude ist prächtig, die Meublierung kaiserlich, und nach dem feinsten Geschmacke. Im Garten ist alles beysammen, was die Kunst je Grosses hervorgebracht hat. – Majestätische Alleen, Kaskaden, Ruinen, Bassins, dunkle heilige Gebüsche, Grotten, lebendige Quellen, Springbrünne, Piramiden, Labirinthe, Statuen, Wildniß, Pavillons, Teuche, Menagerien, Vögelgebäuer, und eine auf dem Berg angelegte Kolonnade, mit der herrlichsten Aussicht. Seitdem die Monarchinn ihren Unterthanen ohne Ausnahme den Zutritt in dieses Elisium gestattet, wird es von Tausend und Tausenden besucht. Das Innere des Schlosses wird jedem Fremden gewiesen, sobald die Monarchinn nicht zugegen ist. Sie haben sich deswegen an den Schlosshauptmann zu wenden."

Johann Edler von Kurzböck

Neueste Beschreibung aller Merkwürdigkeiten Wiens. 1779

Das Residenzschloß Maria Theresias

Maria Theresia wurde am 13. Mai 1717 als erste Tochter des Römisch-Deutschen Kaisers Karl VI. und seiner Gemahlin Elisabeth Christine von Braunschweig-Wolfenbüttel geboren.

Karl VI. hoffte zeitlebens auf einen männlichen Nachkommen, um die Thronfolge des habsburgischen Reiches zu sichern. Der einzige Sohn starb jedoch bereits wenige Monate nach der Geburt, danach folgten drei Töchter, von denen Maria Theresia und ihre Schwester Maria Anna das Erwachsenenalter erlangten. Das Kaiserpaar führte eine überaus glückliche Ehe, das Glück wurde allerdings, abgesehen von den politischen Krisen, vom Ausbleiben eines Thronfolgers überschattet. Elisabeth Christine, die von ihrem Gatten aufgrund ihres hellen Teints liebevoll „weiße Lisl" genannt wurde, mußte zahlreiche Wunderkuren über sich ergehen lassen, die der Zeugung von Nachkommen förderlich sein sollten. Nichts blieb unversucht, und man ging sogar soweit, das eheliche Schlafzimmer an Wänden und Decke mit stimulierenden erotischen Szenen zu bemalen, von denen man sich besonderen Erfolg versprach. Aber nichts nützte.

Karl VI., der 1711 die Nachfolge seines Bruders Joseph I. antrat und schweren Herzens auf das spanische Erbe zugunsten der Bourbonen verzichtete, bemühte sich daher sehr bald um eine Neuregelung der Erbfolge, die sogenannte Pragmatische Sanktion. Die Regelung sollte einerseits eine Erbteilung verhindern, andererseits die Erbfolge nach dem Gesetz der Primogenitur in männlicher Linie und nach Aussterben des Mannesstammes auch in weiblicher Linie ermöglichen. So sollten die Töchter Karls VI. vor denen seines verstorbenen Bruders Joseph I. erbberechtigt werden. In der Folge war das innen- und außenpolitische Handeln des Kaisers weitgehend davon geprägt, die Anerkennung der Pragmatischen Sanktion durch die europäischen Fürsten zu erreichen.

Nach nahezu zwanzigjährigen, überaus schwierigen Verhandlungen und unter großen Zugeständnissen erreichte Karl VI. schließlich im Jahr 1732 sein Ziel: Die Pragmatische

Sanktion wurde durch den deutschen Reichstag anerkannt.

Karl VI. hoffte bis in seine letzten Lebensjahre auf einen männlichen Thronerben; die beiden Töchter standen weitgehend im Hintergrund. Abseits vom höfischen Getriebe verbrachte daher Maria Theresia eine unbeschwerte Kindheit und wuchs zu einem schönen Mädchen heran, dessen anmutiges Wesen allgemein begeisterte. Sie war blond, gesund und fröhlich, ihr Charakter von Ehrlichkeit und Großherzigkeit gekennzeichnet. In unbändiger Lebensfreude nahm die temperamentvolle junge Erzherzogin an Festen und Maskenbällen teil, wo sie als unermüdliche Tänzerin bis in die frühen Morgenstunden aushielt.

Links: **Kaiser Karl VI.**
Gemälde von Johann Gottfried Auerbach. Um 1735
Rechts: **Kaiserin Elisabeth Christine.**
Gemälde von Johann Gottfried Auerbach. 1737

Maria Theresia erhielt eine ihrer Herkunft angemessene Erziehung, die allerdings nichts Außergewöhnliches aufwies, das sie auf ihre zukünftige Rolle als Erbin des Reiches vorbereitete. Von Jesuiten erzogen lernte sie Latein, Spanisch, Italienisch und Französisch – Deutsch sprach sie nur im Wiener Dialekt. Zum standesgemäßen Unterricht zählte auch Musizieren und Tanzen, ein besonderes Talent zeigte das Mädchen beim Singen.

Im Alter von elf Jahren wurde die weitere Erziehung Maria Theresias der verwitweten Gräfin Charlotte Fuchs als „Aja“ anvertraut, die zeitlebens eine der engsten Vertrauten der zukünftigen Monarchin werden sollte. Die Erzieherin, die später nur die „Fuchsin“ genannt wurde, förderte auch die frühzeitig sich anbahnende Zuneigung ihres Schützlings zu Franz Stephan von Lothringen, der 1723 im Alter von fünfzehn Jahren an den Wiener Hof kam. Zwischen den Häusern Lothringen und Habsburg bestanden verwandtschaftliche Beziehungen: Karl VI. und der Vater Franz Stephans waren Vettern, und der junge Herzog sollte am Hof seines Onkels eine weltmännische Erziehung erhalten. Franz Stephan hielt sich häufig in unmittelbarer Umgebung des Kaisers auf, der sehr bald eine besondere Zuneigung für den jungen Mann empfand. Zuerst Spielgefährte der kindlichen Maria Theresia entwickelte diese im beginnenden Backfischalter eine große Zuneigung für Franz Stephan, und als er 1729 den Hof verließ, um die Regentschaft in Lothringen anzutreten, war die Zwölfjährige verzweifelt. Ihr Vater beobachtete die sich anbahnende Beziehung mit großen Bedenken: Franz Stephan war kein Reichsfürst und

Von links nach rechts: **Erzherzogin Maria Theresia als Kind mit ihrem Lieblingsspielzeug, einer Puppe.** Anonymes Gemälde. Um 1720
Maria Theresia als zwölfjährige Erzherzogin. Gemälde von Andreas Möller. Um 1727
Maria Theresia als Königin von Ungarn. Gemälde von Martin van Meytens. Um 1745

Maria Karolina Gräfin Fuchs, Aja Maria Theresias.
Anonymes Gemälde. Um 1745

das Herzogtum Lothringen und Bar, das er erbte, stand bald im Mittelpunkt politischer Machtansprüche der europäischen Fürstenhäuser und sollte 1736 im Polnischen Erbfolgekrieg endgültig verlorengehen. Als Entschädigung wurde Franz Stephan das Großherzogtum Toskana nach dem Ableben des kinderlosen letzten Regenten aus dem Hause Medici – Gian Gastone – zugesichert.

Nach ausgedehnten Reisen und bereits praktisch ohne Landbesitz kehrte Franz Stephan im Jahr 1732 nach Wien zurück und wurde von Karl VI. mit dem Amt des Statthalters von Ungarn betraut. Jetzt erwuchs aus der einstigen kindlichen Schwärmerei Maria Theresias eine stürmische Liebe für Franz Stephan, und selbst der Kaiser wollte dem Glück seiner Tochter nicht im Wege stehen. Mit seiner Zustimmung fand am 21. Januar 1736 die offizielle Brautwerbung statt. Anschließend begab sich der Herzog nach Preßburg, wo er bis zur Hochzeit am 12. Februar blieb. Aus diesen Tagen erhaltene zärtliche Briefe zeigen die innige Zuneigung des Brautpaares zueinander; für Maria Theresia sollte Franz Stephan die einzige Liebe ihres Lebens bleiben. „Ihm seyndt die Täge unerträglich da sie getrennt seien und er sei höchst obligiert für die Gnad seine Zeilen so gütigst beantwortet zu sehen", schrieb Franz Stephan an Maria Theresia, woraufhin ihm die Braut antwortete: „Was man gern tut, macht keine ungelegenheit"; sie wünscht ihm für die Rückreise zur Hochzeit „gutes Wetter, hoffe das dises die letzte sein wird, die Euer liebden ohne ihrer so ergebnen braut machen werden" und verabschiedet sich trotz der höfisch gehaltenen Form des Briefes mit einem „Adieu mäusl", das der Etikette gänzlich widersprach.

Obwohl Maria Theresia als „Erbtochter" des Reiches galt, machte sie Karl VI. in keinerlei Weise mit den Regierungsgeschäften vertraut. Wohl unter dem Einfluß ihres Gatten, der die Regierungsweise ihres überaus bedächtigen Vaters kritisch beurteilte, bekam auch die junge Erzherzogin einen ersten Einblick in die Welt der Politik. Wahrscheinlich mehr als der Vater in dem Bewußtsein, eines Tages die Regierungsgeschäfte zu übernehmen, bildete sich Maria Theresia in dieser Zeit ihr eigenes und ebenso kritisches Urteil, wie der englische Gesandte Sir Thomas Robinson 1733 zu berichten wußte: „... Sie denkt schon jetzt sehr scharf. Sie trachtet, Einblick in die Geschäfte zu erhalten. Bewundert die Tugenden des Vaters, aber beklagt sein schlechtes Wirtschaften (condemns his mismanagement). Sie hat so sehr den Ehrgeiz und die Fähigkeiten zu regieren, daß sie ihn fast nur als ihren Administrator ansieht."

Als der Kaiser 1740 nach einem Jagdaufenthalt in Halbturn überraschend verstarb, trat die 23jährige Tochter ein sehr schwieriges Erbe an; umgeben war sie von den Ratgebern ihres Vaters, die in der Mehrzahl bereits im Greisenalter standen. Nun stellte sich heraus, daß alle Bemühungen Karls VI. um die Anerkennung der Pragmatischen Sanktion vergeblich gewesen waren und sogleich der Kampf um die österreichische Erbfolge beginnen sollte. Erstes erklärtes Ziel der jungen Regentin war somit die Verteidigung und die Sicherheit der Monarchie.

Die Kurfürsten von Bayern und Sachsen, die mit den Töchtern Josephs I. verheiratet waren, stellten Ansprüche auf das österreichische Erbe. Mit französischer Unterstützung besetzten bayerische Truppen Oberösterreich, Teile Niederösterreichs und Böhmen. Im Norden drohte durch Friedrich II. von Preußen Gefahr, der für die Anerkennung der Pragmatischen Sanktion die Abtretung des reichen Schlesiens forderte. Eine erste Unterstützung erhielt Maria Theresia durch die Ungarn, nachdem sie deren angestammte Privilegien und Sonderrechte im Reich anerkannt hatte. Im Jahr 1741 wurde sie zur ungarischen Königin gekrönt, und mit Hilfe Ungarns konnte sie 1743 die Bayern endgültig aus den Erbländern vertreiben. Allerdings war aufgrund der anfänglichen Kriegserfolge bereits ein Jahr zuvor der bayerische Kurfürst Karl Albert zum Römisch-Deutschen Kaiser gewählt worden, eine Würde, die seit mehr als dreihundert Jahren dem Hause Habsburg zuteil gewesen war.

Wenige Monate später erfolgte der endgültige Sieg über die Bayern, und im Mai 1743 wurde Maria Theresia im Prager Veitsdom zur Königin von Böhmen gekrönt. Sie hatte damit allen Widerständen zum Trotz die habsburgischen Länder verteidigt und ihr Erbe wieder in festen Händen. Ihre Rückkehr nach Wien war ein einziger Triumphzug, als 26jährige Regentin hatte sie die Herzen ihres Volkes erobert.

DIE KAISERWÜRDE FÜR HABSBURG-LOTHRINGEN

Als im Jahr 1745 der Römisch-Deutsche Kaiser Karl VII. starb, bemühte sich Maria Theresia erfolgreich, ihrem Gemahl die Kaiserwürde zu sichern; schließlich wurde er am 13. September 1745 in Frankfurt gekrönt. Unmittelbar nach der Krönung setzten neuerliche Kampfhandlungen um Schlesien und Böhmen ein, die mit schweren Niederlagen für

DAS DAMENKARUSSELL

Einen ersten Sieg über die Bayern durch die Rückeroberung Prags feierte Maria Theresia am 2. Januar 1743 mit einem Damenkarussell in der Winterreitschule der Wiener Hofburg, das vom Hofmaler Martin van Meytens und seiner Werkstatt in einem Ölgemälde festgehalten wurde. Als verspielte Nachfolge des ritterlichen Turniers waren diese Karusselle in der Barockzeit überaus beliebt; Damenkarusselle wurden bis zum Ende des 19. Jahrhunderts in der Winterreitschule veranstaltet.

Das Damenkarussell in der Winterreitschule im Jänner 1743. Gemälde von Martin van Meytens und seiner Werkstatt

Wie das Zeremonialprotokoll von dem Ereignis im Januar 1743 berichtet, waren die Teilnehmerinnen des Karussells – Damen aus höchsten adeligen Kreisen – als „Amazonen" gekleidet, die unter den Kleidern Lederhosen trugen. Ähnlich wie bei einem Turnier waren in der Reitbahn der Winterreitschule Figuren aufgestellt, die „theils Mohren, Theils andere Mythologische Figuren vorstelten" und denen Tonköpfe aufgesetzt waren, die von den Reiterinnen mit der Lanze, von den fahrenden Damen mit dem Degen abgeschlagen werden mußten. Darüber hinaus mußten die Teilnehmerinnen ihre Geschicklichkeit auch mit Pistolen und Wurfpfeilen unter Beweis stellen.

Maria Theresia führte auf einem Schimmel reitend – aufgrund ihrer Schwangerschaft im Unterschied zu den anderen Damen jedoch im Damensattel – die erste Reiter-Quadrille an, der eine zweite berittene und dann zwei weitere fahrende mit kleinen Muschelwägelchen folgten. Die Wägelchen, in der gleichzeitigen Beschreibung als „Phaeton" bezeichnet, von denen noch eines in der Wagenburg erhalten ist, waren kunstvoll geschnitzt, versilbert und mit Samt ausgefüttert. Die erste fahrende Quadrille wurde von Maria Anna, der Schwester Maria Theresias, angeführt. Die Wägelchen wurden von Kavalieren geführt, während die Damen die Tonköpfe abzuschlagen hatten.

Die erste Quadrille war in rotem Samt, die zweite in blauem Samt gekleidet. Der prächtige Aufzug beeindruckte die Zuschauer durch die kostbarst gekleideten Teilnehmerinnen, ergänzt durch das reiche Zaumzeug der Pferde. Von der Zuschauertribüne aus konnten Hofwürdenträger und geladene Gäste die Geschicklichkeit der Damen bewundern, die um nichts jener eines geübten Kavaliers zurückstand. Zum „Kopfrennen" trat jeweils ein in unterschiedliche Farben gekleidetes Damenpaar an, und jeder einzelne Treffer wurde von Trompeten und Pauken begleitet.

Schließlich wurden die Erfolge in den verschiedenen Waffengattungen auch mit kostbaren Preisen belohnt. Maria Theresia erhielt für ihre Leistungen ein in Gold gefaßtes und mit Brillanten besetztes Bergkristallbesteck, das sie allerdings einer Dame ihrer Quadrille überließ. Zu den weiteren Geschenken zählten kostbare Schmuckstücke mit Brillanten, Porzellanbecher, Tafelservice und vieles mehr. Auch die weniger erfolgreichen Damen wie die Kavaliere, die die Wägelchen führten, erhielten reiche Geschenke. Nach dem Fest fuhr Maria Theresia mit ihren Kampfgefährtinnen „unter Zulauf einer unbeschreiblichen Menge Volcks" in die Hofburg zurück, wo das Fest mit einem herrlichen Ball seinen Ausklang fand.

MARIA THERESIA

Graf Podewil, der preußische Gesandte am Wiener Hof, beschrieb ein Jahr zuvor auf Wunsch Friedrichs II. die dreißigjährige Maria Theresia, mittlerweile neunfache Mutter (zwei Kinder waren bereits im Kleinkindalter verstorben), mit folgenden Worten: „Ihr Wuchs ist eher über als unter Mittelgröße. Er war vor ihrer Heirat sehr schön, aber die zahlreichen Geburten, die sie durchgemacht hat, dazu ihre Körperfülle, haben sie schwerfällig werden lassen. Trotzdem hat sie einen ziemlich freien Gang und eine majestätische Haltung. Ihr Aussehen ist vornehm, obgleich sie es verdirbt durch die Art, sich zu kleiden, und obgleich sie der kleine, englische Reifrock, den sie trägt, entstellt. Sie hat ein rundes, volles Gesicht und eine freie Stirn. Die gut gezeichneten Augenbrauen sind, wie auch die Haare, blond, ohne ins Rötliche zu schimmern. Die Augen sind groß, lebhaft und zugleich voll Sanftmut, wozu ihre Farbe, die von einem hellen Blau ist, beiträgt. Die Nase ist klein, weder gebogen noch aufgestülpt, der Mund ein wenig groß, aber ziemlich schön, die Zähne weiß, das Lächeln angenehm, Hals und Kehle gut geformt, Arme und Hände wundervoll. Ihr Teint muß es nicht minder gewesen sein nach dem was man noch sieht, trotz der geringen Sorgfalt, die sie darauf verwendet hat. Sie hat gewöhnlich viel Farbe. Ihr Gesichtsausdruck ist offen und heiter, ihre Anrede freundlich und anmutig. Man kann nicht leugnen, daß sie eine schöne Person ist."

Maria Theresia als junge Regentin. Pastell auf Pergament von Jean-Étienne Liotard. 1743

Österreich endeten. Maria Theresia mußte bei den folgenden Friedensverhandlungen zugunsten Friedrichs II. letzten Endes doch auf Schlesien verzichten, der als Gegenleistung Franz Stephan als Römisch-Deutschen Kaiser anerkannte. Durch den Frieden zu Aachen im Jahr 1748 ging auch der Österreichische Erbfolgekrieg zu Ende, die Pragmatische Sanktion – und damit das Haus Habsburg-Lothringen – wurde international anerkannt.

Nach dem ersehnten Frieden konnte Maria Theresia endlich die längst überfälligen Reformen in Angriff nehmen, die sich bis zum Jahr 1762 hinzogen. Mit der Verwaltungsreform wurde Friedrich Wilhelm Graf Haugwitz betraut, der in der Folge acht Zentralbehörden gründete, die bis 1848 bestehenblieben. Im Zuge der Reformierung des Finanzwesens wurde die Steuerfreiheit von Kirche und Adel aufgehoben, die Grundsteuer nach der Größe des Grundbesitzes bemessen und das Papiergeld, der Wiener-Stadt-Banco-Zettel, als neues Zahlungsmittel eingeführt. Die Außenpolitik wurde maßgeblich von Wenzel Anton Graf Kaunitz bestimmt, der sich als Botschafter in Paris – zunächst noch erfolglos – um ein Bündnis mit dem Erzfeind Frankreich bemühte. Kaunitz wurde 1753 zum Staatskanzler ernannt und als Leiter des ersten österreichischen Außenministeriums bestellt. Als 1757 der dritte Krieg um Schlesien gegen den Preußenkönig ausbrach und damit den Siebenjährigen Krieg eröffnete, versprach Frankreich – dank der diplomatischen Bemühungen des Kanzlers Kaunitz –, die Kaiserin bei der Rückeroberung Schlesiens zu unterstützen. Als Gegenleistung mußte sie die Österreichischen Niederlande an die Bourbonen abtreten. Die Schlacht bei Kolin im gleichen Jahr brachte den ersten großen Erfolg Maria Theresias über ihren preußischen Gegenspieler.

Anläßlich dieses Sieges stiftete sie den Maria-Theresien-Orden, einen Verdienstorden, der bis 1918 zur höchsten militärischen Auszeichnung zählte. Der erste Orden wurde an Feldmarschall Leopold Josef Graf Daun verliehen, der den Sieg über das Heer Friedrichs II. herbeigeführt hatte.

Im Krieg um Schlesien konnte das Heer Maria Theresias zwar zahlreiche Siege erringen, aber ein neuer Bündnisvertrag Preußens mit Rußland brachte 1762 eine positive Wende für Friedrich II.; ein Jahr später wurde bei den Friedensverhandlungen in Hubertusburg der Krieg beendet: Maria Theresia mußte endgültig auf das reiche Schlesien verzichten, und Friedrich II. verpflichtete sich im Gegenzug, Joseph, dem Sohn und Erben der Monarchin, seine Stimme bei der Wahl zum Römischen König zu geben.

Trotz der zahlreichen politischen und kriegerischen Auseinandersetzungen hegte der Preußenkönig die größte Wertschätzung für seine Gegenspielerin, von der er 1781 – ein Jahr nach ihrem Tod – schrieb: „Sie hat ihrem Thron und ihrem Geschlecht Ehre gemacht; ich habe mit ihr Krieg geführt, aber ich war nie ihr Feind."

Die erste Verleihung des Maria-Theresien-Ordens durch Franz I. Stephan an Graf Daun im Jahr 1758; Gemälde von Martin van Meytens und seiner Werkstatt

Als Kronprinz Joseph 1764 von den Kurfürsten einstimmig zum Römischen König gewählt wurde, war damit auch die Nachfolge Franz Stephans in der Kaiserwürde gesichert, die der Thronfolger unvermutet bereits ein Jahr später antreten mußte.

Im August 1765 fand in Innsbruck die Vermählung Peter Leopolds, des dritten Sohnes des Kaiserpaares, mit der spanischen Infantin Maria Ludovica aus dem Haus Bourbon statt, bei der Franz Stephan völlig überraschend einem Schlaganfall erlag. Sein Tod sollte auch das Leben Maria Theresias grundlegend verändern. Die lebenslustige Monarchin zog sich in Schmerz und Trauer zurück und legte fortan die Witwenkleidung nicht mehr ab. Sie widmete sich zwar weiterhin den Staatsgeschäften, führte sie jedoch nun gemeinsam mit ihrem Sohn als Mitregenten. Die Macht aber behielt Maria Theresia in ihren Händen, und dies führte zu ständigen Konflikten mit Joseph II., der nicht wie sein Vater auf die Regierungsgeschäfte verzichten wollte.

Maria Theresias politisches Handeln war nach dem Frieden mit Preußen vom Entschluß geprägt, ihren Völkern in Zukunft den Frieden zu erhalten. Bei der Teilung Polens zwischen Rußland, Preußen und Österreich mußte sie sich den Plänen und Entscheidungen ihres Sohnes beugen, der sich bereits vorher gegen ihren Widerstand an Friedrich II. angenähert hatte. Um den Frieden zu erhalten, ging sie in der Frage der bayerischen Nachfolge im Jahr 1777 sogar soweit, ihrem Erzfeind Friedrich II. zu schreiben, um eine friedliche Lösung zu finden. Den Friedensschluß sollte Maria Theresia allerdings nicht mehr

FRANZ STEPHAN VON LOTHRINGEN

Mit ebenso offenen Worten wurde auch der um neun Jahre ältere Franz Stephan beschrieben: „Der Kaiser ist eher unter als über Mittelgröße. Er läßt den Kopf sehr nach vorn hängen, was ihm einen etwas krummen Rücken eingetragen hat. Sonst ist er gerade gewachsen und ganz gut gebaut. Seine Haltung und sein Gang sind nachlässig, und er achtet nicht im geringsten darauf. Die Form seines Gesichts hat etwas Viereckiges, ebenso die Stirn. Seine Augen sind ziemlich schön und von einem ins Dunkle spielende Blau. Sie sind von Natur matt. Seine Nase ist etwas gebogen, aber nicht groß, der Mund klein und sein Lächeln angenehm. Die Gesichtsfarbe ist gleichmäßig und frisch. Alle seine Züge ergeben ein schönes Gesicht, das aber viele etwas gewöhnlich finden. Er ist wenig ehrgeizig und kümmert sich so wenig wie möglich um die Regierungsgeschäfte. Er will nur das Leben genießen, es angenehm verbringen und überläßt der Kaiserin gerne den Ruhm und die Sorgen der Regierung."

Franz Stephan von Lothringen, Großherzog der Toskana. Pastell auf Pergament von Jean-Étienne Liotard. 1743

erleben: Am 29. November 1780 starb die große Monarchin nach vierzigjähriger Regierungszeit.

Maria Theresia war der habsburgischen Tradition gemäß fest im katholischen Glauben verwurzelt, der die Grundlage ihres politischen wie auch persönlichen Handelns bildete. Der Vorstellung vom Gottesgnadentum entsprechend, sah sie ihre Herrschaft und Macht als eine gottgewollte und fühlte sich daher Gott und den Menschen gegenüber verantwortlich. Von dieser Verantwortung getragen, setzte sie bei den Untertanen vehement die katholische Religion durch und duldete keine Andersgläubigen. Im Gegensatz zu ihren Vorgängern trennte sie jedoch ihren Glauben von der Amtskirche, der sie überaus kritisch gegenüberstand.

Im privaten Leben der Kaiserin bildete ihr Gemahl Franz Stephan – der allerdings zeitlebens im Schatten Maria Theresias stand – den Mittelpunkt. Nachdem er in politischer Hinsicht keinerlei besonderen Ehrgeiz zeigte, übernahm sie nach und nach die Macht und drängte ihn in die Rolle des Mitregenten, der schließlich seine Freizeit lieber bei der Jagd oder am Spieltisch verbrachte. War der Kaiser zunächst in seinen Tätigkeiten unausgelastet, so widmete er sich bald den wirtschaftlichen Problemen der Monarchie. Er schuf sich in der Folge einen europaweiten Ruf als Finanz- und Wirtschaftsfachmann, dem es gelang, das Finanzbudget des Reiches zu sanieren und gleichzeitig auch das Vermögen der Habsburger ansehnlich zu vermehren.

Maria Theresia liebte ihren Gemahl abgöttisch, allerdings mit einem absoluten Besitzanspruch, der unweigerlich Eifersucht mit sich brachte, zu der es regelmäßig Anlaß gab.

Der bereits genannte Podewil beschrieb die Eifersucht der Kaiserin wie auch den Charakter des Kaisers in vortrefflicher Weise: „Seine Lebensführung ist sehr geregelt. Er trinkt nie etwas anderes als Wasser. Er steht ziemlich früh auf. Wenn er nicht auf die Jagd geht, verbringt er einen Teil des Vormittags damit, Schriftstücke zu unterschreiben, in seinen Finanzangelegenheiten zu arbeiten, manchmal nur der Form wegen auch in anderen, und den Konferenzen beizuwohnen. Er spielt dann Ball, was er sehr gerne tut. Gewöhnlich speist er mit der Kaiserin-Königin. Nach dem Mittagessen spielt er Billard. Abends kommt er zum Pharaospiel ... Jagd und Schauspiel scheinen ihn am meisten zu unterhalten. Er hat einen Hang zu Frauen ... Er veranstaltet heimlich galante Soupers mit ihnen, aber die Eifersucht der Kaiserin nötigte ihn, sich darin zu beschränken. Sobald sie bemerkt, daß er irgendeiner Frau den Hof macht, schmollt sie und macht ihm das Leben so unangenehm wie möglich.“

Trotz der zahlreichen politischen Schwierigkeiten gelang es Maria Theresia, ihr privates Leben nicht zu vernachlässigen und den Familienangelegenheiten eine zentrale Stelle in ihrem Leben einzuräumen. Das Eheleben des Kaiserpaares war – abgesehen von der bereits erwähnten Vorliebe Franz Stephans für das weibliche Geschlecht und den damit verbundenen Eifersüchteleien – harmonisch und von einem reichen Kindersegen begleitet. Maria Theresia, von ihrem Gatten stets „Resl“ genannt, gebar innerhalb von fast zwanzig Jahren sechzehn Kinder, von denen zehn das Erwachsenenalter erlangten.

Zweifelsohne liebte Maria Theresia auch ihre große Kinderschar, sie führte mit ihrer Familie ein eher großbürgerlich anmutendes Familienleben, bei dem der strengen höfischen Etikette keine allzu große Bedeutung zukam. Bei all ihrer Mutterliebe verstand es die Monarchin allerdings auch, die Macht und die Grenzen ihres Reiches durch eine gezielte Heiratspolitik auszudehnen und zu festigen. Nahezu alle ihre Kinder wurden aus dynastischen Gründen verehelicht, lediglich Marie Christine, die Tochter, die ihr am nächsten stand, durfte den Mann ihres Herzens heiraten.

ERSTE NEUEINRICHTUNG FÜR DIE ZUKÜNFTIGE HAUSHERRIN

Bald nach dem Regierungsantritt Maria Theresias im Jahr 1740 wurde die Frage hinsichtlich einer dauerhaften Sommerresidenz für die kaiserliche Familie aktuell. Das bis dahin verwendete Sommerschloß Favorita auf der Wieden war für den neuen Hofstaat zu klein und konnte den Anforderungen einer adäquaten Residenz nicht mehr gerecht werden. Unter dem Einfluß des portugiesischen Adeligen Emanuel Graf Silva-Tarouca, eines der engsten Berater Maria Theresias und späterer Generalhofbaudirektor, spielte die junge Monarchin mit dem Plan, die Favorita mit dem Salesianerinnenkloster und dem Schwarzenbergpark zu einer „Espèce de Serrail“, einem Palastbezirk, zu verbinden. In dieses Projekt sollte auch das Schloß Belvedere einbezogen werden, das sich seit dem Tod des Prinzen Eugen 1736 im Besitz seiner Universalerbin Anna Viktoria von Sachsen-Hildburghausen befand. Der Plan scheiterte an den Geldforderungen der Erbin, die zu der angebotenen und nicht unerheblichen Summe von 250 000 Gulden noch weitere 50 000 forderte.

Bald darauf entschloß sich Maria Theresia, das verwaiste Schloß Schönbrunn zu ihrer Residenz auszubauen: Ab dem Jahr 1742 hielt sie sich häufig und gerne in Schönbrunn auf, schon ein Jahr zuvor ordnete sie als erste Schritte an, „alle Fenster waschen zu lassen, Boden zu reuben und alle andern Nothwendigkeiten anbey geschaft".

Bei den kurzen Aufenthalten von ein paar Stunden gab es eine Vielzahl von Veranstaltungen mit Galatafeln und Gesangsdarbietungen im ehemaligen Speisesaal und Theaterveranstaltungen im Kammergarten. So berichtet der Obersthofmeister Fürst Khevenhüller-Metsch im Jahr 1743: „... und kehrten [die Herrschaften] Nachmittag zurück nach Schönbrunn allwo abends Bal ware ... und weillen in meiner zwei provisorie versehener Ämter wegen beständig um die Herrschafften sein muß und zu Schönbrunn, da man erst vorn Jahr in Eille etwas zurichten lassen und nun eben im Bauen begriffen ist."

Daraus läßt sich schließen, daß für das gesellschaftliche Leben anfänglich offensichtlich nur notdürftig gesorgt war. 1743 fiel die endgültige Entscheidung der Monarchin, Schönbrunn zur Sommerresidenz auszubauen, und der diesbezügliche Auftrag lautete, „das solches nicht nur repariret, sondern auch erweitert und zu bequemerer unterbringung der Hof Statt ausgebauet werden solle". Für den Umbau sollten wöchentlich 1500 Gulden zur Verfügung gestellt und eine konkrete Planung in Angriff genommen werden.

Bei den weitreichenden Plänen für das künftige Residenzschloß schien die doch eher sparsame Maria Theresia auch keine Kosten zu scheuen, wie aus einem ihrer Schreiben an den Grafen Ulfeld hervorgeht: „Gundel (Hofbauamtsdirektor Gundacker Graf Althan) ist in mein nahm zu sagen, das ihme safran (Hofkammerrat) schicken werde mit dem gantzen plan und terrains von schönbrunn, er solle gedenkkhen das was guttes und nicht auf 20.000 oder mehr schauen solle und sein idee mir völlig darüber machen solle, ohne sich von ihme irr machen zu lassen."

Einen definitiven Plan scheint es allerdings noch länger nicht gegeben zu haben. Mit ersten Einrichtungsarbeiten, die die Hausherrin regelmäßig besichtigte, wurde bereits 1742 begonnen. Das Ausmaß der Umbauarbeiten dürfte bis 1744 nur gering gewesen sein, da sich der Hof zum Sommerséjour in Schönbrunn aufhielt und die Arbeiten das höfische Leben offensichtlich nicht beeinträchtigten. Lediglich von Platzproblemen bei der Unterbringung des Hofstaates ist die Rede.

Maria Theresia und Franz Stephan bezogen die ehemaligen Privatgemächer Josephs I. an der Südseite des Schlosses, der zentrale Saal und der Speisesaal dienten als Ort für Veranstaltungen. Auf der gartenseitigen Terrasse pflegte man an lauen Abenden Karten zu spielen. 1744 wurde eine „Sala terrena" ausgestattet, die in der räumlichen Anlage wahrscheinlich noch aus der Zeit Fischers von Erlach stammte und sich vermutlich im gartenseitigen Erdgeschoß befand. Für diese „Verfertigung der Sala Terrena" wurden im April des gleichen Jahres 3000 Gulden bewilligt, so daß im August bereits eine Galatafel anläßlich der Geburtstagsfeier für Elisabeth Christine, die Mutter Maria Theresias, aufgestellt werden konnte. Der Raum war mit Wandgemälden ausgestattet, deren Instandhaltung bis 1873 dokumentiert ist. Über das Aussehen dieser Sala terrena ist aufgrund fehlender Bildquellen allerdings nichts bekannt.

Seit 1743 bestand in Schönbrunn auch eine „Union oder Conspiration Taffel-Stuben" für die Königin, deren genaue Lage bislang nicht bestimmt werden konnte. Im Juli wurde – wie Khevenhüller-Metsch berichtet – „an der neu verfertigten Machine Taffel oder gemeiniglich sogenannten tabel de conspiration" gespeist, bei der „alle Speisen und Trank durch die dazu gewidmete und präparate Trapps oder Winden von unten heraufgeschoben oder geschikt wird, so thut niemand aufwarten, damit die Gäste um so freier unter sich sprechen können". Wahrscheinlich befand sich dieser Raum im südseitigen Mittelrisalit des Schlosses, für den die bestehenden Einrichtungen des ehemaligen Jagdschlosses – möglicherweise eine der kleinen Wendeltreppen – genutzt wurden, in die man eine Hebekonstruktion zum Transport der Speisen und Getränke einbaute. Die Konspirationstafel wurde zehn Jahre später das letzte Mal genannt und mußte danach wahrscheinlich dem Umbau des Westflügels weichen. Die Annahme, daß die Konspirationstafelstube mit dem heutigen Chinesischen Rundkabinett identisch sei, dessen kreisförmige Intarsierung im Fußboden als Beweis für die einstige Öffnung galt, durch welche die gedeckte Tafel heraufgezogen wurde, muß in den Bereich der Legende verwiesen werden.

Schönbrunn wird Sommerresidenz Maria Theresias

Der tatsächliche Umbau des ehemaligen Jagdschlosses zur geliebten Sommerresidenz, die Maria Theresia während der

DIE SCHLOSSKAPELLE

Im Zuge der Neueinrichtungen erhielt auch die Schloßkapelle eine neue Ausstattung, die Maria Theresia ein großes Anliegen gewesen sein muß, da sie bis zur Fertigstellung täglich in die Burg zu fahren hatte, um der Messe beizuwohnen: Die Teilnahme am Gottesdienst zählte der habsburgischen Tradition gemäß schließlich zum unabdingbaren Bestandteil des höfischen Tagesablaufes.

Die Schloßkapelle war nur geringfügig ausgestattet, nachdem die ehemaligen Altarbilder von Wilhelmine Amalie in das Salesianerinnenkloster mitgenommen worden waren. Maria Theresia beauftragte nun namhafte Künstler, um die Kapelle neuerlich entsprechend repräsentativ ausstatten zu lassen. Dabei wurde auch ein baulicher Eingriff notwendig, bei dem der Eingang zur Kapelle an die Westseite, dem Altar gegenüber, verlegt wurde.

Bei den Arbeiten an der Kapelle scheint bereits Nikolaus Pacassi maßgeblich beteiligt gewesen zu sein, auf den wahrscheinlich auch der Entwurf des Hochaltars zurückgeht. Der monumentale Marmoraltar mit seitlichen Pilastern und abschließendem Rundgiebel ist von einer vergoldeten Dreifaltigkeitsgruppe bekrönt, die Franz Kohl, ein Schüler Georg Raphael Donners, ausführte. Für das Altarbild mit einer Darstellung der Vermählung Marias wurde Paul Troger, einer der hervorragendsten Barockmaler Österreichs, beauftragt.

Der Altartisch mit seitlichen Adorationsengeln trägt einen mächtigen Marmortabernakel in Form eines Tempiettos, dessen Tür mit dem vergoldeten Relief einer Pietà geschmückt ist.

In der Kapellenwand befinden sich auf

beiden Seiten jeweils zwei weitere Altäre, auf deren Giebeln vergoldete Putten sitzen, die Franz Kohl zugeschrieben werden.

Die Bilder der Seitenaltäre stammen von dem venezianischen Maler Giovanni Battista Pittoni, der an zahlreichen europäischen Höfen beschäftigt war. Die Gemälde, um 1735 entstanden, zeigen die Erziehung Marias sowie den heiligen Johannes Nepomuk und fanden in der Schönbrunner Schloßkapelle ihre endgültige Aufstellung.

Die zwei weiteren Altäre rahmen jeweils eine Nische mit vergoldeten Bleistatuen, eine Schmerzhaften Muttergottes und einen Johannes dem Täufer, die ebenfalls von Franz Kohl geschaffen wurden.

Das Deckengemälde der Kapelle wurde von Daniel Gran, einem weiteren führenden Maler der Barockzeit, ausgeführt und zeigt Maria Magdalena, umgeben von allegorischen Darstellungen der Kardinaltugenden Glaube, Liebe und Hoffnung. (Ursprünglich war die Kapelle Maria Magdalena geweiht, mit der Neueinrichtung erhielt sie jedoch das neue Patrozinium der Vermählung Marias.)

Die Einweihung der Schloßkapelle erfolgte am 20. April 1745 durch den Erzbischof von Wien, Sigismund Graf Kollonitsch; es waren vier Stunden dauernde Feierlichkeiten, an denen Maria Theresia samt dem ganzen Hofstaat teilnahm.

Danach begab sich die illustre Gesellschaft zur Tafel – aufgrund der bestehenden Baustellen jedoch in überaus gelockerter Ordnung und nicht den protokollarischen Vorschriften entsprechend, da nicht nur der Zugang zur Kapelle, sondern „auch sonst noch villes im Schloß annoch in würklicher Bau-Zurichtung begriffen ist".

gesamten Regierungszeit jährlich von April bis November bewohnen sollte, nahm im Jahr 1743 seinen Anfang.

Das ständige Anwachsen ihrer Familie wie auch die Unterbringung des Hofstaates machten einen großangelegten Umbau erforderlich, der auch die Einziehung eines Mezzaningeschosses umfaßte, um dadurch Raum für die vermehrte Hofhaltung zu schaffen. In der Nobeletage kam es zu einer völligen Umgestaltung der Repräsentationsräume und der Privatgemächer. Die baulichen Eingriffe brachten auch eine Veränderung der Fassaden mit sich, denen der Architekt Nikolaus Pacassi ein neues Erscheinungsbild im Stil des Rokoko verlieh. Für eine entsprechende Versorgung des Hofes war auch der Ausbau der Neben- und Wirtschaftsgebäude notwendig.

DIE ERSTE UMBAUPHASE 1743–1749

Nachdem die Entscheidung für einen tatsächlichen Umbau erfolgt war, der den Ansprüchen Maria Theresias gerecht werden sollte, waren im Jahr 1744 die Arbeiten im Schloß wie auch im Garten „mit großen Unkosten machende Embelissementen" – das heißt für die kostspieligen Verschönerungen – in vollem Gange. Offensichtlich sollte der Umbau in Etappen vor sich gehen, wobei mit der Herstellung der Appartements des Regentenpaares im Ostflügel des Schlosses begonnen wurde. Dabei mußten nicht nur die Räume in der Nobeletage verändert, sondern auch eine entsprechende Treppenanlage zur Erschließung des Traktes errichtet werden.

NIKOLAUS PACASSI

Nikolaus Pacassi wurde 1716 in Wiener Neustadt als Sohn der kinderreichen Familie des Steinmetzes Johann Pacassi geboren, der ursprünglich aus Görz stammte. Der Vater war 1743 bei der Schönbrunner Bauhütte tätig, wo auch Nikolaus mitarbeitete. Ein Jahr später wurde er in die Dienste Maria Theresias aufgenommen und 1745 aufgrund seiner überzeugenden Fähigkeiten zum Unterbaumeister in Schönbrunn ernannt. Zu diesem Zeitpunkt stand der gesamte Schönbrunner Umbau noch unter der Leitung des Bauinspektors und Hofbaukontrolleurs Valmagini, der wie Graf Silva-Tarouca zu den persönlichen Beratern Maria Theresias in Bauangelegenheiten zählte. Mit einem Dekret vom 31. Mai 1748 wurde Pacassi zum kaiserlichen Hofarchitekten ernannt, was mit einem jährlichen Gehalt von neunhundert Gulden anstelle eines bis dahin ausbezahlten Taggeldes verbunden war. Als Nicolas Jadot 1753 den Wiener Hof verließ, folgte Pacassi diesem als erster Hofarchitekt nach, womit sämtliche Tätigkeiten des Hofbauamtes in seinem Verantwortungsbereich lagen. Pacassi wurde zum Hauptvertreter der höfischen Architektur der Epoche Maria Theresias und auch bei den Schönbrunner Umbauten war er als alleiniger Architekt bis zum Jahr 1764 für sämtliche Arbeiten verantwortlich. Maria Theresia beauftragte ihn mit zahlreichen Umgestaltungen und Umbauten verschiedener kaiserlicher Residenzen, bei denen er sich in der Regel an die von der Bauherrin geäußerten Wünsche zu halten hatte. Die Kaiserin schätzte Pacassi, von dem sie einmal schrieb, er hätte besser als jeder andere verstanden, ihre Ideen zum Ausdruck zu bringen. Er stand bei ihr „wegen seiner gutten Einfällen und Ideen zumahlen aber wegen seiner Geschwindigkeit im exequiren" in hohem Ansehen.
Schon als junger Architekt bewährte sich Pacassi eben bei der besonderen Aufgabe, Umbauten von bestehenden Schlössern schnell und den Vorstellungen Maria Theresias entsprechend durchzuführen. Der Umbau des Schlosses Schönbrunn bedeutete den Anfang seiner Karriere am habsburgischen Hof, die nach zwanzigjähriger Dienstzeit 1764 mit der Erhebung in den Adelsstand ihre Krönung erfuhr. Im gleichen Jahr beendete er seine Tätigkeiten in Schönbrunn, danach arbeitete er in Innsbruck, Linz, Wiener Neustadt und Prag. Anfang der 1770er Jahre hielt er sich in Italien auf und wurde zum Ehrenmitglied der renommierten Architektenakademie San Luca in Rom ernannt. Im Jahr 1772 erfolgte seine Entlassung aus dem kaiserlichen Dienst, die wohl auf seine Schwierigkeiten mit der Bürokratie und auf die eingeschränkte persönliche Freiheit in künstlerischen Fragen durch das Hofbauamt zurückzuführen ist.

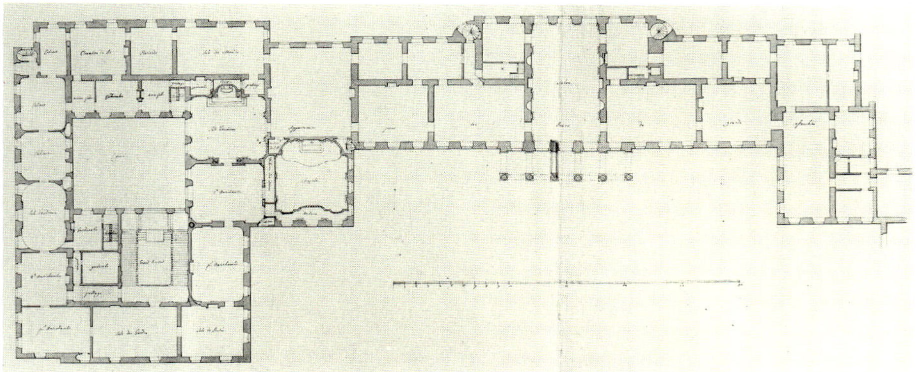

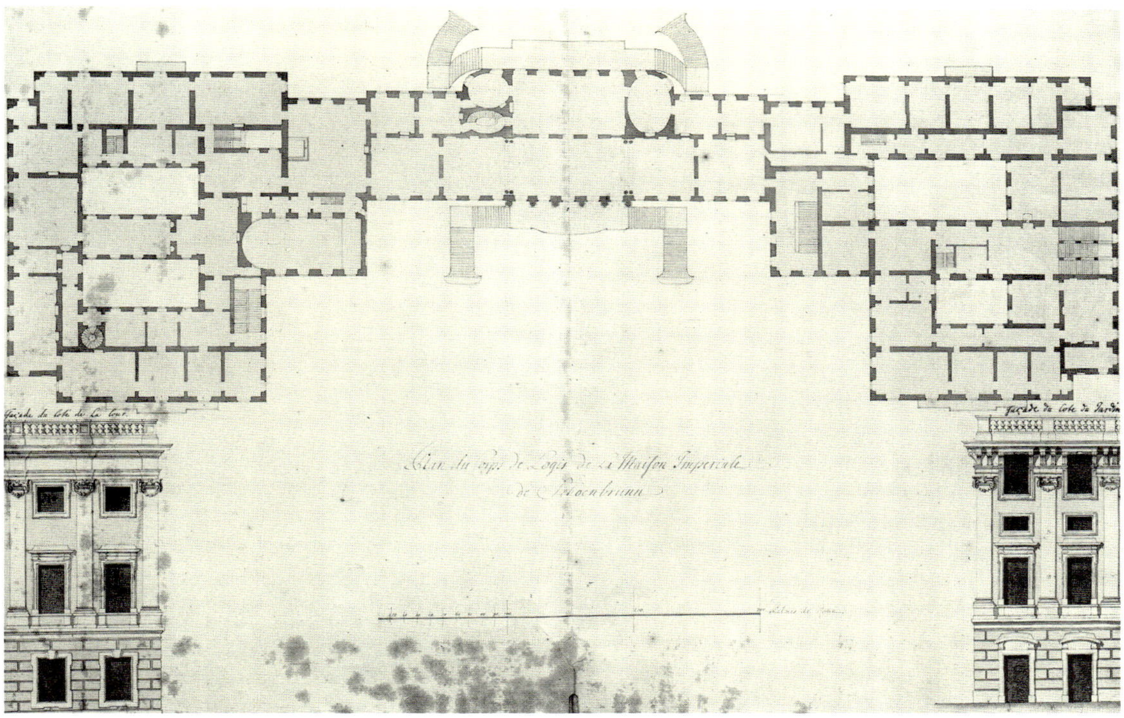

Um 1743/44 datierte Grundrisse des Schlosses Schönbrunn.
Oben: Jean-Nicolas Jadot zugeschriebener Entwurf
Unten: Nikolaus Pacassi zugeschriebener Entwurf

Über konkrete Planungsphasen sind kaum Dokumente überliefert, zwei Blätter der Graphischen Sammlung der Albertina lassen vermuten, daß mit dem Umbau des Schlosses Schönbrunn nur zwei Architekten betraut waren, nämlich Jean-Nicolas Jadot, der als Franzose von Franz Stephan favorisiert wurde, und Nikolaus Pacassi, der im Zuge des Umbaues zum Oberhofarchitekten der Kaiserin avancierte.

Der Grundriß Jadots, um 1743/44 datiert, zeigt eine weitgehende Übernahme der Fischerschen Raumeinteilung im Mittelrisalit mit dem nord-süd-gerichteten Mittelsaal, dem vorgelagerten Vestibül und der südseitigen Raumflucht. Das Hauptaugenmerk dieses Entwurfes lag auf einer völligen Umgestaltung der Schloßkapelle mit einem quadratischen Grundriß und auf der Vergrößerung der ostseitigen Raumflucht, in der die herrschaftlichen Appartements untergebracht werden sollten. Die Seitenfassaden des josephinischen Schlosses waren durch vorspringende Risalite gebildet, die nun durch eine neue Mauerflucht „aufgefüllt“ wurden, um entsprechend Raum zu gewinnen.

Bei dem Entwurf führt im Ostflügel eine großzügige, zweiflügelige Treppenanlage vom Vestibül in die Nobeletage, wo man von einem Gardezimmer und anschließenden Antichambres in den Audienzsaal gelangt. In der entgegengesetzten Richtung – entlang der Ehrenhofseite – liegt ein weiterer Audienzsaal, der offensichtlich mit einem Thronsessel in einer apsisförmigen Nische ausgestattet ist. Zu diesem Saal gelangt man auch über die Ehrenhofstiege und den Mitteltrakt, dessen Räume als „Appartements pour les Tours de grand ahsemblés“ bezeichnet sind. An diese Repräsentationsräume schließen beiderseits die Privatgemächer an, denen südseitig ein Spiegelsaal vorgelagert ist.

Die Kapelle sollte diesem Plan zufolge völlig umgebaut und mit Emporen für den Hofstaat und für die Musikkapelle ausgestattet werden. Nachdem die Arbeiten zur Ausstattung der Kapelle bereits 1743 begannen und ein Jahr später abgeschlossen waren, muß der Plan des französischen Architekten Jadot wohl knapp vorher entstanden sein. Möglicherweise lag es an den schon laufenden Arbeiten, daß der Entwurf Jadots unbeachtet blieb und nicht zur Ausführung gelangen sollte, obwohl die Raumorganisation des Ostflügels den Anforderungen des höfischen Zeremoniells in großem Ausmaß entsprechen konnte.

Das Nikolaus Pacassi zugeschriebene Blatt mit Grund- und Aufriß, als *Plan du Corps de Logis de La Maison Impériale de Schoenbrunn* bezeichnet, zeigt die geplanten Veränderungen im gesamten Schloßbereich, bei denen auch der Mitteltrakt eine gänzliche Umgestaltung erfahren sollte. Das Blatt ist ebenfalls um 1744 zu datieren und enthält bereits eine Vielzahl der Umbauten im Inneren, die schließlich in mehreren Bauphasen durchgeführt wurden.

Im Mitteltrakt liegen nun anstelle des nord-süd-gerichteten Saales zwei parallele Säle unterschiedlicher Größe in Ost-West-Richtung: nordseitig zum Ehrenhof die Große und zum Garten hin die Kleine Galerie; beiden ist jeweils eine zweiläufige Treppe vorgelagert. Der ehemalige Speisesaal im Westflügel sollte einem großen Stiegenhaus weichen.

Die Seitenflügel weisen eine gerade Flucht sowie jeweils ein großzügiges Treppenhaus auf, wobei der Westflügel ein Stiegenhaus zeigt, das die Raumflucht unterbricht und in dieser Form nicht zur Ausführung kam. Die vermutlich schon vor dem maria-theresianischen Umbau ausgeführte Weiße Stiege wurde beibehalten. Sie konnte während der ersten Umbauphase den einzigen Zugang zur Nobeletage gewährleisten, nachdem die zentrale Ehrenhoftreppe Fischers abgetragen und die im Ostflügel angelegte Kapellenstiege noch nicht fertiggestellt war. Fraglich ist, ob das Jagdschloß Fischers im Ostflügel tatsächlich eine Treppe aufwies, nachdem dieser Seitenflügel nicht hinreichend ausgebaut werden konnte.

Der Ostflügel erhielt eine gänzlich neue Gestaltung durch den Einbau eines Verbindungstraktes zwischen der östlichen Raumflucht und den ehrenhofseitigen Räumlichkeiten, der in der Verlängerung der Kapelle und über Pfeilerarkaden im Erdgeschoß zu liegen kam. Analog zum Westflügel erfolgte damit eine ausgewogene Gliederung des Baukörpers mit zwei Innenhöfen, um welche die Räume gruppiert wurden. Die Aufteilung der herrschaftlichen Appartements und die Funktion der einzelnen Räume ist im Unterschied zum Entwurf Jadots in keiner Weise bezeichnet, es ist jedoch anzunehmen, daß auch Pacassi deren Unterbringung im Ostflügel plante.

Der Grundriß wird durch Fassadenfragmente ergänzt, wobei die Gestaltung der Ehrenhof- und der Gartenfassade eine überaus strenge und klassische Lösung ohne jeglichen Dekor zeigt. An der Ehrenhoffassade finden nicht einmal mehr die Giebelbekrönungen der Fenster Platz, die noch die Fassade von Fischer von Erlach schmückten. Die Gartenfassade weist bereits ein zusätzliches Geschoß über der Nobeletage auf; eine Lösung, die in ihrem gesamten Ausmaß erst in der zweiten Umbauphase nach der Mitte des Jahrhunderts durch das ständige Anwachsen der kaiserlichen Familie realisiert wurde.

Maria Theresia entschied sich jedenfalls für die Pläne des jungen Architekten Pacassi, die im Zuge des Umbaues auf Wunsch der Kaiserin allerdings noch mehrfach modifiziert werden mußten.

Der Umbau des Ostflügels und des Mitteltraktes

Während in den Jahren 1743 bis 1746 der Umbau des Ostflügels und des Mitteltraktes erfolgte, bewohnte Maria Theresia mit ihrer Familie den Westtrakt des Schlosses. Diese Räume an der Gartenseite wurden den Bedürfnissen entsprechend vorerst provisorisch adaptiert, um die Zusammenkünfte im familiären Kreis zu ermöglichen und auch Privataudienzen geben zu können. Zu offiziellen Audienzen mußte sich der Hof allerdings in die Hofburg begeben.

Die umfangreichen Umbauarbeiten im Ostflügel schienen das höfische Leben im Westtrakt nicht besonders gestört zu haben, obwohl sie sicherlich auch mit den Vorbereitungen für die Umgestaltung des Mitteltraktes Hand in Hand gingen. Im Eiltempo wurden an der Ostfassade die Risalite durch eine Mauer verbunden und damit eine neue Raumflucht geschaffen. Um Witterungsschäden zu vermeiden, wurde der Seitenflügel noch im Jahr 1743/44 neu eingedeckt. In der Folge mußte wohl auch der Einbau des Mezzaningeschosses erfolgt sein, der umfangreiche bauliche Veränderungen mit sich brachte. Die bestehende Decke der Nobeletage wurde gesenkt und der Fußboden des Obergeschosses gehoben, um Platz für das nur etwa zwei Meter hohe Zwischengeschoß zu erhalten, das sich über den gesamten Ostflügel – die Schloßkapelle ausgenommen – bis zum südseitigen Mitteltrakt erstreckt. Analog dazu sollte in der zweiten Umbauphase auch im Westflügel das Zwischengeschoß eingefügt werden.

Im Ostflügel errichtete man an der Ehrenhofseite ein Vestibül, der bestehende Hof wurde durch einen eingeschossigen Trakt in zwei neue – den Kapellen- und den Mariannenhof – geteilt. Das dreijochige Vestibül wie auch der Verbindungstrakt sind durch Pfeiler unterteilt und die Flachkuppeln mit zartem Rokokostuck geziert, der stilistisch der Frühphase des österreichischen Rokoko zuzuordnen ist.

Die Weiße Stiege im Westflügel des Schlosses

Die Schneckenstiege im Ostflügel des Schlosses

Oben: **Die Geheimstiege im ostseitigen Südflügel**
Unten links: **Die Kaunitzstiege neben dem Runden Chinesischen Kabinett**
Unten rechts: **Die Kapellenstiege im Ostflügel des Schlosses**

Die Blaue Stiege, bis heute prunkvolles Entree in die Nobeletage

Unten links: **Muschelkalotte von Bernhard Fischer von Erlach;** *unten rechts:* **Deckenfresko (Ausschnitt) von Sebastiano Ricci**

In der Nobeletage sollte der neue Trakt die Kommunikation zwischen dem Mitteltrakt und dem Ostflügel, der für Maria Theresia bestimmt war, gewährleisten. Heute sind die aus der Zeit dieses Umbaus stammenden Muldengewölbe, die mit reichem und hochqualitativem Stuckdekor versehen sind, durch die im 19. Jahrhundert eingezogenen Zwischendecken nicht mehr sichtbar.

Als neuer Zugang im Osten des Schlosses wurde die Kapellenstiege errichtet, die auch die direkte Erschließung des neuen Mezzaningeschosses bis in das Obergeschoß ermöglichte.

Die zweiläufige und tonnengewölbte Kapellenstiege weist auf dem Treppenabsatz zwei Nischen mit Muschelkalotten auf und endet in einem Kuppelraum, der als Entree in die Obergeschoßräume diente. Das gußeiserne Geländer wie auch der Deckenstuck des Stiegenhaustonnengewölbes und des Kuppelraumes am oberen Ausgang bilden eindrucksvolle Beispiele früher Rokokodekoration im Schloß Schönbrunn.

Als inoffizieller Aufgang – und wahrscheinlich für die Hofbediensteten bestimmt – wurde gleichzeitig an der Südseite des Ostflügels die Geheimstiege angelegt, die ein bemerkenswertes Geländer mit S-förmigen Schmiedeeisengliedern zeigt. Die gleichzeitig errichtete und vom Kapellenhof zugängliche Schneckenstiege sollte eine direkte Verbindung des Appartements Maria Theresias mit dem für die Unterbringung ihrer Kinder geplanten Zwischengeschoß ermöglichen.

Die großen baulichen Veränderungen im Mitteltrakt des Schlosses wurden wahrscheinlich um 1745/46 in Angriff genommen. Pacassi trug die monumentale Treppenanlage Fischers von Erlach mit dem Säulenportikus vor der Nobeletage ab, um für eine großzügige Einfahrtshalle Platz zu schaffen und eine Verbindung zwischen dem Ehrenhof und dem Garten herzustellen. Gleichzeitig sollte dieses neue Vestibül auch die Ein- und Ausfahrt der Karossen und einen bequemen Zugang der Insassen zur Nobeletage „unter Dach" ermöglichen. Pacassi höhlte bei diesem Umbau das Erdgeschoß regelrecht aus, indem er die ehemaligen kleinen Erdgeschoßräume an der Nordseite abriß und ein großräumiges Vestibül anlegte, dessen räumliche Struktur mit den neu geplanten Galerien der Nobeletage korrespondieren mußte. Bis auf eine sukzessive Erhöhung des Niveaus weitgehend unverändert, bilden seither zwei Hallen, die durch mächtige Pfeilerarkaden voneinander getrennt sind, das Zentrum des Erdgeschosses.

Der hofseitige Saal ist durch Wandpfeiler in elf Joche gegliedert, die flachen Gewölbe durch Doppelgurte getrennt. Der anschließende dreiachsige Saal zum Garten ist ebenfalls durch mächtige Pfeilerarkaden von den seitlichen und höher liegenden Annexräumen trennt, die vom hofseitigen Saal durch Balustraden abgegrenzt sind.

Im Zuge der Fertigstellung des Vestibüls wurden in den seitlichen Jochen des hofseitigen Saals zwei Bronzeplastiken aufgestellt, die Herkules als Bezwinger des Nemeischen Löwen sowie des Hesperidendrachen zeigen. Die beiden Herkulesgruppen wurden wahrscheinlich um 1700 von dem französischen Künstler Marc Chabry für das Winterpalais des Prinzen Eugen hergestellt und dienten als Heißluftöfen – sie wurden nicht nur dekorativ, sondern auch praktisch verwendet. Die Figuren aus Hohlguß besitzen im hinteren Sockelbereich eine Öffnung, durch die Heißluft in die Hohlräume der Figuren fließen konnte. Über die weitaufgerissenen Mäuler von Löwen und Drachen, die heute durch eingeschweißte Platten verschlossen sind, konnte die warme Luft austreten und so den Raum erwärmen. Nach dem Tod des Prinzen im Jahr 1736 verkaufte seine Nichte Anna Viktoria von Sachsen-Hildburghausen alle beweglichen Güter des Prinz Eugenschen Erbes, und die Bronzegruppen kamen nach Schönbrunn. Sie wurden vermutlich zuerst als Heißluftöfen im Speisesaal des ehemaligen Jagdschlosses aufgestellt und erhielten erst beim Umbau ihren endgültigen Standort im Vestibül des Schlosses.

Die Veränderung des Erdgeschosses im Mitteltrakt war mit einem gleichzeitigen Umbau des darüber liegenden Bereiches in der Nobeletage verbunden. Der von Fischer von Erlach in der Zentralachse angelegte Mittelsaal mit seiner Fresko-Ausstattung mußte dem Umbau durch Pacassi weichen, der durch die Einbeziehung der benachbarten Räume die Große und die Kleine Galerie errichtete, die vorerst flach eingedeckt wurden. Diese Räume im Zentrum des Schlosses sollten jeweils auch durch neue zweiarmige Treppen erschließbar sein, die von einem balkonartigen Podest vor den Galerien zusammengefaßt werden. Trotz des enormen Umfanges der Arbeiten erfolgte bereits 1746 die Fertigstellung der Galerien und der Ehrenhoftreppe nach einer kurzen und intensiven Bauphase von knapp zwei Jahren.

Maria Theresia zeigte rege Anteilnahme am raschen Fortschritt der Bauarbeiten, die sie immer wieder begutachtete. Gleichzeitig wurden auch die Ausstattungsarbeiten im Ostflügel durchgeführt, der am 4. Oktober 1746 anläßlich des Namenstages des Kaisers bezogen werden sollte.

Die „Zubereitung" des Flügels mißfiel Franz Stephan allerdings, und zwei Tage später zog das Kaiserpaar wieder in die alten Gemächer im Westflügel zurück. Die Kritik des Kaisers muß vernichtend gewesen sein, zumal Graf Tarouca daraufhin sein Amt als Baudirektor zurücklegen wollte. Maria Theresia schritt jedoch ein und nahm sämtliche Verantwortung auf sich, da sie selbst an dieser „üblen Austheilung schuldig wäre". Im folgenden Winter erhielten die herrschaftlichen Appartements offensichtlich durch die neue Raumeinteilung eine Lösung, die schließlich auch den Kaiser zufriedenstellte.

Aufgrund des steigenden Platzbedarfes für die anwachsende Familie des Kaiserpaares wurde in diesen Wintermonaten auch das Mezzaningeschoß über der Nobeletage im Ostflügel ausgebaut. Die „theils erst neu verfertigt- und theils an Mauerwerck abgeänderten oder neu verbutzten Gebäude" mußten beheizt werden, damit sie rechtzeitig trocken waren, bevor sie endgültig für den Sommeraufenthalt bezogen werden konnten.

Neben den Appartements für die kaiserlichen Kinder wurden auch die beiden Kabinette zu seiten der Kleinen Galerie ausgestattet, von denen eines die bereits erwähnte „Konspirationstafelstube" beherbergte, und die weiteren Bauarbeiten vorangetrieben. Anstelle des ehemaligen Speisesaals errichtete Pacassi eine monumentale Treppe, die Blaue Stiege, ohne dabei die Wandgliederung Fischers und das Deckenfresko Riccis zu zerstören. Aus Gründen der Symmetrie ergänzte er die muschelverzierten Fenster aus der Zeit Fischers von Erlach mit neuen auf der Westseite des Stiegenhauses. Die marmorverkleideten Türgewände aus der Zeit des Jagdschlosses versah Pacassi darüber hinaus mit Rundgiebeln und Putten.

Mit dem Einbau der Blauen Stiege war somit ein weiterer repräsentativer Zugang zur Nobeletage geschaffen, von hier gelangte man über die Große Galerie und die anschließenden Räume bis zu den Audienzräumen des Kaiserpaares im Ostflügel. Der vom Zeremoniell für Besucher und Audienznehmer vorgeschriebene lange Weg des „Antichambrierens" war gewährleistet.

Nachdem die kaiserliche Familie den fertiggestellten Flügel auf der Meidlinger Seite bezogen hatte, konnte Pacassi vermutlich schon 1747 den erforderlichen Umbau des Westflügels beginnen, um ein gleichwertiges Pendant in der Außenerscheinung des Schlosses zu schaffen (der innere Ausbau des Flügels sollte allerdings erst in der zweiten Umbauphase erfolgen). Gleichzeitig wurde das Schloß durch Arkaden mit den Trabantenflügeln entlang des Ehrenhofes verbunden und an den äußeren Ecken des Schlosses die Terrassenkabinette errichtet. Der Mittelrisalit erhielt als bekrönenden Abschluß ein zusätzliches Geschoß, das Belvedere.

Die Trabantenflügel, die ehemals als Stallgebäude dienten, wurden nicht nur mit dem Schloß verbunden, sondern für die Unterbringung des Hofstaates auch mit einem weiteren Geschoß versehen und den Bildquellen zufolge wiederum flach gedeckt. Die als Kavaliertrakte bezeichneten Flügel erhielten im nordseitigen Bereich jeweils eine großräumige Eingangshalle. Im Westflügel wurde 1747 auf ausdrücklichen Wunsch Maria Theresias ein Theater errichtet, für das die Eingangshalle als Foyer diente. Hinter den Kavaliertrakten sollten nach und nach die weitläufigen Nebengebäude erbaut werden, die zur Unterbringung der Hofwirtschaften dringend notwendig waren, um die Versorgung der kaiserlichen Familie und des Hofstaates bewerkstelligen zu können. Wahrscheinlich wurde im Zuge dieses Ausbaues auch die Orangerie errichtet.

Der Prospekt des Schlosses von Salomon Kleiner (um 1747) wie auch der von Georg Nicolai (um 1749) zeigen die tiefgreifenden Veränderungen, die der Umbau Schönbrunns zum Residenzschloß Maria Theresias mit sich brachte beziehungsweise jene, die geplant waren. Die fünfachsige Einfahrtshalle im Mittelrisalit wird von den geschwungenen Treppenläufen flankiert, die in einen von Doppelsäulen getragenen Balkon münden. Die säulenbesetzten Öffnungen bilden einen transparenten Sockel für das Hauptgeschoß, das in der Mitte durch Rundbogenöffnungen und darüber liegende Rechteckfenster gegliedert ist. Die anschließenden Fassaden weisen Rechteckfenster mit unterschiedlichen Fensterverdachungen auf. Die massiven baulichen Eingriffe zeigen sich vor allem auf den Seitenflügelfassaden, deren Mitte durch einen Balkon auf Säulen betont ist, die den dreitorigen Eingang flankieren. Über den Rundbogenfenstern der Nobeletage drängen sich die kleinen Fenster des eingebauten Mezzaningeschosses und die hochrechteckigen des Obergeschosses, die in die Gebälkzone ragen. Die gesamte Fassade wird durch gleichmäßig gereihte Pilaster gegliedert, im Mittelrisalit sind Halbsäulen ausgeführt. Zusätzlich ist die Mitte durch den diademartigen Belvedere-Aufsatz akzentuiert. Über dem mächtigen Gebälk erhebt sich eine umlaufende Balustrade, die mit Figuren und Vasen geschmückt ist. Es ist anzunehmen, daß dabei auch die Statuen des ehemaligen Jagdschlosses wiederverwendet wurden.

Ansicht des Schlosses Schönbrunn nach dem ersten Um- und Ausbau durch Nikolaus Pacassi.
Kupferstich von Georg Nicolai. 1749

Zusätzlich zu den weitläufigen Neben- und Wirtschaftsgebäude, die durch den Verbindungstrakt zwischen Schloß und Kavaliertrakten eindeutig vom Ehrenhof getrennt sind, zeigt der Stich Nicolais auch die 1748/49 errichteten Terrassenkabinette und die Kuppel des neuen Schloßtheaters in der Nord-West-Ecke des Hietzinger Kavaliertrakts. In der Beischrift des Stichs von Nicolai ist Nikolaus Pacassi als verantwortlichen Architekt genannt: „Prospect des Kaysl. Königl. Sommer- und Lustschloß Schönbrunn, wie solche gegen Mitternacht anzusehen. So unter genehmhaltung einer General Bau-Direktion und Herrn von Valmagini Secretaire, als Contralor Sr. Kaysl. Königl. Mayestätt von Nicolaus Paccassi Kaysl. Königl. Hoff architect erbauet worden ist.“ Mit dem Umbau des Schlosses erreichte Pacassi seinen beruflichen Aufstieg zum Hofarchitekten und wurde in der Folge zum repräsentativsten Baukünstler der Epoche Maria Theresias.

Die beiden genannten Stiche zeigen außer den Nebengebäuden auch den Garten mit dem Großen Parterre in der Mittelachse und die zu beiden Seiten des Schlosses liegenden Kammergärten. Hinter diesen erstreckt sich ein ausgedehnter und dichter Wald, der auch weiterhin als Jagdrevier diente.

Die kaiserlichen Appartements und die Festsäle im neuen Residenzschloß

Das Kaiserpaar bezog im Frühjahr 1747 die neuen Appartements im Ostflügel des Schlosses. Maria Theresia bewohnte die ostseitige Zimmerflucht, die nun auch über die neue Kapellenstiege erschließbar war, während für Franz Stephan die gartenseitigen Räume im Süden bestimmt waren. Den höfischen und zeremoniellen Anforderungen weitgehend entsprechend, zählten zu den Appartements des Herrscherpaares auch in Schönbrunn zwei „Antichambres“ und ein Audienzzimmer als offizielle Räume, an welche die Retirade, die oft auch als persönliches Schreibzimmer diente, und das Schlafzimmer anschlossen. Im Gegensatz zum Appartement Franz Stephans war das Maria Theresias durch die kleinen Räume etwas beengt und daher von Anfang an einer gewissen Kritik der Hofwürdenträger ausgesetzt.

Die Ausstattung der kaiserlichen Appartements aus dieser ersten Zeit der Bewohnung ebenso wie die der Repräsentationsräume im Mitteltrakt ist aufgrund der häufigen Neueinrichtungen und Veränderungen nur mehr teilweise vorhanden: Die erste mußte bereits zehn Jahre später einer neuen weichen. Aus dieser ersten Ausstattungsphase haben sich, abgesehen von den notwendigen Restaurierungen des 19. Jahrhunderts, unter anderem die rocailleverzierten Holzvertäfelungen und der Deckenstuck in den Privatgemächern Franz Stephans – in der ehemaligen Ratsstube, dem heutigen Blauen Chinesischen Salon, und im Schlafgemach, dem heutigen Napoleonzimmer – erhalten. Auch der Gobelinsalon, ehemals Audienzzimmer Maria Theresias, weist heute noch die Wandvertäfelung der ersten Ausstattung auf.

In den hofseitigen Räumen, die ab 1766 von Maria Anna, der ältesten Tochter des Kaiserpaares, bewohnt werden sollten, haben sich die noch einfachen und weichen Formen des Deckenstuckes im Stil des frühen Rokoko – ähnlich wie in der Kapellenstiege – erhalten. Zum Mobiliar dieser Epoche zählen auch die Konsoltische im Blauen Chinesischen Salon. Die Große und die Kleine Galerie waren bis zum Umbau ab dem Jahr 1755 flach gedeckt und durch Glastüren voneinander getrennt.

Die unterschiedlichen Funktionen der beiden Säle sollten allerdings auch später beibehalten werden. Während die Große Galerie als „Wartezone" für Audienznehmer und bei Hof zugelassene Personen – sowie bei Bedarf für große Festveranstaltungen wie Bälle – diente, war die Kleine Galerie der kaiserlichen Familie vorbehalten. Nicht selten nutzten die Besucher die Gelegenheit, die jungen „Herrschaften" durch die Glastüren zu beobachten, und im Falle einer beiderseitigen Neugierde wurde eine Tür geöffnet, um ein kurzes Gespräch mit diesen ohne lästige Protokolle und Vorschriften zu führen. In den Kabinetten zu seiten der Kleinen Galerie pflegte Maria Theresia oft mit ihrer Familie zu speisen; sie selbst sorgte dafür, daß in Schönbrunn das Zeremoniell gelockert wurde und ein familiäres, ungezwungenes Leben geführt werden konnte. Dieses Verhalten kam auch dem Kaiser entgegen, der die strengen höfischen Vorschriften alles andere als goutierte und stets danach trachtete, ein einfaches und bequemes Leben zu führen.

Der heutige Zeremoniensaal diente als Großes Vorzimmer zu den Privatgemächern Franz Stephans und wurde auch für besondere Familienfeste genutzt. Als am 5. Mai 1747 der dritte Sohn, Peter Leopold, in Schönbrunn geboren wurde, erhielt das Zimmer eine entsprechende Ausstattung, um hier die Taufe zu zelebrieren. Bei den Feierlichkeiten war der gesamte Hofstaat anwesend, und auch hochrangige Gäste, darunter der päpstliche Nuntius, waren geladen.

Zu den Audienzräumen Maria Theresias gelangte man entweder über die Große Galerie und die Antikammern Franz Stephans oder gleich über die Kapellenstiege, die einen direkteren Zugang bot. In beiden Fällen mußte man den neuen Verbindungstrakt durchqueren, um in das Audienzzimmer der Kaiserin zu gelangen.

Ein anschließendes Spiegelzimmer (heute das Millionenzimmer) diente als Konferenzraum, wo Maria Theresia auch bedeutende Gäste zur Audienz empfing. Das Eckkabinett, das die Verbindung ihres Flügels zum gemeinsamen Schlafzimmer an der Gartenseite herstellte, wurde zu dieser Zeit vom Kaiserpaar als Spielzimmer benützt. In den schmalen Räumen zur Nordseite hin war die Garderobe untergebracht, der dahinter liegende Gang stellte über die Schneckenstiege die Verbindung zu den Appartements der Kinder im Mezzaningeschoß her.

DIE ZWEITE UMBAUPHASE 1754–1765

Der Umbau des Westflügels

Nachdem das Kaiserpaar samt Familie 1747 in den Ostflügel des Schlosses umgezogen war, wurde analog zu diesem auch der Baukörper des Westflügels mit einer geschlossenen Front zur Hietzinger Seite hin errichtet. Mit großer Wahrscheinlichkeit wurde das aufgehende Mauerwerk samt Eindachung und die Gestaltung der Fassaden schon vor der Jahrhundertmitte fertiggestellt, der innere Ausbau allerdings nicht gleich in Angriff genommen. Zwischenzeitlich bewohnte die Schwester des Kaisers, Prinzessin Charlotte, die gartenseitigen Räume, die daher von den baulichen Maßnahmen nicht betroffen sein konnten. Als Charlotte im Jahr 1754 den Entschluß faßte, den Wiener Hof zu verlassen, um in die Niederlande zurückzukehren, konnte nun auch der Ausbau im Inneren des Flügels begonnen werden. Dieser war durch den vermehrten Wohnungsbedarf der heranwachsenden Erzherzöge und Erzherzoginnen erforderlich, die ab ihrem jugendlichen Alter einen eigenen Hofstaat erhielten und eigene Appartements benötigten. Nur der Thronfolger Joseph erhielt bereits siebenjährig einen eigenen Hofstaat.

Die Arbeiten mußten im gleichen Jahr eingesetzt haben, da der Obersthofmeister Khevenhüller-Metsch berichtete, daß die jungen Herrschaften nach einem Aufenthalt in Schönbrunn in die Burg zurückkehren mußten, „weillen mann den ganzen Flügel, wo die Princess gewohnet, so nicht völlig abreisen, doch von innen gänzlich abändern und gleichsamm neu bauen wollen".

Die Umbauarbeiten dauerten bis zum Mai 1756, im Zuge derer – so wie schon im Ostflügel – das Mezzaningeschoß eingefügt wurde, um den ständig steigenden Platzbedarf der kaiserlichen Familie, die zu diesem Zeitpunkt bereits zehn Kinder zählte, zu decken. In der Zwischenzeit verbrachten die Söhne des Kaiserpaares – Joseph, Karl Joseph und Peter Leopold – den Sommeraufenthalt im nahe gelegenen Schloß Hetzendorf, in dem Elisabeth Christine, die Mutter der Kaiserin, bis zu ihrem Tod 1750 residierte.

Der Umbau des Schönbrunner Westflügels war wohl zur Unterbringung der Söhne gedacht. Der Trakt wurde beim Einbau des Mezzaningeschosses „mit neuen Gewölben, Dippelböden und Plafonds" versehen und konnte schließlich beim Sommeraufenthalt im Jahr 1756 bezogen werden.

Die Erschließung der Räume in diesem neuen Flügel wurde an der Ehrenhofseite durch die Blaue Stiege und an der Westfront durch die Weiße Stiege gewährleistet.

Im Zuge der Fertigstellung des Westflügels wurden umfangreiche Ausstattungsarbeiten in Angriff genommen, die sich nahezu über die gesamte Nobeletage erstreckten. In einer für Maria Theresia sehr schwierigen Zeit, geprägt von den neu aufgeflammten Kriegswirren um Schlesien, erhielt die Nobeletage des Schlosses Schönbrunn seine – zum Großteil bis heute erhaltene – prächtige Rokoko-Ausstattung, die den Höhepunkt fürstlicher Repräsentation und höfischer Wohnkultur der maria-theresianischen Epoche markiert.

Große und Kleine Galerie

Im Jahr 1755 beauftragte Maria Theresia ihren Hofarchitekten Pacassi mit der Umgestaltung der Großen und der Kleinen Galerie, die nun anstelle der Flachdecke mit Gewölben versehen werden sollten. Durch ihre Lage im Zentrum des Schlosses und durch eine neue prunkvolle Ausstattung sollten beide Säle zum Herzstück Schönbrunns werden.

Im Zuge der Einwölbung wurde Albert Bolla, der zu den namhaftesten Stukkateuren des österreichischen Rokoko zählt, mit den Stuckarbeiten beauftragt, die – gesichert durch seine Signatur – im Jahr 1761 abgeschlossen waren. Gleichzeitig entstanden auch die Deckenfresken, die von Gregorio Guglielmi ausgeführt wurden. Guglielmi wurde in Rom geboren, war Mitglied mehrerer Künstlerakademien und arbeitete an allen großen Fürstenhöfen Europas, darunter in Dresden, Berlin und Petersburg. Er wurde 1755 nach Wien berufen und mit zahlreichen Aufgaben – unter anderem in der ehemaligen Universität (heute Akademie der Wissenschaften) und in Schönbrunn – betraut, die seinen europaweiten Ruhm als einer der bedeutendsten Vertreter der spätbarocken Malerei begründeten.

Die Große Galerie

Die Große Galerie mit einer Länge von 43 Metern und einer Breite von knapp zehn Metern ist durch eine mächtige korinthische Pilasterordnung gegliedert. Zwischen den Pilastern öffnen sich fünf Türen zum Balkon der Ehrenhoftreppe, die jeweils anschließenden drei Achsen sind von Scheintüren durchbrochen. Auf der gegenüberliegenden Seite führen drei Arkaden zur Kleinen Galerie, während die geschlossene Wandzone goldgefaßte Kristallspiegel in Rundbögen zwischen den Pilastern aufweisen. Der prächtige goldene Stuckdekor auf der ehemaligen Polierweißfassung der Wand scheint die Grenze zwischen Wand und Decke weitgehend aufzuheben, vergoldete Blütengirlanden und schwebende Konsolen leiten in das Deckengewölbe über. Vollplastische Trophäen und heraldische Motive verknüpfen die leicht kuppeligen Gewölbe, die mit den Deckenfresken in vergoldeten Stuckrahmen geschmückt sind.

Das inhaltliche Programm der Deckenfresken stammte wahrscheinlich von dem sardinischen Gesandten Luigi Canale; die allegorischen Darstellungen nehmen auf die aktuelle politische, militärische und ökonomische Situation deutlich Bezug. Das mittlere Deckenfresko zeigt – trotz des gleichzeitigen Krieges mit Preußen – das Wohlergehen der „Monarchia austriaca“ unter der Herrschaft des Kaiserpaares, das im Zentrum der Darstellung thront, umringt von den Personifikationen herrscherlicher Tugenden: Prudentia (die Klugheit mit Spiegel und Schlange), Fortitudo (die Stärke mit Säule und Löwen) und Justitia (die Gerechtigkeit mit dem Liktorenbündel). Schwebende Putti tragen die Kaiserkrone heran, während Maria Theresia als Königin von Ungarn einem auf Waffen knienden Kriegshelden den von ihr gegründeten Militär-Maria-Theresien-Orden überreicht. Der Held selbst wird vom Genius des Friedens und von Herkules als Personifikation der Stärke flankiert. Um diese zentrale Gruppe sind die Personifikationen der Kronländer des Habsburgerreiches angeordnet, zwischen denen Merkur, der Gott des Handels, als Verbindung zwischen Göttlichem und Irdischem niederschwebt. Auf die jeweilige Figur bezogen zeigen die genrehaften Szenen die wichtigsten Erwerbszweige dieser Länder. An der östlichen Schmalseite sind die österreichischen Niederlande dargestellt, vom Seehandel lebend und wegen ihrer Spitzen berühmt; gegenüber die italienischen Provinzen – das Großherzogtum Toskana mit dem Wappen der Medici-Palle und das Herzogtum Mailand –, deren Reichtum auf dem Weinbau und auf der Textilindustrie, besonders der Seidenherstellung, basiert. An der Längsseite, im Rücken des Kaiserpaares, befindet sich die Personifikation Böhmens, charakterisiert durch die Wenzelskrone, unter der die „Wilde Jagd“ einherbraust. Links davon sind, nicht exakt identifizierbar, wahrscheinlich die Länder des Erzherzogtums Österreich dargestellt, ganz außen Tirol mit dem roten Adler, darunter die Marmorgewinnung in Sterzing. Rechts von Böhmen befindet sich Schlesien beziehungsweise der bei Österreich

Die Große Galerie, das prachtvolle Herzstück von Schloß Schönbrunn

Die Große Galerie;
an der Decke die Fresken von Gregorio Guglielmi

Unten links: **Vergoldete Stuckarbeiten von Albert Bolla**
Unten rechts: **Büste Franz' I. Stephan von Balthasar Moll.** Um 1765

Die Kleine Galerie

verbliebene Teil mit dem schwarzen Adler, ergänzt durch die wirtschaftlich so bedeutende Tuchindustrie des Landes.

Die gegenüberliegende Seite zeigt das Königreich Ungarn mit Stephanskrone und Krönungsszepter, darunter – als Hinweis auf die ungarische Viehzucht – ein Hirte mit seiner Herde. Links vom knienden Kriegshelden sind die Künste – Skulptur, Architektur und Malerei – personifiziert, die Szenen darunter beziehen sich wohl auf den Gold- und Silberbergbau: links eine Münzprägemaschine und ein Goldwäger, rechts davon Bergbau und Wasserwirtschaft.

Das mittlere Fresko ist mit 1760 datiert und verherrlicht das Wohlergehen der habsburgischen Monarchie in sehr direkter Weise. In den seitlichen Deckenspiegeln, die 1761 datiert sind, ist die allegorische Gestaltung noch weiter zurückgedrängt und durch sehr realistische Darstellungen ersetzt.

Der westliche Deckenspiegel zeigt eine Friedensallegorie, im Zenit steht Concordia (die Eintracht), die das Gedeihen der Kronländer ermöglicht, umgeben von Abundantia und Pax (Überfluß und Frieden). Unter dieser Gruppe befinden sich die Gottheiten Ceres, Bacchus und Merkur als Schutzpatrone von Ackerbau, Weinbau und Handel, die in Genreszenen am Fuß des Deckenspiegels geschildert werden. Auf der gegenüberliegenden Schmalseite steht Apoll über den Künsten.

Das östliche Deckenfresko mit einer Militärallegorie fiel in den letzten Tagen des Zweiten Weltkrieges (April 1945) einem Bombentreffer zum Opfer und wurde 1947/48 durch eine Kopie der Maler C. Krall und P. Reckendorfer ersetzt. Im Zentrum des Freskos stürmt der Kriegsgott Mars auf einem Schimmel über den Himmel, unter ihm Minerva, die Göttin der Kriegskunst, der ein Genius eine Gruppe von hohen Offizieren auf dem Feldherrnhügel empfiehlt. Gleichzeitig thront sie als Schirmherrin über einer eindrucksvoll geschilderten Unterrichtsstunde in der maria-theresianischen Militärakademie. Im Anschluß daran folgt die Darstellung der Waffengattungen Infanterie, Kavallerie und Artillerie.

Die Kleine Galerie

Gleichzeitig mit der Großen Galerie wurde auch die Kleine Galerie ausgestattet, die bereits 1759 fertiggestellt war. Für das Raumkonzept beider Festsäle zeichnet mit großer Wahrscheinlichkeit Nikolaus Pacassi verantwortlich, die Ausführung des Stuckdekors lag in den Händen Bollas, das Fresko stammt wiederum von Guglielmi. Die Kleine Galerie zeigte jedoch im Gegensatz zur Großen Galerie ein völlig anderes und erst kürzlich zutage getretenes Raumkonzept: Anstelle der weißpolierten Wandflächen wurden die Wände mit Stuckmarmor verkleidet. Die architektonischen Elemente wie Pfeiler und Lisenen wurden mit einer überaus zurückhaltenden Golddekoration in Form von Leisten betont und die Wandflächen durch zierliches Rahmenwerk gegliedert. Der fünfachsige und durch vorgezogene Pfeiler dreigeteilte Saal erhielt sein heutiges Aussehen erst nach der Mitte des 19. Jahrhunderts, als man im Zuge einer völligen Umgestaltung die Stuckmarmorflächen mit einer Polierweißfassung überzog und den reichen vergoldeten Rocaille-Dekor im Stil des Neorokoko aufbrachte.

Das Deckenfresko blieb von den Veränderungen verschont, lediglich der Rocaille-Rahmen wurde durch üppigere Formen ergänzt.

Das Fresko zeigt wiederum die Verherrlichung des immerwährend weisen und milden Regiments des Hauses Habsburg, bei dem Guglielmi noch weitgehend der überkommenen höfisch-allegorischen Tradition des Barock verhaftet ist, die bei den Darstellungen in der Großen Galerie zunehmend realistischer, wirklichkeitsnäher verändert ist. Aeternitas, die Figur der Unsterblichkeit in der Mitte und als blumenbekränzte Gestalt mit dem Reif der Ewigkeit charakterisiert, hält den Erzherzogshut über einen von Chronos gehaltenen weißen Kranich. Zu ihren Füßen bildet der weitausschreitende Kriegsgott Mars den Mittelpunkt. Im Schutz seines Mantels liegt die Wölfin mit den Zwillingen, ergänzt durch die S.P.Q.R.-Standarte als Hinweis auf den römischen Ursprung des Reiches. An der rechten Schmalseite zeigt ein geflügelter

Genius einem alten, lorbeerbekränzten Mann den Stein der Weisen. Die Attribute des Alten – Kaiserkrone, Szepter, Reichsapfel, Fahne und Goldenes Vlies – weisen ihn als Personifikation des Heiligen Römischen Reiches aus. Bezieht sich diese Darstellung auf Franz Stephan als Römisch-Deutschen Kaiser, so wird in der gegenüberliegenden auf Maria Theresias Milde und Gerechtigkeit angespielt. Clementia als Personifikation der Milde, mit Flammen auf der Stirn, versucht den nach unten fliehenden Genius des strafenden Rechts zurückzuhalten, gleichzeitig weist sie auf die Tafel mit der Inschrift „Regnum me comite (eri)t (iust)um" (Meine Herrschaft sei gerecht); ihr gegenüber thront Justitia mit Waage und Schwert als kennzeichnende Attribute. Die Längsseiten des Freskos weisen durch Abundantia mit Füllhorn und Trauben auf das Wohlergehen des Reiches hin, dessen Ruhm auf der gegenüberliegenden Seite von Fama mit der Posaune verkündet wird.

Die beiden Säle mit ihrer prunkvollen Stuck- und Freskoausstattung standen als Fest- und Repräsentationsräume in unterschiedlicher Verwendung. Die ehemalige Raumwirkung der Kleinen Galerie mit ihrer weißrosa Stuckmarmorfassung und deren ästhetische Qualität kann nicht mehr nachvollzogen werden, das heutige Aussehen im Stil des Neorokoko aus der Mitte des 19. Jahrhunderts gibt allerdings Zeugnis vom bewußten Rückgriff auf die Stilepoche der maria-theresianischen Zeit. Die Große Galerie hingegen zählt mit ihrer erhaltenen und unveränderten Ausstattung zu den bedeutendsten Raumschöpfungen auf dem Höhepunkt des österreichischen Rokoko.

Die ehemalige unterschiedliche Ausstattung der beiden Galerien ist wohl auch auf die unterschiedliche Verwendung zurückzuführen. Die Große Galerie diente für Bälle, Empfänge und als Tafelsaal größeren Stils; hier versammelten sich auch zahlreiche Personen, bevor sie zu den Audienzen weitergeleitet wurden. Die Kleine Galerie hingegen war zur familiären Nutzung bestimmt, sie war Ort der Familienfeste. Vor allem an den besonders gefeierten Namenstagen der kaiserlichen Familienmitglieder wurden hier Musikdarbietungen im intimen Kreis gegeben und kleine Geselligkeiten veranstaltet. Bei erhöhtem Platzbedarf konnten die beiden Säle allerdings auch gemeinsam verwendet werden: Die offene Raumgestaltung sollte dies – wenn auch manchmal mit Schwierigkeiten – ermöglichen, wie durch eine Beschreibung des Obersthofmeisters Khevenhüller-Metsch überliefert ist: „Die Zurichtung in der großen Gallerie muß immer sehr geschwind geschehen; und weillen sie etwas schmall ..., und weillen die Kaiserin in den daran stossenden kleinen Salon oder sogenannten weissen Zimmer zu spillen pfleget, mithin die Passage dahin nicht verleget werden darff, so ist man immer embarassiret, wo die Musique und die Fauteuils denen Herrschafften hin zu placiren seien."

Die Chinesischen Kabinette

Zu beiden Seiten der Kleinen Galerie wurden gleichzeitig auch die Chinesischen Kabinette mit ihrem ausgesprochen intimen Charakter ausgestattet. Pacassi legte vermutlich bereits um 1746 diese kleinen überkuppelten Räume an; unklar ist allerdings, ob er dabei schon beide Wendeltreppen Fischers von Erlach entfernte, deren westliche wahrscheinlich zur Versorgung der bereits genannten „Table de Conspiration" diente. Das Rundkabinett wurde von Maria Theresia weiterhin als Konferenzraum und gelegentlich – wie das gegenüberliegende Ovalkabinett – auch als Gesellschaftsraum verwendet. Bei den gesellschaftlichen Zusammenkünften in den beiden Kabinetten frönte das Kaiserpaar mit seinen Gästen dem Kartenspiel, das sich am Hof Maria Theresias größter Beliebtheit erfreute, darunter ein überaus riskantes Spiel namens Pharao, bei dem oft ganze Güter eingesetzt und verspielt wurden. Mehrmals bemühte man sich, dieses Kartenspiel aufgrund der exorbitanten Einsätze zu verbieten. Auf Initiative von Franz Stephan und Maria Theresia, deren Spielleidenschaft bekannt war, konnte das Verbot allerdings nie lange aufrechterhalten werden.

Die Chinesischen Kabinette wurden um 1760 mit kostbarsten Chinoiserien ausgestattet und geben Zeugnis für die im frühen 18. Jahrhundert einsetzende Vorliebe und Bewunderung für fernöstliche Lackarbeiten, Seidentapeten und Porzellane aus China und Japan, die in zunehmenden Maße die fürstliche Wohnkultur in Europa prägten. Stoffe, Tapeten, Möbel und Vasen fanden Eingang in die Innenausstattung der Schlösser, die in eigenen Räumen zur Schau gestellt oder dekorativen Verwendungszwecken angepaßt wurden. Für die Importe aus dem Fernen Osten gab man ungeheure Summen aus, und oft wurden die importierten Waren erst vor Ort ihrer entsprechenden Endfertigung zugeführt.

Die Schönbrunner Kabinette weisen eine reiche Rocaille-Wandvertäfelung auf – Boiserien genannt –, die der Hoftischler André Wachtelbrenner ausführte. Zwischen großen

Die Chinesischen Kabinette beidseitig der Kleinen Galerie

Spiegeln sind in vertikalen Bahnen schwarz-goldene „Laque"-Tafeln verschiedenster Formen und Größe, bemalt mit Landschaften, Blumen und Vögeln, eingelassen. Aus den vergoldeten Rahmen wachsen gleichsam kleine Konsolen, die Figuren, Vasen und Gefäße aus blauweißem Porzellan tragen. Der Wölbungsansatz der Flachkuppeln ist durch einen kunstvollen Fries betont, in dem die Rocaille-Rahmen der Lacktafeln durch geschwungene Stege und Blumenranken verbunden sind.

Die erste Verleihung des Sankt-Stephans-Ordens am 6. Mai 1764 in der Ritterstube der Wiener Hofburg.
Gemälde von Martin van Meytens

Aus der gleichen Zeit stammen die kunstvollen feuervergoldeten Rokoko-Leuchter mit Kerzentassen und -tüllen aus Email (das Muster des bemalten Emails wird als „Deutsche Blume" bezeichnet).

Wahrscheinlich wurden die Leuchter in einer Wiener Werkstatt hergestellt. Zur gleichen Serie zählt unter anderem auch der Leuchter des Schönbrunner Millionenzimmers und einer im ebenfalls von Maria Theresia ausgestatteten Leopoldinischen Trakt der Wiener Hofburg.

Die kostbaren Intarsienböden aus verschiedenen einheimischen und exotischen Edelhölzern betonen durch ihre reiche Musterung die jeweilige ovale beziehungsweise runde Form des Raumes. Große blau-rot dekorierte Porzellanvasen aus Japan und gepolsterte lackierte Hocker, die Tabourets, zählen zur typischen Möblierung der Räume.

Neben dem östlichen Ovalkabinett befindet sich die Ovalstiege, hinter dem Rundkabinett die Kaunitzstiege, die beide bis zum bekrönenden Belvederegeschoß führen und um das Jahr 1760 eingebaut wurden. Die Kaunitzstiege war eine Geheimstiege, die sich hinter der Wandvertäfelung versteckt und damals zu den Wohngemächern des Fürsten Kaunitz, des Staatskanzlers und engsten Beraters Maria Theresias, im Obergeschoß führte.

Am Übergang von der Großen Galerie in die Audienzräume Franz Stephans an der Gartenseite des Schlosses diente das Karussellzimmer als erstes Antichambre. Als typisches Warte- und Durchgangszimmer besaß dieser Raum zur Zeit Maria Theresias sechs Türen, von denen zwei im Jahr 1864 zugemauert wurden, um das bereits früher beschriebene Gemälde des Damenkarussells und ein weiteres, nämlich die Verleihung des Sankt-Stephans-Ordens, ausgeführt vom vielbeschäftigten Hofmaler Martin van Meytens, an der Südwand des Raumes anzubringen.

Die Gründung des Sankt-Stephans-Ordens durch Maria Theresia erfolgte anläßlich der Krönung des Thronfolgers Joseph zum Römisch-Deutschen König im Jahr 1764 und wurde nach dem Landespatron Ungarns benannt. Der Sankt-Stephans-Orden war der erste Verdienstorden der Monarchie, der für außerordentliche Verdienste ohne militärischen Charakter verliehen wurde und zu einem der vornehmsten Orden zählte. Das Gemälde zeigt die erste Ordensverleihung am 6. Mai 1764 in der Ritterstube der Wiener Hofburg, bei der Maria Theresia als Königin von Ungarn vier Kandidaten mit dem Orden auszeichnete, darunter den Hofkammerpräsidenten Carl Friedrich Hatzfeld Graf zu Gleichen und ihren Leibarzt Gerard van Swieten.

Die Portraits im Karussellzimmer zeigen Karl VI., den Vater Maria Theresias, von Johann Gottfried Auerbach um 1730 gemalt, und den Thronfolger Joseph, um 1765 von der Meytens-Werkstatt ausgeführt. Beide sind im burgundisch-spanischen Mantelkleid, der offiziellen Kleidung habsburgischer Repräsentation, dargestellt.

Jegliche Form der Repräsentation war durch das strenge Reglement des höfischen Zeremoniells festgelegt, das den gesamten Alltag bei Hof bestimmte und unter anderem auch die Kleidungsvorschriften beinhaltete. Das Mantelkleid war in der Regel aus schwerem Goldbrokat gefertigt, ergänzt durch eine Krawatte und Manschetten aus Brüsseler Klöppelspitze. Karl VI. trägt die im Hochbarock unerläßliche Allongeperücke und einen mit Straußenfedern und Juwelen-Agraffe geschmückten Hut, einen Golddegen sowie Schuhe mit Goldbrokatmaschen. (Maria Theresia lockerte aufgrund der ablehnenden Haltung ihres Gemahls die strengen Kleidungsvorschriften am Hof, womit auch die militärische Uniform und das modische Kleid hoffähig wurden.)

Wie der gesamte Mitteltrakt ist auch das Karussellzimmer mit einer Rocaille-Ausstattung im Weiß-Gold-Akkord versehen: Die weiß vertäfelten Wände sind durch vergoldete Leisten gegliedert, der Golddekor wird in der oberen Wandzone zunehmend durch Blumengirlanden und immer üppiger ausgeführte Rocaillen sowie Palmwedel und Kartuschen bereichert.

Der anschließende Zeremoniensaal diente nicht nur als das zweite Antichambre Franz Stephans, sondern auch als Festsaal für familiäre Ereignisse wie Taufen, Geburts- und Namenstagsfeste, für Trauungen des adeligen Hofpersonals und für große Hoftafeln. Ebenfalls um 1760 ausgestattet, zeigt dieser Saal eine ähnlich prächtige Rocaille-Dekoration, die durch die freiplastischen Ornamente in der Wölbezone noch eine zusätzliche Steigerung erhält und wie die Große Galerie zu den typischen Interieurs am Höhepunkt des Rokoko zählt. Die vergoldete Stuckdekoration, die die weißvertäfelten Wände und die Decke ziert, stammt wiederum von Albert Bolla. Bis zur Anbringung der wandfesten Zeremonienbilder in den Jahren 1776/78, die dem Saal den Namen gaben und ihn auch heute noch schmücken, wurde der Raum als Battagliensaal bezeichnet, geschmückt mit Schlachtenbildern und der darauf verweisenden Stuckdekoration in Form von Speeren, Trophäen, Bannern und sonstigen Kriegswerkzeugen, die Macht der Monarchie präsentierend.

Das heute nur mehr vom Zeremoniensaal zugängliche Rösselzimmer mit den auf Kupferblech gemalten Pferdeportraits aus der Zeit als Wilhelmine Amalie Schönbrunn als Witwensitz bewohnte, wurde ebenfalls dem zeitgemäßen Geschmack entsprechend adaptiert und 1763 fertiggestellt. Die zwanzig kleinen Pferdebilder wurden neu arrangiert und durch weitere großformatige Gemälde ergänzt, die Pferde in einer Landschaft beziehungsweise in den kaiserlichen Gestüten zeigen. Die Darstellung der Parforcejagd des Kaisers Joseph I. bei Marchegg, die das einzigartige Ensemble der Pferdebilder im Zentrum des Raumes dominiert, wurde von Philipp Ferdinand de Hamilton, der bereits zur Zeit Josephs Hofmaler und später auch für Karl VI. und Maria Theresia tätig war, begonnen und 1752 von seinem ehemaligen Gehilfen Martin Rausch vollendet.

Die Bildausstattung des Rösselzimmers gibt Zeugnis von der bedeutenden Rolle des Pferdes in der höfischen Gesellschaft. Noble und elegante Pferde, auch von den Habsburgern in eigenen Hofgestüten gezüchtet, galten ganz besonders im Zeitalter des Barock als Ausdruck vornehmer Lebensführung und repräsentativer Hofhaltung.

Maria Theresia, die Pferde und den Umgang mit ihnen ebenfalls liebte, übertrug die Verantwortung ihres Marstalles und der Hofgestüte dem Oberststallmeisteramt, einem der wichtigsten Hofämter. Oft kümmerte sie sich persönlich um die vielen Einzelheiten zum Unterhalt der Gestüte, die zu ihrer Zeit die höchste Pferdeanzahl und ein später nie mehr erreichtes Ausmaß besaßen. Von den gezüchteten Hofpferderassen ist wohl eine der bekanntesten jene der Lipizzaner, die durch ihre Erziehung und Dressur Weltruhm erlangen sollten.

Die Appartements im Ostflügel

Die Appartements des Kaiserpaares wurden nach der Jahrhundertmitte teilweise neu ausgestaltet oder mit einem zusätzlichen Dekorum versehen. Zu den Ergänzungen zählen die in den 1750er Jahren entstandenen Bilder über den Türen, Supraporten, die von Michael Angelo Unterberger und bislang namentlich unbekannten Malern aus seinem Umkreis ausgeführt wurden. Die Bilder stellen weibliche Allegorien oder Putten dar und wurden – passend zu den Wandvertäfelungen – in vergoldete Rocaille-Rahmen eingelassen.

Im Appartement Maria Theresias an der Ostseite des Flügels zum Kronprinzengarten hin gelegen, erhielten mehrere Räume, in erster Linie die Privatzimmer der Kaiserin, eine neue Ausstattung, an deren Herstellung zum Großteil die Mitglieder der kaiserlichen Familie beteiligt waren. Die künstlerische Gestaltung des Porzellanzimmers, das Maria Theresia als Spiel- und Schreibzimmer verwendete und das die Verbindung zum gemeinsamen Schlafzimmer des Kaiserpaares an der Südseite des Schlosses herstellte, zeigt in bemerkenswerter Weise die persönliche Anteilnahme der kaiserlichen Familie an der Inneneinrichtung des Schlosses Schönbrunn.

Maria Theresia wie auch Franz Stephan förderten die künstlerischen Neigungen ihrer Kinder, so durfte auch der regelmäßige Zeichen- und Malunterricht auf dem Stundenplan nicht fehlen. Großes künstlerisches Talent zeigte dabei vor allem Marie Christine, aber auch Franz Stephan betätigte sich gern – fernab von seinen kaiserlichen Verpflichtungen – im Kreise seiner Kinder als Maler.

Der Zeremoniensaal – im Zentrum Maria Theresia als „Erste Dame Europas"
Unten links: **Vergoldete Stuckarbeiten von Albert Bolla;** *unten rechts:* **Konsoltisch**

Zwei der „Zeremoniengemälde", die anläßlich der Hochzeit des Thronfolgers Joseph mit Isabella von Parma im Jahr 1760 entstanden.

Ausschnitt aus der „Mittagstafel" anläßlich der Hochzeit von Joseph II. mit Isabella von Parma; links im Vordergrund eine „Kaisersemmel"

Das Rösselzimmer mit der Marschalltafel;
an den Wänden die Pferdeportraits von Georg Hamilton aus der Zeit um 1720

Das Porzellanzimmer mit den Tuschzeichnungen,
ausgeführt von Mitgliedern der Kaiserfamilie.

Im Gegensatz zu den offiziellen Repräsentationsräumen, in denen allegorische Darstellungen die Geschichte der Dynastie verherrlichen und deren Legitimation rechtfertigen sollten, wurden die Privatgemächer mit den künstlerischen Werken der Familienmitglieder ausgestattet, die größtenteils Genreszenen zum Inhalt haben und wohl auch ein bestimmtes Familienideal vor Augen führen sollten.

Ländliche Szenerie.
Gemälde von Joseph Rosa. Um 1763/64

Die Ausstattung des Porzellanzimmers erfolgte um 1763/65 und geht auf einen Entwurf des am Wiener Hof beschäftigten französischen Ausstattungskünstlers Jean Pillement zurück, der später auch Hofmaler Maria Antonias, der jüngsten Tochter Maria Theresias und nachmaligen Königin Marie Antoinette von Frankreich, wurde. Der kleine Raum wurde mit einem einheitlichen, aus Holz geschnitzten Raumdekor überzogen und bemalt, um blau-weißes Porzellan zu imitieren. Die Gliederung der Wandvertäfelung erfolgt durch Frucht- und Blumengirlanden, die aus einem Geländer aufsteigen und durch chinesische Schirme zusammengefaßt werden. Dazwischen sind 213 blaue Tuschzeichnungen mit chinesischen Genreszenen in wandfeste Rahmen eingelassen, die von Franz Stephan und seinen Töchtern ausgeführt wurden.

Als Vorlagen der Bilder dienten Werke des französischen Malers François Boucher. Wenige Jahre später wurde die Ausstattung des Blauen Kabinetts, wie es in den Quellen aus dem Jahr 1772 bezeichnet wird, mit neuen Lamperien, einer dazupassenden Deckendekoration, ergänzt. Wahrscheinlich wurden dabei auch die gerahmten Portraitmedaillons von Franz Stephan, Marie Christine, ihrem Gemahl Albert von Sachsen-Teschen und Isabella von Parma, der ersten Gemahlin des Kronprinzen Joseph, eingefügt. Die vielfach zitierte Annahme, daß die Ausstattung auf ein Konzept der parmaischen Prinzessin Isabella zurückgeht, konnte bislang nicht belegt werden. Der fünfarmige Luster, die Wandgirandolen und die Porzellanuhr aus der Wiener Porzellanmanufaktur sind Ergänzungen, die im 19. Jahrhundert erfolgten.

Auch das Miniaturenkabinett, ein kleiner Raum neben dem Millionenzimmer, wurde gleichzeitig und unter der Beteiligung der Familie ausgestattet. In eine mit zurückhaltendem Rocaille-Dekor versehene Wandvertäfelung sind zahlreiche Gouachen – Kopien nach niederländischen und italienischen Bildern – eingelassen, die vom Gemahl und den Töchtern Maria Theresias angefertigt wurden. Einzelne Bilder sind datiert und signiert, unter anderem von Franz Stephan, Maria Christine und Maria Antonia.

Das erste Antichambre Maria Theresias, das im 19. Jahrhundert Erzherzogin Sophie, der Mutter Franz Josephs, als Schreibzimmer diente, erhielt eine Weiß-Gold-Ausstattung, ergänzt durch ein von Martin van Meytens ausgeführtes Portrait Franz Stephans, das in die Wandvertäfelung eingelassen wurde. Der anschließende Rote Salon mit seiner Deckendekoration aus vergoldeten Rocaillen und Puttendarstellungen als Supraporten diente Maria Theresia als Garderobe, als „Anlegzimmer". Einen völlig anderen Charakter weist das Terrassenkabinett mit seiner bemalten Holzvertäfelung und dem Deckenfresko auf. Die symmetrisch angeordneten Blumengirlanden wurden noch vor 1758 vom Landschafts- und Blumenmaler Johann Zogelmann ausgeführt, gleichzeitig entstand auch das Deckenfresko mit seiner Scheinarchitektur durch einen unbekannten Maler: In üppigen Rokokoformen und in einer lichten Farbgebung öffnet sich eine reichgegliederte Architektur gegen den Himmel, der ebenso wie die gemalte Architektur von Putten bevölkert ist, die mit Blumengirlanden spielen. Zur Ausstattung des kleinen Raumes, unter anderem auch als Altona-Kabinett bezeichnet, zählt der gleichzeitig angefertigte Konsoltisch mit einer Platte aus getriebenem Metall, in der Chinoiserien aus Perlmutteinlagen ausgeführt sind. Aufgrund der exponierten Lage des Raumes zwischen den nord- und ostseitigen Räumen des Ostflügels entstanden zahlreiche Witterungsschäden, die laufend Restaurierungen im Inneren mit sich brachten, bei denen möglicherweise das ursprüngliche Aussehen der Malereien aus der maria-theresianischen Epoche nach und nach verändert wurde.

Gebirgslandschaft mit der Ruine Habsburg.
Gemälde von Joseph Rosa. Um 1763/64

Die Appartements im Westflügel

Im Zuge des Umbaues des Westflügels 1754/56 wurden die ehemaligen Wohnräume des Jagdschlosses in der Nobeletage verkleinert, um eine größere Anzahl von Räumen zu schaffen, da das Anwachsen der kaiserlichen Familie mit einem zunehmenden Platzbedarf verbunden war. Durch den Einbau des Mezzaningeschosses konnten zusätzlich Räumlichkeiten gewonnen werden, um diese zur Unterbringung der jüngeren Kinder zu verwenden. Eine endgültige Bestimmung der Appartements im Westflügel zur Nutzung durch einzelne Familienmitglieder erfolgte allerdings nie, da sich die familiären Verhältnisse immer wieder veränderten. Bis zum Regierungsantritt Josephs als Mitregent Maria Theresias im Jahr 1765 funktionierten die Räume je nach ihrer Anlage als Vorräume, Audienz- und Tafelsäle mit anschließender Retirade und Schlafkammer. Joseph bezog erst als Mitregent das Appartement an der Ehrenhofseite des Westflügels, das fast ein Jahrhundert später für Kaiser Franz Joseph neu ausgestattet wurde.

Anläßlich Josephs erster Vermählung mit Isabella von Parma im Oktober 1760 wurden vermutlich einige der gartenseitigen Zimmer für das Thronfolgerpaar als Repräsentationsräume zur Verfügung gestellt. Sie wurden ab 1765 von Maria Josepha von Bayern, seiner zweiten Gemahlin benutzt, die – vom Kaiser ungeliebt – schon zweieinhalb Jahre nach ihrer Vermählung an Blattern starb. Nachdem sich Joseph hartnäckig weigerte, ein drittes Mal zu heiraten, wurden die Zimmer wieder der allgemeinen familiären Benutzung zugeführt.

Zu diesen Räumlichkeiten zählen die Rosa-Zimmer, eine Einheit aus zwei kleinen und einem anschließenden großen Raum, die mit insgesamt fünfzehn großformatigen und in die Vertäfelung eingelassenen Landschaftsbildern ausgestattet wurden.

Die Namensgebung geht auf Joseph Rosa zurück, der einer deutsch-niederländischen Malerfamilie namens Roos entstammte, an der Wiener Akademie studierte und danach an den Höfen in Dresden und Berlin tätig war. 1772 übersiedelte er nach seiner Bestellung zum Direktor der kaiserlichen Gemäldegalerie durch Joseph II. endgültig nach Wien. Den Quellen zufolge lieferte Rosa die Landschaftsbilder für Schönbrunn 1763/64 nach Wien, zu deren Herstellung ihn offenbar Maria Theresia beauftragte. Gleichzeitig wurde die prunkvolle Rocaille-Ausstattung der drei Räume im Weiß-Gold-Akkord ausgeführt. Die beiden kleineren Räume dienten als Antichambres, der große als Audienz- und Festsaal. Im Großen Rosa-Zimmer sind in den vergoldeten Stuckdekor mit seinen verspielten Rocaillen verschiedene Musikinstrumente eingefügt, die darauf verweisen, daß der Raum vermutlich auch als Musikzimmer in Verwendung stand.

Im Gegensatz zur typisch höfischen Rokoko-Ausstattung dieser Zimmer stehen die idealisierten, von Bauern, Hirten und weidenden Schafherden bevölkerten Landschaftsbilder Rosas.

Maria Theresia war zwar noch ganz dem höfischen Ideal und den dynastischen Gedanken des 18. Jahrhunderts verpflichtet, zeigte allerdings bei der Gestaltung dieser Räume

Das Miniaturenkabinett; an den Wänden Genrebilder, die von den Kindern Maria Theresias angefertigt und zum Teil auch signiert wurden.

Links: **Roter Salon; einst die Garderobe Maria Theresias, heute mit repräsentativen Herrscherportraits ausgestattet.**
Oben: **Rocaille im Roten Salon**

Meidlinger Terrassenkabinett,
ausgestattet mit spätbarocker Scheinarchitekturmalerei.

bereits eine frühromantisch anmutende Begeisterung für die Natur und für das einfache ländliche Leben. Bei der Darstellung der Ruine Habsburg, der Stammburg der Dynastie im schweizerischen Aargau, auf einem der Gemälde im Großen Rosa-Zimmer sollte wohl auch ihr Interesse für die Geschichte der habsburgischen Dynastie zum Ausdruck kommen. Die Fluß- und Gebirgslandschaften zeigen Genreszenen mit bäuerlichen Figuren sowie ruhende Ziegen- und Schafherden. In einem der Landschaftsgemälde im ersten Kleinen Rosa-Zimmer portraitierte sich in traditionell zurückhaltender Weise der Künstler selbst – am Flußufer sitzend und malend.

Der an das Große Rosa-Zimmer anschließende Spiegelsaal zählt wiederum zu den typischen Repräsentationsräumen mit reichem, vergoldetem Rocaille-Dekor an Wänden und Decke. Dazwischen sind große Spiegel eingelassen, gerahmt von vergoldeten Bronzegirandolen, die auch die breiteren Wandpaneele zieren. Die hochqualitative Rokoko-Ausstattung des Saales erfolgte um 1755 und sollte einen adäquaten Rahmen für Audienzen und kleinere Festlichkeiten bilden. Hier fand wahrscheinlich auch der Empfang von Leopold Mozart und seiner Kinder, der elfjährigen Anna und des sechseinhalbjährigen Wolfgang, am 13. Oktober 1762 bei Maria Theresia statt. Der kleine Wolfgang Theophilus Mozart spielte der Kaiserin auf dem Clavecin, dem Cembalo, vor, ist ihr danach „auf den Schoß gesprungen und hat sie an den Hals bekommen und rechtschaffen abgeküßt", wie der stolze Vater von dem bedeutenden Ereignis berichtete. Auch der Kaiser gesellte sich zur Gruppe, wie Mozart weiter berichtete, um ihn dann in das andere Zimmer – vermutlich in das Große Rosa-Zimmer als Musikzimmer – zu führen, „damit ich die Infantin auf der Violine spielen hörte".

An der Gartenseite des Westflügels liegt auch das um 1754/56 ausgestattete Frühstückszimmer, das von späteren Veränderungen beziehungsweise Restaurierungen verschont wurde. Das kleine Kabinett mit seinem intimen Charakter besitzt ebenfalls eine weiß-goldene Rokoko-Ausstattung, die durch eingelassene Blumenbilder in Rocaille-Rahmen bereichert ist. Die senkrecht angeordneten Rahmen sind durch zarte Bänder miteinander verknüpft. Über der Tür und dem Spiegel sind die größeren Blumenbilder von kleinen asiatischen Vasen auf Wandkonsolen – ähnlich wie in den Chinesischen Kabinetten – flankiert. Die Bilder stellen zarte Bouquets dar, um die sich Käfer, Bienen und andere Insekten tummeln. Daß diese von Elisabeth Christine, der Mutter Maria Theresias, verfertigt und hier mehrere Jahre nach ihrem Tod – „wie Bilder hinter Glas eingerahmt" – in die Vertäfelung des Frühstückskabinettes eingefügt wurden, geht aus den Tagebüchern des Grafen Karl von Zinzendorf hervor, der sie als kleiner Bub bei seinem Schönbrunn-Besuch im Jahr 1761 gesehen hatte.

Der Raum diente Maria Theresia angeblich als Frühstückskabinett. Wahrscheinlicher ist, daß er dazu von Marie Christine und ihrem Gemahl Albert von Sachsen-Teschen, die im Westflügel ihr Appartement hatten, benutzt wurde.

Die Erdgeschoßräume

Im Zuge der Neuausstattung um die Mitte des 18. Jahrhunderts wurden auch einige Räume im Erdgeschoß gestaltet. Im Ostflügel ist in zwei Räumen die um 1755/60 zu datierende Stuckdekoration erhalten, die trotz ihres derzeitigen Zustandes die Qualität und die hohe kunsthandwerkliche Fertigkeit der Hofkünstler Maria Theresias am Höhepunkt des Rokoko erahnen läßt. Einzelne Motive des Stuckdekors lassen vermuten, daß einer der beiden Räume als Musikzimmer diente. Zur originalen Ausstattung zählen vermutlich auch die in Nischen aufgestellten Keramiköfen mit ihren glacierten Oberflächen und dem vergoldeten Rokoko-Dekor.

Um die gleiche Zeit erhielten mehrere Räume im Westflügel des Schlosses, deren Funktion ebenfalls noch ungeklärt ist, ihre bis heute bestehende – allerdings schlecht erhaltene – Ausstattung. Die Weiß-Goldausstattung dieser Räume zeigt den für die Zeit typischen Rokoko-Dekor mit geschwungenen Linien und Rocaillen, die auch den fließenden Übergang von Wand und Decke bewirken. Einer der Räume zeigt eine bemerkenswerte gemalte Ausstattung, die neben den polychromen Rocaillen mit eingestreuten, zarttönigen Rosengirlanden und Rosenbouquets auch scheinarchitektonische Elemente wie vasenbestückte Nischen und gemalte Scheintüren aufweist.

DAS ROKOKO-SCHLOSS

Während der zweiten Umbauphase wurden um 1759/60 auch die Fassaden des Schlosses unter der Leitung Nikolaus Pacassis fertiggestellt, die aus kunsthistorischer Sicht den Höhepunkt des österreichischen Rokoko darstellen.

Das Aussehen der Ehrenhof- und der Gartenfassade ist durch zwei Gemälde des venezianischen Malers Bernardo Bellotto, genannt Canaletto, überliefert. Die Ansicht der Ehrenhoffassade gibt uns nicht nur über das Aussehen des Schlosses wie auch der Kavaliertrakte entlang des Hofes Auskunft, sondern schildert mit großem Detailreichtum ein historisches Ereignis, nämlich die Überbringung der Nachricht vom Sieg bei Kunersdorf über den preußischen Rivalen Friedrich II. durch Graf Kinsky am 16. August 1759. Zwei Tage später berichtet das *Wiener Diarium:* „... gegen 1 Uhr Mittag ist der Herr Obrist Leutnandt des Löbl. Löwensteinischen leichten Dragonerregiments, Herr Graf Joseph von Kinsky und 20 blasende Postillionen und 4 Postbeamten durch hiesige Stadt als Kurier unter grossem Frohlocken und Jubelgeschrey des häuffigen Volkes nach Schönbrunn geritten, und hat Allerhöchsten Majestäten die Bestättigung des schon neulich darüber durch göttlichen Beystand von denen Russisch-Kaiserl. Truppen mit Beywohnung des Loudonischen Corps den 12. Dieses bey Frankfort an der Oder wider den König von Preussen erfochtenen herrlichen Sieges überbracht."

Die Ehrenhofseite des Schlosses Schönbrunn anläßlich der Benachrichtigung Maria Theresias über den Sieg bei Kunersdorf am 16. August 1759.
Gemälde von Bernardo Bellotto, genannt Canaletto. Um 1759

Das im Ehrenhof versammelte Volk, das berittene Regiment, die Kutschen wie auch die zahlreichen Menschen auf den Balkonen und in den geöffneten Fenstern des Schlosses geben ein beeindruckendes Zeugnis des regen Lebens in der Sommerresidenz Schönbrunn.

Das Gemälde Canalettos zeigt auch die vollendete Fassade des Schlosses und der Trabantenflügel, die weitgehend mit dem Stich Salomon Kleiners um 1747 übereinstimmen. Der Mittelrisalit mit der säulenbesetzten Durchfahrtshalle und den geschwungenen Treppenläufen ist über dem Sockelgeschoß durch Halbsäulen gegliedert, die Rundbogen dazwischen – als Türen in die Große Galerie – im Scheitel mit von Muscheln gerahmten Köpfen geziert. Die hochrechteckigen Obergeschoßfenster sind über dem flachbogigen Fensterabschluß mit stuckverzierten Giebelverdachungen versehen. Über dem mächtigen Gebälk erhebt sich das Belvederegeschoß mit reichem Stuckdekor, vor den Wandabschnitten zwischen den Fenstern befinden sich frei stehende Statuen, wie sie auch heute noch erhalten sind.

Die übrigen Fassaden sind im Unterschied zu den Säulen durch genutete Pilaster gegliedert. Das Gebälk der wandgliedernden Pilasterordnung ist nur mehr über den Kapitellen der Pilaster vorhanden, da die hochrechteckigen Obergeschoßfenster bis unter das Kranzgesims ragen. Lediglich über der baulich unverändert gebliebenen Schloßkapelle mit ihren quadratischen Fenstern ist das Gebälk vollständig geblieben. Die Stirnfronten der beiden Seitenflügel zeigen jeweils ein dreiachsiges und mit Säulen besetztes Eingangstor, die in der Nobeletage einen Balkon tragen. Im Unterschied zur Schloßmitte sind diese Fassaden durch das eingefügte Mezzaningeschoß stärker gegliedert und mit Rokokodekor versehen. Die Rundbogenfenster der Nobeletage sind von Ädikulen gerahmt und mit den kleinen giebelbekrönten Mezzaninfenstern durch Voluten verklammert. Unmittelbar daran schließen die Obergeschoßfenster an, die wiederum in die Gebälkzone hineinragen. Die übrigen Fassaden der Seitenflügel weisen in der Nobeletage alternierend gerade und übergiebelte Fensterverdachungen auf. Unter den Giebelverdachungen befinden sich Akanthusdekor und Helme – Motive, die sich von der ehemaligen Fassade Fischers von Erlach bis heute erhalten haben. Die zierlichen Eckpavillons mit ihren vasen- und puttenbesetzten Giebeln und Glockendächern sind durch Vollsäulen gegliedert.

Die Verbindungsgänge zu den Kavaliertrakten zeigt das Gemälde Canalettos mit verglasten Arkaden. Sie waren flach gedeckt und von den Terrassenkabinetten der Nobeletage aus begehbar.

Die anschließenden Kavaliertrakte, die zur Unterbringung des Hofstaates dienten, sind nun – anders als die ehemaligen Marställe des Jagdschlosses – zweigeschossig und durch genutete Doppelpilaster gegliedert. Die Fenster der beiden Geschosse sind durch die Konsolen der Parapette vertikal verklammert, analog zur Schloßfassade ragen auch hier die Obergeschoßfenster bis zum Kranzgesims und ist das Gebälk auf

Die Rosa-Zimmer;
Unten links: **Maria Theresia als Königin von Ungarn;**
Unten rechts: **Rocaillen mit Darstellungen von Musikinstrumenten**

Der Spiegelsaal, wo wahrscheinlich
der erst sechseinhalbjährige Wolfgang Mozart
vor der kaiserlichen Familie musizierte.

die Pilaster reduziert, eine Gestaltung, die sich bis heute erhalten hat. Die Mitte der langgestreckten Baukörper ist jeweils durch vorspringende Doppelsäulen akzentuiert, die einen rundbogigen Eingang flankieren. Eine breite Attika, die über den Doppelsäulen vorgezogen und mit spielenden Putten besetzt ist, schließt die Trakte ab, die offensichtlich auch weiterhin nur mit einem Flachdach versehen waren.

Die Gartenfassade auf dem Gemälde Canalettos, das um 1760 datiert wird, zeigt eine Risalitbildung, die noch weitgehend auf das ehemalige Jagdschloß Fischers von Erlach zurückgeht, und eine ähnlich kleinteilige Gestaltung wie die Ehrenhoffassade. Der vorspringende Mittelrisalit weist im Erdgeschoß eine siebenachsige Doppelsäulenstellung auf, über den Säulen liegt ein Balkon, zu dem eine geschwungene Treppe führt. Von Pacassi angelegt, der 1763 „zu erbauung der Stiegen im Garten" ausbezahlt wurde, drohte diese Treppe wenige Jahre später jedoch aufgrund der mangelhaften Bauausführung und schlechten Materialwahl wieder einzustürzen. Während die ebenfalls einsturzgefährdete Ehrenhofstiege 1777 mit geringfügigen Veränderungen neu errichtet wurde, entschloß sich Maria Theresia aufgrund der eingeholten Gutachten, die Gartenstiege lediglich auszubessern. Sie wurde im gleichen Jahr vorerst etwas abgeändert und erst um 1820 durch eine neue, bereits um 1777 geplante ersetzt, die auch heute noch vorhanden ist. Der seitlich abgerundete Mittelrisalit hat in beiden Geschossen rundbogige Tür- beziehungsweise Fensteröffnungen, die durch die große Pilasterordnung zusammengefaßt werden. Die Bogenzwickel und Fensterparapette sind mit Stuckdekor verziert. Das Belvederegeschoß weist wie auf der Ehrenhofseite im Zentrum eine Uhr auf. Bei den angrenzenden Fassaden wurden die Fenster der Sockelzone durchgehend zu Türen mit stuckverzierten Giebelverdachungen umgebaut. Die hochrechteckigen Fenster der Nobeletage besitzen kleine dachartige Bekrönungen, darüber liegen die kleinen Fenster des eingefügten Zwischengeschosses, das sich mit Ausnahme des Mittelrisalits über die gesamte Fassade erstreckt. Die Fenster des abschließenden Obergeschosses reichen bis zum abschließenden Kranzgesims, wobei sie das Gebälk der Pilasterordnung durchstoßen.

Die Garten- und die Westfassade des Schlosses Schönbrunn.
Kolorierter Kupferstich von Carl Schütz. 1781

Die Geschosse werden wie beim Mittelrisalit durch eine große Pilasterordnung zusammengefaßt, die Mitte der Seitenrisalite ist durch doppelte Pilaster betont. Die Gebälkstücke der Pilasterordnung sind als Voluten gebildet. Eine zusätzliche Betonung erhalten die Seitenrisalite durch einen auf Konsolen ruhenden Balkon in der Nobeletage und durch eine reichere Verzierung.

Analog dazu wurden die Seitenfassaden des Schlosses zu den Kammergärten gebildet, wobei die geraden Fensterverdachungen mit giebelförmigen alternieren. Auch hier sind die Fassadenmitten durch bekrönenden Skulpturenschmuck akzentuiert, wie ein Stich von Carl Schütz aus dem Jahr 1781 zeigt.

DER TOD FRANZ' I. STEPHAN

Im August 1765 reiste der Wiener Hof nach Innsbruck, wo die Hochzeit des zweitältesten Sohnes Peter Leopold mit der spanischen Infantin Maria Ludovica von Bourbon, Tochter Karls III. von Spanien, geplant war. Die Vermählung fand am 5. August statt und war mit zahlreichen Feiern verbunden, die mehrere Tage in Anspruch nahmen. Nach einem Theaterbesuch am Abend des 18. August kehrte Franz Stephan, über dessen Wohlbefinden sich Maria Theresia schon am Morgen große Sorgen machte, da er „wegen Oppressionen der Brust und Wallungen" schlecht geschlafen hatte, in seine Gemächer in der Innsbrucker Hofburg zurück. Nachdem er sich von seinem Sohn Joseph verabschiedet hatte, ging er allein weiter. Plötzlich blieb er stehen, lehnte den Kopf an die Wand, woraufhin Joseph herbeieilte, um ihn zu stützen. Der Kaiser sank zu Boden, und selbst die eiligst alarmierten Ärzte konnten ihm nicht mehr helfen. Franz Stephan erlag einem Schlaganfall, der ihn plötzlich und unvermutet im Alter von 57 Jahren aus dem Leben riß. Der jähe Tod des Gemahls war für Maria Theresia ein schwerer Schicksalsschlag, tagelang schloß sie sich in ihre Gemächer ein und war für niemanden zu sprechen. Das Sterbezimmer Franz Stephans ließ sie in eine Kapelle umwandeln, in der auch heute noch am Todestag des Kaisers eine Messe zelebriert wird. Maria Theresia verteilte in der Folge ihren Schmuck an ihre Kinder, verschenkte ihre farbigen Kleider an die Kammerfrauen und legte zeitlebens die Trauerkleidung nicht mehr ab. Im Gebetbuch der Kaiserin fand man nach ihrem Tod einen Zettel, auf dem sie die Zeit ihrer glücklichen Ehe auf das genaueste, sogar unter Berücksichtigung der Schaltjahre, notiert hatte: „29 Jahre, 6 Monate, 6 Täge, macht also Jahr 29, Monate 335, Wochen 1540, Täge 10.781, Stunden 258.744."

Franz I. Stephan war immer der Mittelpunkt im Leben Maria Theresias gewesen, bei ihm fand sie Trost und Stütze für ihre Sorgen, und mit ihm teilte sie die Freuden ihres Daseins. Sein Tod hinterließ eine Leere, die durch nichts anderes ersetzbar war. So schrieb sie an ihre Freundin Gräfin Edling in Görz: „Ich habe den liebenswürdigsten aller Männer verloren ... er war der ganze Trost meines harten Daseins." Ihrer Freundin Enzenberg in Innsbruck, Zeugin der Katastrophe, teilte sie in einem Brief mit: „Deine Gebete haben für meine Gesundheit genutzt, aber mein Herz und mein Geist sind um so kränker. ... Ich bin nicht mehr gern zu Hause. Ich möchte in Innsbruck sein, wo ich meine letzten glücklichen Tage hatte, mir mundet keinerlei Vergnügen mehr. Selbst die Sonne erscheint mir schwarz."

Der Tod Franz Stephans hatte auch Folgen für das höfische Leben, die Damen hatten künftig bei Hofe schwarze Toilette zu tragen, und das Auftragen von Schminke wurde ihnen verboten. Maria Theresia gab die gemeinsamen Gemächer im Leopoldinischen Trakt der Hofburg auf und zog in das zweite Obergeschoß, wo sie die Wände mit schwarzem Samt bespannen ließ. Im Schloß Schönbrunn entschied sie, daß die Retirade des verstorbenen Kaisers als „Gedächtnisraum" umgestaltet werden sollte. Im Zuge der Neueinrichtung dieses so bezeichneten Vieux-Laque-Zimmers wurden auch mehrere Räume im Ostflügel des Schlosses neu ausgestattet, die heute zu den künstlerisch bedeutsamsten Ausstattungen der maria-theresianischen Zeit zählen.

Das Vieux-Laque-Zimmer wurde wahrscheinlich nach einem Entwurf des am Wiener Hof tätigen französischen Architekten Isidor Canevale mit kostbaren schwarzen Lacktafeln ausgestattet, die dem Raum seinen Namen gaben. Den neuesten Forschungen zufolge stammen die Tafeln aus der kaiserlichen Manufaktur in Peking, waren ursprünglich zu einem oder mehreren Paravents zusammengesetzt und bereits um die Mitte des 18. Jahrhunderts vom Wiener Hof angekauft worden. Maria Theresias Vorliebe für ostasiatische Gegenstände und Lackarbeiten ist vielfach belegt; „Chinoiserien" fanden um diese Zeit Eingang in die fürstliche Wohnkultur und zählten zur obligaten Einrichtung des Adels.

Zudem galt Lack als besonders kostbares Material, das auch bald von einheimischen Künstlern geschickt imitiert wurde. Offenbar lautete der Auftrag Maria Theresias, die zur Verfügung stehenden Lackparavents für die Gestaltung des Vieux-Laque-Zimmers zu verwenden. Der Lackparavent mit seinen beidseitig ansichtigen Lacktafeln wurde in der Mitte aufgespalten, die Rückseite der Lacktafeln neu versteift und in der geforderten Zweitverwendung für das neue Dekorationskonzept adaptiert.

Da die vorhandenen originalen Lacktafeln nicht ausreichten, mußten die fehlenden Teile von einer Wiener Manufaktur hergestellt werden, um eine vollständige Vertäfelung des Raumes zu ermöglichen.

Die Ausstattung des Vieux-Laque-Zimmers erfolgte in den Jahren 1767 bis 1770, das Vollendungsjahr ist durch eine datierte Rechnung in der Höhe von 12869 Gulden belegt. Die enorme Summe zeigt, daß Maria Theresia keine Kosten scheute, um dem Andenken ihres geliebten Gemahls gerecht zu werden. Bei dieser einheitlichen wie auch wertvollen Ausstattung wurden die schwarzen Lacktafeln in eine Nußholzvertäfelung eingesetzt. Wände und von Supraporten bekrönte Türen sind in Vertikalstreifen mit reichgeschnitzten und vergoldeten Rahmen gegliedert. Die Schnitzarbeiten verfertigte der Wiener Hoftischler Johann Georg Leithner. Ergänzend zur Wanddekoration zieren in Stuckrahmen eingelassene Lacktafeln die Decke, die einzelnen Kartuschen sind durch üppigen Liniendekor und Girlanden aus kleinen Lacktäfelchen miteinander verknüpft. Die chinesischen Lacktafeln in den Goldrahmen sind mit Genreszenen, Blumen-, Landschafts- und Vogeldarstellungen bemalt. Anders als in den ein Jahrzehnt zuvor ausgestatteten Prunkräumen kündigt sich hier im Rahmendekor bereits der Übergang vom Rokoko

Kostbare chinesische Lacktafeln, die von einer Wiener Manufaktur in das Raumensemble eingefügt wurden.

Detail aus dem kostbaren Intarsienfußboden

Das Vieux-Laque-Zimmer;
im Zentrum das postume Gemälde Franz' I. Stephan von Pompeo Batoni

Das Millionenzimmer;
im Hintergrund eine Büste von Marie Antoinette

Der Luster im Millionenzimmer
ist wie jener in den Chinesischen Kabinetten
feuervergoldet mit Kerzenschalen
aus bemaltem Email.

Links: **Franz I. Stephan, postumes Portrait.**
Gemälde von Pompeo Batoni. 1771
Mitte: **Joseph II. und sein Bruder Leopold in Rom.**
Gemälde von Pompeo Batoni. 1769
Rechts: **Ludovica, die Gemahlin Leopolds, mit ihren Kindern.**
Gemälde von Anton von Maron. Um 1769/70

zum Frühklassizismus an.

Neben der kostbaren Raumausstattung erhielt das Vieux-Laque-Zimmer auch eine bedeutende Bildausstattung: Die drei Gemälde wurden 1772 in prächtige und mit Kronen verzierte Rahmen, die Albert Bolla herstellte, in das Raumensemble eingefügt. Das signierte und datierte Portrait Franz Stephans – für das sich Maria Theresia nach der Fertigstellung mit einem eigenhändigen Schreiben bei dem Künstler bedankt hatte – wurde im Auftrag Maria Theresias von dem römischen Maler Pompeo Batoni im Jahr 1771 posthum angefertigt. Es zeigt den Kaiser in ganzer Figur auf die allegorische Darstellung von Justitia, Clementia und Fortitudo weisend. Ebenfalls von Batoni stammt das auch im historischen Kontext bedeutende Doppelbildnis Josephs II. und seines Bruders Leopold in Rom, das heute allerdings nur noch in Kopie der 1945 verbrannten Fassung vorhanden ist. Maria Theresia war von dem Gemälde ihrer beiden Söhne so begeistert, daß sie bei dem Künstler eine zweite Fassung bestellte, die sich heute im Kunsthistorischen Museum in Wien befindet. Es zeigt die beiden Brüder während ihres Rom-Aufenthaltes anläßlich der Papstwahl im Jahr 1769. Unmittelbar hinter Joseph ist als Sitzfigur und jungfräuliche Kriegerin – den besonnenen Kampf symbolisierend – Pallas Athene mit dem Ölzweig dargestellt, im Hintergrund die Engelsburg und Sankt Peter. Auf dem Tisch liegen unter anderem ein Plan von Rom und – bezeichnend für Joseph, den aufgeklärten Monarchen – Charles de Montesquieus zentrales Werk *De l'esprit de lois.*

Der Besuch Josephs, der seinem Vater 1765 in der Kaiserwürde nachfolgte, und seines Bruders im Konklave wurde zu einem international heftig kommentierten Ereignis, nachdem Joseph II. in seiner Ansprache an die Kardinäle die Wahl eines „unpolitischen" Papstes empfahl.

In überzeugender Weise gelang es dem Künstler, die gegensätzlichen Charaktere der beiden hochbegabten Brüder darzustellen: Joseph war für seinen klaren Geist ebenso bekannt wie für seinen Starrsinn und seine Ungeduld, während Peter Leopold ein tolerantes und nachsichtiges Wesen mit ausgeprägtem Gerechtigkeitssinn auszeichnete. Peter Leopold übernahm nach dem Tod seines Vaters die Herrschaft des Großherzogtums Toskana, wo er als kluger Politiker und weiser Reformer zu Ruhm gelangte. Als sein kinderloser Bruder Joseph starb, trat er dessen Nachfolge als Römisch-Deutscher Kaiser und Regent der habsburgischen Länder an.

Das Portrait Maria Ludovicas mit drei ihrer Kinder wurde im Auftrag Maria Theresias von Anton von Maron um 1769/70 gemalt. Die Gemahlin Peter Leopolds hält zur Linken und auf einem Hermelinmantel sitzend die beiden Söhne Franz und Ferdinand, während sie mit der rechten Hand, ebenso wie die neben ihr sitzende älteste Tochter Marie Therese, auf eine Büste Maria Theresias, die Großmutter der Kinder, weist. Franz wurde schon als Knabe von seinem Onkel Joseph II. an den Wiener Hof geholt, um ihn auf seine zukünftige Rolle als Thronfolger vorzubereiten.

Das Mobiliar des Vieux-Laque-Zimmers mit seinen Konsoltischen, Sesseln und Tabouretten stammt aus der gleichen Zeit, der Intarsienboden mit reicher Musterung wurde wahrscheinlich ebenfalls im Zuge der Ausstattungsarbeiten verlegt. Es handelt sich dabei um einen der kostbarsten Fußböden des Schlosses, der sich nicht nur durch die erlesene Holzwahl und eine besondere Ornamentik, sondern auch durch die verschiedene Schattierung der Hölzer und den damit verbundenen optischen Wirkungen auszeichnet.

Gleichzeitig mit der neuen Ausstattung des Gedächtnisraumes für ihren verstorbenen Gemahl ließ Maria Theresia auch das ehemalige Spiegelzimmer in ihrem Appartement an der Ostseite des Flügels neu einrichten, das 1767 erstmals als Vicatin-Cabinet erwähnt wurde und nach dem Ende der Monarchie den Namen Millionenzimmer erhielt. Die kostbare Wandvertäfelung aus einer tropischen Rosenholzart mit der zeitgenössischen Bezeichnung „Feketin" oder „Vicatin" wurde bereits in den Jahren 1752 bis 1755 für das Obere Belvedere hergestellt und auf Anordnung Maria Theresias 1766 nach Schönbrunn übertragen.

Die Wandvertäfelung mit ihrer in sich strukturierten Holzoberfläche von hervorragender ästhetischer Qualität ist mit reichgeschnitzten und vergoldeten Rocaille-Rahmen versehen, die in vertikalen Bahnen angeordnet sind. In diese Rahmen sind indo-persische Miniaturen aus dem 17. Jahrhundert eingefügt, während die Decke mit dazupassenden Stuckrahmen ergänzt wurde. Um die Miniaturen der Rahmenform anzupassen, wurden sie zum Teil zerschnitten und als Collagen durch die Mitglieder der kaiserlichen Familie neu komponiert.

Die Miniaturen kamen mit großer Wahrscheinlichkeit um die Mitte des 18. Jahrhunderts über die Niederlande an den kaiserlichen Hof in Wien. Die Folge von 61 Blättern wurde ursprünglich für den Hof der Mogulen, der indischen Fürsten persischer Abstammung, in der zweiten Hälfte des 16. Jahrhunderts geschrieben und mit Bildern geschmückt, die das indische Hof- und Privatleben vorführen und in einer einzigartigen Geschlossenheit wiedergeben.

Im Zuge der Herstellung des Feketin-Ensembles im Belvedere wurden die Blätter der Handschrift wiederverwendet, bei Bedarf von Franz Stephan und den Kindern des Kaiserpaares zerschnitten und zu neuen Bildern zusammengefügt. Die sich dabei ergebenden Übergangsstellen zwischen den einzelnen Bildsegmenten ergänzten sie mit Himmelsdarstellungen und Landschaftsmalereien. Die neuen Bilder erhielten die Form einer Rokoko-Kartusche und wurden von den geschnitzten Rocaille-Rahmen eingefaßt. Die Collage einer einzelnen Kartusche besteht aus bis zu 27 Einzelteilen.

Während des Zweiten Weltkrieges wurde die Vertäfelung des Millionenzimmers abgetragen und im Salzberg von Altaussee gelagert, um sie nicht der drohenden Gefahr der Zerstörung auszusetzen. Jahrzehnte nach der Wiederaufstellung wurde aufgrund konservatorischer Überlegungen im Jahr 1980 die Entscheidung getroffen, die Kartuschen im Depot der Handschriftensammlung der Österreichischen Nationalbibliothek zu verwahren und die überaus lichtempfindlichen Miniaturen durch hochwertige Faksimiledrucke zu ersetzen. So können die Originale unbeschadet der Nachwelt erhalten bleiben.

Zur Ausstattung des Millionenzimmers, das zu den prächtigsten und einzigartigsten Ensembles fürstlicher Wohnkultur zählt, gehören auch der gleichzeitig angefertigte Kaminschirm sowie wie die intarsierte Platte des Konsoltisches und der Rokoko-Kronleuchter, der wie in den Chinesischen Kabinetten mit Emailarbeiten gefertigt ist.

Die Neuausstattung der Oratorien

Im letzten Lebensjahrzehnt Maria Theresias wurden auch die Oratorien der Schloßkapelle neu ausgestattet, die von der Nobeletage begehbar sind und eine bequeme Teilnahme an der Messe ermöglichten. Das in der Mitte von fünf kleinen Räumen gelegene Kaiseroratorium zeigt eine für diese Epoche typische Wandgliederung am Übergang vom Spätbarock zum Frühklassizismus; in der Altarnische befand sich ehemals ein Gemälde der Heiligen Theresia.

Ein neues Appartement für den Mitregenten Joseph II.

Nach dem Tod Franz' I. Stephan erforderte die neue Funktion Josephs II. als Herrscher – er trat nicht nur die Nachfolge seines Vaters als Römisch-Deutscher Kaiser an, sondern wurde auch Mitregent seiner Mutter – ein entsprechendes Appartement, das im Ostflügel eingerichtet wurde und knapp hundert Jahre später auch Kaiser Franz Joseph dienen sollte.

Das Appartement mit seinen zum Ehrenhof liegenden Räumen – bestehend aus Gardezimmer, Antichambre, Audienz-, Schreib- und Schlafzimmer – war sowohl von der Blauen als auch von der Weißen Stiege zugänglich. Um den Zugang von der Weißen Stiege im Westtrakt zu ermöglichen, wurde im kleinen Kaiserhof ein Balkon errichtet, der zum Gardezimmer führte und die getrennten Trakte verband. Aus Symmetriegründen wurde die dem Stiegenhaus gegenüberliegende Fassadenwand des Hofes in der Nobeletage mit gemalten Scheinfenstern versehen, eine Lösung, für die vermutlich ebenfalls Nikolaus Pacassi verantwortlich zeichnet.

Das kaiserliche Appartement Josephs II. wurde in der zweiten Hälfte des 19. Jahrhunderts völlig neu eingerichtet, lediglich das Nußholzzimmer, das als Audienzzimmer diente, wurde in seiner originalen Ausstattung belassen. Der Name leitet sich von der Nußholz-Vertäfelung ab, mit der die Wände des Raumes verkleidet sind. Die einzelnen Paneele der Vertäfelung sind von vergoldeten Leisten gefaßt und mit Rocaillen geschmückt. Zu der bemerkenswerten Rokoko-Ausstattung zählen auch der Stuckdeko und die bereits um die Mitte des 18. Jahrhunderts angefertigten Konsoltische.

Ein eigenes Appartement für Maria Anna

Gleichzeitig erhielt auch die älteste Tochter Maria Anna, die wohl aufgrund ihres naturwissenschaftlichen Interesses zu einer der Lieblingstöchter Franz Stephans zählte, im Ostflügel ein eigenes Appartement. Die an der Ehrenhofseite und dem Appartement Josephs gegenüberliegenden Räume bewohnte die unverheiratete und daher am Hof verbliebene Erzherzogin bis zum Tod Maria Theresias. Die Zimmerfolge – bestehend aus Salon, Schlaf- und Schreibzimmer – wurde im 19. Jahrhundert für die Eltern Franz Josephs neu ausgestattet; das ehemalige Interieur kann aufgrund fehlender Bildquellen nicht mehr rekonstruiert werden.

Die Weißgold-Zimmer im Erdgeschoß

Um 1770 wurden im Erdgeschoß des Schlosses auch die an der Gartenseite gelegenen Weißgold-Zimmer ausgestattet, die als Tafelzimmer und zusätzliche Repräsentationsräume dienten. Die weißen Holzvertäfelungen sind durch geschnitzte, vergoldete Leisten gegliedert und mit Rocaillen geschmückt, die zum Teil in freiplastischen Blumengirlanden über die Vertäfelungen gespannt sind. Die Gold-Dekorationen weisen einerseits durch ihre zunehmend geometrischen Linien bereits auf den Übergang zum Klassizismus hin, andererseits sind sie in einem der drei Räume durch ihre lebhaft geschwungenen Linien und den freiplastischen Dekor noch gänzlich den verspielten Formen des Rokoko verhaftet.

EXOTISCHE GARTENZIMMER FÜR DIE KAISERIN: DIE BERGL-ZIMMER

Maria Theresia litt in zunehmendem Alter immer mehr unter der sommerlichen Hitze; daher ließ sie sich noch in ihrem letzten Lebensjahrzehnt eigene Sommerzimmer im Erdgeschoß des Schlosses Schönbrunn einrichten. Dabei erhielten die an der gartenseitigen Front gelegenen Räume in den Jahren 1769 bis 1778 eine neue Ausstattung. Neben den für die Kaiserin bestimmten Räumen wurden auch Appartements für zwei ihrer Kinder – für Maximilian Franz im südseitigen Westflügel und für Elisabeth in dem zum Kammergarten ausgerichteten Ostflügel – eingerichtet.

Die Kaiserin beauftragte den böhmischen Maler Johann Wenzel Bergl mit der Ausmalung ihres Sommerappartements; die ihrer Kinder wurden vom gleichen Künstler und von dem Maler Martin Steinrucker gestaltet. Die heute gebräuchlichen Bezeichnungen als Goëss-Appartement, Kronprinzen-Appartement und Gisela-Appartement gehen auf die jeweiligen Bewohner in der zweiten Hälfte des 19. Jahrhunderts zurück, als die Erdgeschoßräume für Kaiserin Elisabeth und ihre Kinder zur Verfügung standen. Im 19. Jahrhundert waren aus bislang ungeklärten Gründen die Malereien der Räume teilweise durch grau bemalte Wandbespannungen verdeckt, erst im Jahr 1891 wurden sie wieder freigelegt und restauriert.

Die heute allgemein auch Bergl-Zimmer genannten Räume zeichnen sich vor allem durch ihre Ausstattung mit exotischen Landschaftsmalereien aus, eine Illusionsmalerei, die die Verschmelzung der Räume mit der sie umgebenden Natur zum Ziel hatte.

Seit der Renaissance entwickelte sich die Landschaftsmalerei zunehmend zu einer selbständigen Kunstgattung, die als Freskomalerei auch Eingang in die Innenausstattung fürstlicher Schlösser fand. Die Landschaften dienten zwar dazu, die Wand aufzulösen und den Blick vorbei an Scheinarchitekturen in die Ferne zu leiten, blieben dabei allerdings in dem vorgegebenen architektonischen Rahmen des Raumes eingebunden. Im 17. und 18. Jahrhundert gewann auch der Einsatz von Tapisserien zur illusionistischen Raumerweiterung zunehmend an Bedeutung. Die kostspieligen Tapisserien wurden seit dem letzten Drittel des 17. Jahrhunderts durch billigere, mit Landschaften bemalte Bespannungen aus Seide, um 1730 auch aus Leinwand, ersetzt, woraufhin diese kostengünstigere Dekorationsart einen enormen Aufschwung nahm. Um 1750 löste man sich von der bloßen Wiedergabe der Tapisserien, und die Landschaftsmalereien begannen auf die Decken der Räume überzugreifen, um so eine Verschleifung von Wirklichkeit und Illusion zu erreichen, die durch Tapisserien niemals erreicht werden konnte.

In den Gartenräumen des Schlosses Ober-Sankt-Veit kündigte sich bereits die Auflösung der Raumarchitektur im Illusionismus der Landschaft an. Als Vorlage für diese ersten

JOHANN WENZEL BERGL

Johann Wenzel Bergl, 1718 in Böhmen geboren und 1789 in Wien gestorben, zählt zu einem der bedeutendsten Vertreter der illusionistischen Landschaftsmalerei zur Zeit Maria Theresias. Spätestens seit dem Jahr 1749 hielt er sich in Wien auf, wo er als Schüler in die Wiener Akademie aufgenommen wurde. Trotz einer erfolgreichen Beteiligung an dem jährlichen Wettbewerb der Wiener Akademie im Jahr 1751 – Bergl gewann den zweiten Preis – gelang es dem Künstler zeitlebens nicht, als ordentliches Mitglied der Akademie aufgenommen zu werden. Dies hatte zur Folge, daß er keine Werkstätte gründen und keine Gesellen beschäftigen durfte. Dennoch zählte er ab den 1760er Jahren zu den meistbeschäftigten Freskomalern, der für Kirchen, Klöster und den kaiserlichen Hof zahlreiche Aufträge ausführte.
Die entscheidende künstlerische Ausbildung erhielt Bergl an der Wiener Akademie bei Paul Troger, und auch die persönliche Freundschaft mit Franz Maulpertsch, einem weiteren bedeutenden Vertreter der österreichischen Barockmalerei, führte zu einer starken stilistischen Beeinflussung in seinem Frühwerk. Doch schon bald fand der Künstler zu seinem persönlichen Stil, der sich vor allem in exotischen Landschaftsmalereien äußerte. Zu seinen bedeutendsten Werken zählen die Deckenmalereien in den Bibliotheken des Stiftes Melk und des Schottenklosters sowie im Augustinerlesesaal der heutigen Nationalbibliothek in Wien. In seiner letzten Schaffensperiode arbeitete Bergl vorwiegend in Ungarn und in Böhmen.
Seinen Ruhm als Maler exotischer Landschaften begründete Johann Bergl durch die erste große Ausstattungsarbeit im erzbischöflichen Palais in Ober-Sankt-Veit, das Maria Theresia 1762 erwarb. Noch im gleichen Jahr begann Bergl dort vier Gartenräume mit exotischen Landschaftsbildern zu gestalten, die bereits ein Jahr später fertiggestellt waren. Ab diesem Zeitpunkt sollte der Künstler bis 1780 fast ununterbrochen für den kaiserlichen Hof tätig sein. Im Auftrag Maria Theresias schuf er die von ihr besonders geschätzten Wanddekorationen in „indischer, americanischer oder japanischer Art", so auch für die Schönbrunner Erdgeschoßräume, die den Höhepunkt im Werk Bergls darstellen.

Arbeiten diente Bergl wahrscheinlich eine französische Gobelinserie, und zwar die „Nouvelles Indes".

Sie geht auf landschaftliche und ethnographische Darstellungen der holländischen Maler Frans Post und Albert Eeckhout zurück, die während einer Brasilienreise in den Jahren 1637 bis 1644, bei der die beiden Künstler den Prinzen Johann Moritz von Nassau begleiteten, nach eigenen Studien vor Ort geschaffen wurden. Danach stellte man nach diesen Studienblättern Teppichvorlagen her, die 1679 als Geschenk für Ludwig XIV. an den Pariser Hof kamen. Die erste französische „Indienserie" – bereits 1652 wurde eine nicht mehr erhaltene Wandteppichserie für Friedrich Wilhelm I. von Brandenburg hergestellt – wurde unter Charles Le Brun, dem Hofkünstler des französischen Königs, gewebt. Durch die häufige Benutzung wurden die für die Gobelinherstellung notwendigen Kartons dieser Serie stark in Mitleidenschaft gezogen, so daß sie 1737 bis 1741 von François Desportes neu gezeichnet – allerdings mit wesentlichen Veränderungen – und zur Unterscheidung von der originalen Indienserie Ludwigs XIV. als „Nouvelles Indes" bezeichnet wurden. Die kostbaren und berühmten Gobelins waren als diplomatische Geschenke sehr beliebt und wurden auf diesem Weg in ganz Europa verbreitet. Im Jahr 1778 gelangte eine Serie als Geschenk Ludwigs XVI. an Kaiser Joseph II. auch nach Wien.

Eine der ersten Folgen der „Nouvelles Indes" befand sich Anfang der 1760er Jahre im Besitz des Prager Erzbischofs, wo sie Johann Bergl, dessen Prager Aufenthalt in dieser Zeit nachweisbar ist, vermutlich auch gesehen hatte. Bei der Gestaltung der Gartenzimmer des Schlosses in Ober-Sankt-Veit zeigt sich bei der Wahl der Motive aus Flora und Fauna noch eine starke Abhängigkeit des Künstlers von der Vorlage. Gleichzeitig kündigte sich aber bei diesen Arbeiten eine wesentliche Neuerung an, und zwar die im Gobelin noch getrennten Bildfelder zu einem einheitlichen Ganzen zusammenzufassen, Wirklichkeit und Illusion zu verschmelzen. Bergl stellte zum Beispiel Bäume in die Ecken, um Bild- und Raumgrenzen aufzuheben, und

Oben: **Ausschnitt aus den exotischen Malereien Johann Bergls**

Gegenüberliegende Seite:

Enfilade der Gartenzimmer Maria Theresias (Goëss-Appartement)

Oben: **Kunstvoll glacierter Ofen mit Vasenaufsatz, dessen Henkel Widderköpfe darstellen.**
Gegenüberliegende Seite und unten: **Der als Baumstamm modellierte Ofen (Goëss-Appartement).**

Oben: **Flamingos im Kronprinzenappartement**
Unten: **Scheinarchitekturmalerei im Kronprinzenappartement**

auch der Tiefenraum der gemalten Landschaft gewann zunehmend an Bedeutung. Diese neue künstlerische Richtung fand schließlich bei den exotischen Landschaftsmalereien in Schönbrunn ihre volle Entfaltung.

Die Besonderheit der malerischen Ausstattung der Gartenzimmer aus der Zeit Maria Theresias liegt in der Vorstellung der ländlichen Idylle, des Lebens in Arkadien. Anders als in der höfisch übersteigerten Form des Rokoko mit ihren Schäferspielen zeigt sich hier allerdings die unberührte exotische Landschaft, gewissermaßen als Reaktion auf die Enge des höfischen Lebens und seiner Zwänge. Die Vorliebe für das Exotische läßt sich im Zuge der aufkommenden Romantik aus der Sehnsucht nach einer idyllischen Welt fern von jeder Etikette erklären. Man bewunderte die Einfachheit und Natürlichkeit der fremden Länder und sah darin die Erfüllung des Traumes von Arkadien, dem Land guter ländlicher Sitten und stillen Friedens.

Das Interesse für fremde und exotische Länder ging Hand in Hand mit den Entdeckungsreisen, die im 18. Jahrhundert durch das wissenschaftliche Interesse an Flora und Fauna vermehrt durchgeführt wurden. Eine von Frankreich ausgehende philosophisch-pädagogische Bewegung beeinflußte zahlreiche Herrscher in Europa in ihrer Sammeltätigkeit, bei der vor allem der wissenschaftliche Aspekt im Vordergrund stand. Auch Kaiser Franz I. Stephan legte wissenschaftliche Sammlungen an, die gleichermaßen die lebendige Natur mit einbezogen. Er finanzierte Expeditionen, mit dem Ziel, die von ihm in Schönbrunn gegründete Menagerie als auch den Botanischen Garten ausbauen zu können.

Ähnlich wie zahlreiche seiner Vorgänger berief er Wissenschafter und Gärtner – größtenteils aus Holland, wo die Blumenzucht bereits Weltruhm erlangt hatte – an den Wiener Hof. Einer der namhaftesten Gelehrten in Wien war Nicolaus Joseph von Jacquin, der im Auftrag des Kaisers 1755 bis 1759 eine Expedition nach Westindien und Südamerika unternahm, von der er eine reiche Sammlung an Pflanzen und Tierpräparaten mitbrachte. Die bunten Illustrationen seiner wissenschaftlichen Expeditionsberichte dienten vermutlich auch dem Künstler Bergl als Vorlagen für seine exotischen Wandmalereien. So entwickelte sich in der zweiten Hälfte des 18. Jahrhunderts in Schönbrunn eine enge Beziehung zwischen Künstlern und Wissenschaftern, zwischen Malerei und Botanik, die ursprünglich von Franz Stephan gefördert wurde und auch nach seinem Tode nicht abbrach.

Das Goëss-Appartement – die Sommerzimmer Maria Theresias

Zu den ersten Arbeiten Bergls in Schönbrunn zählen die Sommerzimmer Maria Theresias, aus vier Räumen bestehend und heute als Goëss-Appartement bezeichnet, die sowohl in ihrer künstlerischen Konzeption als auch in ihrer funktionalen Abfolge eine Einheit bilden.

Es ist anzunehmen, daß Maria Theresia selbst großen Einfluß auf die Gestaltung nahm, zumal es sich bei diesem Appartement um ihre privaten Räume handelte. Bei den Arbeiten umging sie sogar die üblicherweise für alle Bau- und Ausstattungsagenden zuständige Hofbaukommission, die Finanzierung erfolgte daher vermutlich aus ihrer Privatschatulle. In diesem Umstand liegt auch begründet, daß diese Arbeiten Bergls kaum archivalisch belegt sind.

Die Sommerzimmer Maria Theresias sind heute vom gartenseitigen Vestibül über einen ovalen Vorraum erreichbar, in dem sich eine Marmorbüste des Staatskanzlers Kaunitz von Joseph Ceracchi befindet, die 1780 im Auftrag der Kaiserin für das Schloß Belvedere geschaffen wurde.

Die vier Räume zeigen Landschaftsmalereien, die in thematischer Folge von der unberührten exotischen Landschaft bis hin zum geplanten, konstruierten Barockgarten führen. Auf den Holzlamperien und den mit Leinwand bespannten Wänden sind die Malereien in Öltechnik, hinter den Öfen und in der Deckenwölbung in Kalktechnik ausgeführt.

Der erste Raum diente Maria Theresia als Salon beziehungsweise Audienzzimmer und zeigt eine weitgehend unberührte exotische Küstenlandschaft. Die stark tiefenräumlich gestaltete Landschaft ist entlang der „Bildbühne" über den Holzlamperien von exotischen Wasservögeln bevölkert, die sich in der tropischen Vegetation tummeln. In den Ecken des Raumes wachsen hohe Bäume gleichsam in den Himmel und verwischen die Grenze zwischen Wand und Decke. Zahlreiche bunte Vögel beleben den Himmel, ein Papagei hat sich auf einem Palmblatt niedergelassen. Die friedvolle Natur ist gleichzeitig gepaart mit Reichtum und Üppigkeit, dargestellt durch die stillebenartig gruppierten Obstarrangements. Die Landschaften erscheinen von der menschlichen Existenz weitgehend unberührt, obwohl die von Pflanzen überrankten und im klassischen Formenkanon gestalteten Portale auf eine ehemalige Anwesenheit von Menschen verweisen. Die gemalten Portale erfüllen darüber hinaus auch die Funktion, die Türen des Raumes zu maskieren. Die Tür an der Rückwand des Raumes ins dahinter liegende Dienerzimmer ist durch die gemalten Pflanzen kaum wahrnehmbar.

Im nächsten Raum, der vermutlich als Schreibzimmer in Verwendung stand, ist in einzelnen Motiven das Spiel mit der Illusion auf die Spitze getrieben. Stärker als im ersten Raum ist die exotische Landschaft mit Motiven bereichert, die das – wenngleich verborgene – Vorhandensein menschlicher Existenz zum Ausdruck bringen.

Papagei im Goëss-Appartement

Das zentrale Thema der Raumgestaltung scheint von einem ambivalenten Verhältnis zwischen Natur und Zivilisation bestimmt zu sein, das auch im symbolischen Charakter einzelner Motive bedeutsam wird. Bei den gemalten Portalen zeigt sich der Gegensatz von intakter und ruinöser Architektur, sie werden ähnlich wie die Stein-, Bronze- und chinesischen Vasen als Staffage in die Landschaft gestellt. Der Pfau – Symbol der Eitelkeit – und die Diamantfasane verweisen auf die Existenz eines Herrschaftsgartens, Seidendraperien und üppig gefüllte Obstkörbe zeugen von menschlichem Gestaltungswillen.

Die Arrangements von prallem Obst, Melonen, Kürbissen, Trauben und Granatäpfeln, bergen einen eminent symbolischen Gehalt, teilweise bereits aufgeplatzt, geben sie ihren Samen frei – ein Zustand größter Fruchtbarkeit, dem unmittelbar die Verwesung folgt. Als Symbol der Fruchtbarkeit ist ebenso der Albinohase zu interpretieren, dem der Fliegenpilz, vermutlich als Todessymbol, gegenübersteht. Die Häsin fand schon im Mittelalter als Symbol der Fruchtbarkeit Eingang in die Ikonographie der darstellenden Kunst, kann sie doch durch ihre – damals zwar noch unbekannte – anatomische Beschaffenheit mit doppelten Geschlechtsorganen im trächtigen Zustand schon wieder befruchtet werden.

In diesen Motiven zeigt sich offenkundig die barocke Gegenüberstellung von Sinnlichkeit und Tod, Fruchtbarkeit und Verderben, ergänzt durch die neuen naturwissenschaftlichen Erkenntnisse im Bereich der Flora und Fauna. Dabei ist allerdings zu bemerken, daß es sich hier nicht nur um eine exakte naturgetreue Wiedergabe handelt, sondern auch um phantasievolle Interpretationen des Künstlers, der darüber hinaus die Motive seiner künstlerischen Intention zufolge entsprechend einsetzt und arrangiert.

Besonders bemerkenswert ist auch die Gestaltung der Spiegelwand zwischen den Fensternischen. Aus den gemalten Rahmungen treten einzelne Motive reliefartig bis vollplastisch hevor, die Kunstgattungen fließen ineinander. Aus dem laubumrankten Spiegel wachsen Zweige, die als Kerzenhalter oder den freiplastischen Vögeln als Sitzplatz dienen. Der Konsoltisch, ursprünglich vermutlich zu einer anderen, ähnlich gestalteten Ausstattung gehörig, weist Beine auf, die Pflanzenwuchs vortäuschen und die mit plastischen Obstgirlanden geschmückt sind. Auf dem heute vergoldeten Ofen in Form eines Baumstammes, ursprünglich vermutlich polychrom bemalt, tummeln sich Eichhörnchen, Vögel und Schlangen.

Der folgende Raum, den Maria Theresia angeblich als Schlafzimmer verwendete, ist als barocker Garten gestaltet, dessen Existenz bereits durch die im vorhergehenden Raum erwähnten Pfaue angedeutet wurde. An die Stelle der unberührten Natur tritt hier der geplante, konstruierte Barockgarten: Bäume und Hecken sind streng und exakt beschnitten, die Pflanzen wachsen nicht mehr wild, sondern in Töpfen, die wohlgeordnet auf Sockeln und Balustraden stehen. Zwischen den weiterhin exotischen Pflanzen- und Obstarrangements sind Gartenwerkzeuge als Zeichen der Domestikation der Natur eingestreut. Anstelle der antiken Steinportale treten nun filigrane Holzpavillons, die sowohl die Türen als auch die Fensternischen rahmen und in denen sich exotische Vögel und Tiere heimisch fühlen. Mit ihnen leben auch die für die Zeit so typischen Schoßhunde, Phalène genannt, von denen ein schwarzes und ein weißes Exemplar mit jeweils roten Halsbändern dargestellt ist.

Die an der vorderen Bildebene angeordneten Pavillons, die in den illusionistischen Barockgarten führen, zeigen eine ähnliche Gestaltung wie die realen Treillage-Pavillons in den beiden Kammergärten zu seiten des Schlosses. Im Gegensatz zum ersten Raum ist nun auch der Himmel nicht mehr „natürlich“ gestaltet, sondern mit bunten Blumengirlanden geschmückt.

Im letzten Raum der Sommerzimmer, dessen Funktion ungeklärt ist, wird der Eintritt in einen der Pavillons selbst suggeriert, der durch seine gemalten Öffnungen den Einbeziehungsweise Ausblick in unterschiedlichst gestaltete Alleen und Gartenparterres einer barocken Gartenanlage gewährt. Im Inneren mit Porzellanvasen und -tellern dekoriert, die zur gängigen höfischen Ausstattung gehörten, ranken sich um die Architekturglieder der Holzpavillons üppige Blumen- und Fruchtgirlanden. Die in den Bogenöffnungen wie hingestreut wirkenden Obstarrangements mit ihrem symbolischen Gehalt dienen wiederum der Gegenüberstellung von Macht – zu deren Repräsentation unter anderem auch der barocke Garten dient – und Vergänglichkeit.

Das Kronprinzen- und das Gisela-Appartement

Das Kronprinzen-Appartement mit seinen vier Räumen entlang der Ostfassade des Schlosses gestaltete Johann Bergl im Jahr 1774 mit illusionistischen Landschaften. Der kleinste Raum, der zum östlichen Kammergarten führt, wurde allerdings erst 1778 vollendet. Das Appartement wurde für Erzherzogin Elisabeth ausgestattet und der Auftrag an den Künstler erfolgte diesmal über das zuständige Hofbauamt. Der Kostenvoranschlag Bergls beinhaltete, die Zimmer mit Malereien „auf Americanisch, mit Landschaft Prospecte etwas leichter, als die vor jährign gemacht sind worden" zu versehen. Bergl wurde dem Mitbewerber Martin Steinrucker vorgezogen und begann unverzüglich mit den Arbeiten, die im Jänner 1775 abgeschlossen waren.

Anders als im Goëss-Appartement handelt es sich bei den Malereien um einheimische Landschaften, die jedoch weiterhin mit exotischen und antiken Versatzstücken bereichert sind. Bereits im Kostenvoranschlag deutete Bergl den veränderten Charakter der neuen Ausstattung an, die leichter, möglicherweise im Sinne von weniger „phantastisch und exotisch", sein sollten. Die Landschaftsdarstellungen sind in ihrer Idealität dem nordischen Charakter verhaftet – Seenlandschaften, die sich in unendliche Tiefe erstrecken und selbst durch einzelne Berge keine Grenzen erfahren. Die Landschaften greifen auch auf die Türöffnungen über, sie sind nicht mehr von gemalten Portalen als architektonischem Akzent in der Landschaft maskiert, sondern durch die Vegetation weitgehend unkenntlich gemacht. Architektonische Elemente, Draperien und Tiermotive sind willkürlich am vorderen Bildrand plaziert, Stadtveduten und Ruinenarchitekturen in die Tiefe der Landschaft eingestreut. Die Verschleifung der Raumgrenzen erfolgt jedoch nach wie vor mit exotischen Bäumen, deren Kronen in einen wenig bevölkerten Himmel überleiten.

Im Gegensatz zu diesen Landschaftsräumen zeigt der erst 1778 ausgeführte kleine Raum einen anderen Charakter. Die Türen sind von einer gemalten Portalarchitektur gerahmt und die flache Bildbühne mit Gartenobjekten wie einem Obelisken, einem Tempietto und einem Figurenbrunnen ausgefüllt. Die Illusion der offenen Landschaft ist – sicherlich auch bedingt durch die Maße des Raumes, der direkt in den Kammergarten führt – weitgehend reduziert.

Die Besonderheit der Räume liegt in der willkürlichen Zusammenstellung von einheimischer und exotischer Flora und Fauna, die wohl auch mit dem vorherrschenden enzyklopädischen Interesse in Zusammenhang steht. Im Jahr 1751 erschien die erste Enzyklopädie, die dem Hauptanliegen der Zeit – nämlich die Phänomene der Welt zu sichten und zu sammeln, zu ordnen und zu klassifizieren – Rechnung trug. Das Interesse richtete sich dabei auf das einzelne Phänomen selbst, die Beziehungen der einzelnen Phänomene zueinander waren hingegen von nachrangiger Bedeutung. In diese zeitgeschichtlichen Tendenzen sind möglicherweise auch die idealen Landschaftsmalereien Bergls einzuordnen, dem es dadurch möglich war, völlig unterschiedliche Motive in einem gemeinsamen Kontext – zum Beispiel den Flamingo in einer Schneelandschaft – darzustellen. Das Gisela-Appartement an der südwestlichen Gartenseite, das drei Räume umfaßt, wurde für Maximilian Franz, den jüngsten Sohn der Kaiserin, ausgestattet. Mit der Ausführung der illusionistischen Landschaften wurden den Quellen zufolge Johann Bergl und Martin Steinrucker beauftragt, wobei Bergl zwei der Räume und Steinrucker einen Raum „nach der St. Veit art" gestalten sollte. Die ausgeführten Landschaften sind gegenüber den kühl wirkenden des Kronprinzen-Appartements von heiterem Charakter geprägt.

In die weiten, tiefenräumlichen Landschaften sind orientalische Städte mit Moscheen und Palastanlagen eingebettet, am vorderen Bildrand antike Versatzstücke oder Baudenkmäler eingestreut. Exotische Motive aus Flora und Fauna sind zurückgedrängt und durch reale Naturausschnitte ersetzt. Die in den Jahren 1773/74 ausgestatteten Zimmer besitzen wundervolle, farbig gefaßte Keramiköfen, die stilistisch am Übergang vom Spätrokoko zum Frühklassizismus einzuordnen sind.

Die Landschaftsräume des Gisela-Appartements wurden nach der Zeit der Monarchie durch mangelnde Sorgfalt bei der Einleitung moderner Infrastruktur in schwere Mitleidenschaft gezogen. Eine geplante und der Qualität der Landschaftsmalereien adäquate sorgfältige Restaurierung soll diese Räume in nächster Zukunft in ihrer ehemaligen Pracht wieder herstellen.

„Spectacle müssen sein“: Das Schlosstheater

Die Habsburger entwickelten bereits im 17. Jahrhundert eine besondere Begeisterung für theatralische Darbietungen, an denen sie auch aktiv als Schauspieler teilnahmen. Zu dieser Zeit fanden Theateraufführungen in der Mehrzahl in den Parkanlagen der verschiedenen Lustschlösser oder in eigens für diesen Zweck dekorierten Innenräumen statt.

Der habsburgischen Tradition folgend, erhielt auch Maria Theresia schon als Kind Unterricht in Gesang und Tanz und erfreute gemeinsam mit ihrer Schwester Maria Anna die kaiserlichen Eltern mit Gesangsdarbietungen. Am Hof Karls VI. wurde Hausmusik gepflegt: Der Kaiser spielte Klavier, und die Töchter – Maria Theresia mit besonders wohlgebildeter Stimme – sangen.

Auch als Monarchin begeisterte sich Maria Theresia für das Theater, eine Leidenschaft, die sie mit ihrem Gemahl Franz Stephan teilte. Beide liebten die französische Komödie und die italienische Oper, darüber hinaus fand Franz Stephan aber auch an der deutschen Volkskomödie, das auch als Hanswursttheater bezeichnet wurde, großen Gefallen.

Im familiären Kreis standen Theateraufführungen regelmäßig auf dem Programm, bei denen die Kinder des Kaiserpaares und Mitglieder anderer Adelsfamilien in immer als solche bezeichneten „Dilettanten- oder Liebhaberaufführungen“ auf der Bühne standen. Die Theaterbegeisterung der kaiserlichen Kinder wurde nicht von allen goutiert, und so meinte Obersthofmeister Khevenhüller-Metsch, daß „... das Gemüt der Kinder von denen seriösen Übungen abgehalten und die natürliche Neigung zu Lustbarkeiten und eitlen Amusements zu sehr exitiret wird“.

In den Sommerschlössern Schönbrunn und Laxenburg sollten „private Hausbühnen“ ausschließlich für den Hof eingerichtet werden, während das Hofburgtheater und die Redoutensäle auch für die Allgemeinheit zugänglich waren, sofern sie der Hof nicht benötigte. Die bejahende Einstellung zum Theater, verbunden mit einem konkreten Bildungsanspruch für die Allgemeinheit, äußerte Maria Theresia dem Hoftheaterdirektor gegenüber im Jahr 1759 mit folgendem Ausspruch: „Spectacle müssen sein, ohnedem kan man nicht hier in einer solchen großen residenz bleiben.“

Erst zur Zeit Maria Theresias wurde es üblich, eigene, in die Schloßanlagen integrierte Theaterhäuser zu errichten. Für Theateraufführungen standen bis dahin nur geeignete Plätze in den Gärten oder größere Räume in einem Schloß zur Verfügung. Selbst Versailles erhielt erst 1770 mit der „Opera“ ein eigenes feststehendes Theater.

Das Schönbrunner Schloßtheater, das kurz nach 1745 erbaut und zwei Jahre später eröffnet wurde, ist das älteste erhaltene Theater Wiens. Es wurde im Zuge der ersten Umbauphase an der Nordecke des westlichen Traktes der ehemaligen Stallungen in Form eines italienischen Logentheaters vermutlich von Nikolaus Pacassi errichtet. Bei der um 1745 datierten Ansicht Salomon Kleiners mit dem projektierten Umbau Schönbrunns zu einem Residenzschloß weisen die beiden Ehrenhoftrakte an der jeweiligen Nordecke lediglich einen Innenhof auf. Aufgrund der Genauigkeit dieser Darstellung ist anzunehmen, daß das Theater ursprünglich nicht geplant war und daß hier eine plötzliche Entscheidung gefallen sein muß, um dem Bedürfnis der kaiserlichen Familie nach einem geeigneten Ort für Theaterdarbietungen zu entsprechen. Das kuppelbekrönte Theater ist auf dem vier Jahre später datierten Stich Nicolais bereits vorhanden.

Mit einer Vorstellung der französischen Komödie *Le dissipateur* im „neuen theatro zu Schönbrunn“ anläßlich des Namenstages von Franz Stephan am 4. Oktober 1747 wurde das Theater eröffnet.

Dem Typus des italienischen Logentheaters entsprechend, zeigt der Grundriß des Theaters einen eiförmigen Kern mit Galerien und Logen, die als kuppelbekrönte Pavillons ausgeführt wurden. Im Parterre befanden sich auf einem Podest die Sitzgelegenheiten für die kaiserlichen Majestäten, dahinter waren mehrere Bankreihen für hochgestellte Persönlichkeiten aufgestellt.

In der einzigen Galerieetage befand sich direkt gegenüber der Bühne eine Mittelloge, die Khevenhüller-Metsch in seinen Tagebüchern als „Rondell“ bezeichnete, begleitet von kleineren Seitenlogen. In der Regel nahmen dort die Kinder des

Kaiserpaares mit ihren Erziehern Platz, sofern sie nicht selbst auf der Bühne agierten.

Das Proszenium, zwei weitere kleine Logen direkt neben der Bühne, war für Kammerleute und Hofbedienstete bestimmt.

Gleichzeitig mit dem Theater wurde das Eingangsfoyer als quadratischer, von einer Laterne bekrönter Kuppelraum errichtet, das im gegenüberliegenden östlichen Ehrenhoftrakt ein entsprechendes Pendant erhielt. In beiden Trakten ist diese Eingangshalle durch mächtige Wandpfeiler gegliedert, die durch ihre Schrägstellung in den Kuppelraum überleiten. Zwischen den Wandpfeilern befinden sich zweigeschossige Arkaden oder Öffnungen, die auf Konsolen ruhen. Der Plafond ist als durchbrochene Schirmkuppel gestaltet, die einen Einblick auf die darüberliegende Kuppelebene mit Deckenmalereien – ein von Fasanen und Vögeln bevölkerter Himmel – gewährt.

In den Jahren 1766/ 67 kam es zu einem Umbau des Theaters nach Plänen des späteren Hofarchitekten Johann Ferdinand Hetzendorf von Hohenberg, der in der Folge auch für eine ganze Reihe von Veränderungen im Schloß und für die Umgestaltung des Gartens in den 1770er Jahren verantwortlich war. Bei diesem Umbau wurden zwar Größe und Raumform des Theaters beibehalten, der Zuschauerraum jedoch als Balkontheater in der stilistischen Nachfolge der aus Bologna stammenden Künstlerfamilie Galli-Bibiena verändert.

Anstelle der Galerien und Proszeniumslogen errichtete Hohenberg eine zentrale Kaiserloge mit Annexräumen und seitlichen Galerien. Von den jeweils drei Zugängen zu den Galerien sind auf jeder Seite nur die beiden ersten zur Bühne liegenden Türen tatsächlich benutzbar, weil es sich bei den anschließenden letzten um gemalte Scheintüren handelt.

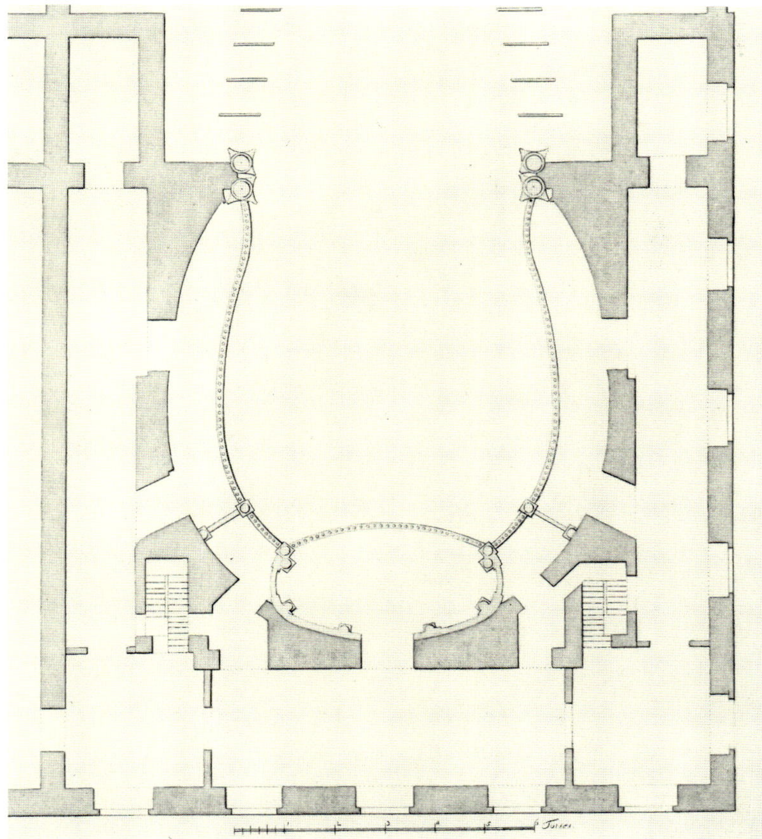

Grundriß des Schönbrunner Schloßtheaters nach dem Umbau von Johann Ferdinand Hetzendorf von Hohenberg.
Kolorierter Kupferstich von Carl Schütz. Um 1772/75

Der erste Rang mit den seitlichen Galerien erhebt sich über weit ausladenden Konsolen und im Bereich der Kaiserloge über Wandpfeilern. Über der Kaiserloge ist ein weiterer Rang mit einer Galerie und seitlich je drei kleinen Balkonen auf Konsolen ausgeführt.

Die Gliederung des Zuschauerraumes erfolgt durch eine plastische und gemalte ionische Pilasterordnung mit gemalten Rundgiebeln; die Mittelloge ist von Säulen und Pilastern gerahmt. Logen, Galerien und Balkone sind mit Balustraden versehen. Die Bühne ist von einer mächtigen Ädikula eingefaßt, einem aus ionischen Säulen und mit Dreiecksgiebel gebildeten Rahmen, wobei der Giebel gemalt und mit einem plastischen kaiserlichen Wappen betont ist.

Die Flachdecke des Theaterraumes ist durch Illusionsmalerei als eine zum Himmel geöffnete Kassettendecke gestaltet. Die Figuren, die den Himmel bevölkern, verkörpern die Künste, Wissenschaft und Reichtum, die mit einem Horn ausgestattete Figur der Fama kündet den Ruhm Maria Theresias. Die Putten mit Lusterschnüren in der Hand waren ursprünglich um die fünf Kerzenluster gruppiert.

Der Theaterumbau, bereits mit stark anklingenden frühklassizistischen Elementen versehen, brachte auch eine Veränderung der Sitzordnung mit sich. Die „allerhöchsten Herrschaften“, wie die kaiserliche Familie allgemein bezeichnet wurde, wechselten vom Parterre in die erhöhte Mittelloge. Sie

Das Schloßtheater
Oben: **Deckenfresko von**
Johann Ferdinand Hetzendorf von Hohenberg

Blick auf die Bühne:
der Eiserne Vorhang mit einer Darstellung des
Obeliskentores und der Schloßfassade

waren nun nicht mehr für alle sichtbar und hatten darüber hinaus selber bessere Sicht auf die Bühne, verbunden mit einer besseren Akustik. Der Zugang erfolgte vom Foyer aus über mehrere kleine, mit gemaltem Rocaille-Dekor versehene Räume.

Das Schönbrunner Schloßtheater blieb nach der Epoche Maria Theresias weitgehend unverändert. Es wurden lediglich Erhaltungsarbeiten durchgeführt und im Jahr 1873 die bühnentechnischen Einrichtungen und die Dekorationen erneuert. Im Zuge dieser Arbeiten wurde eine Gasinstallation für die Beleuchtung der Bühne vorgenommen, während die des Zuschauerraumes nach wie vor mit Kerzen erfolgte. Die Elektrifizierung der gesamten Theaterbeleuchtung war um 1900 abgeschlossen.

DIE NEBENGEBÄUDE

Zur Versorgung des kaiserlichen Hofes waren die einzelnen Hofämter als Dienstleistungsunternehmungen organisiert, und auch das den Ämtern unterstellte Dienstpersonal mußte vor Ort untergebracht werden.

Um 1750 war die erste große Umbauphase in Schönbrunn abgeschlossen, und das Schloß konnte als Sommerresidenz mit allen dafür notwendigen Einrichtungen benutzt werden. Spätestens zu diesem Zeitpunkt mußten die zahlreichen Nebengebäude zur Unterbringung des Hofstaates mit seinen zirka eintausend Personen, die den weitverzweigten Hofdiensten angehörten, bestanden haben. Planung und Ausbau der Nebengebäude erfolgte ebenso wie der Umbau des Schlosses unter der Leitung von Nikolaus Pacassi.

Während der Zeit der Monarchie wurden die Nebengebäude nur geringfügig verändert, erst danach, ab 1918, bestimmte man sie für verschiedenste Neunutzungen. (Das Hauptaugenmerk wurde dabei wegen der enormen Nachfrage nach Kriegsende auf die Schaffung von Wohnungen gelegt, wobei die ehemaligen Einrichtungen der „Hofoffizien" beseitigt wurden. Heute ist es in der Mehrzahl nur mehr aufgrund der tradierten ehemaligen Bezeichnungen der einzelnen Gebäudetrakte möglich, ihre ursprüngliche Funktion zu bestimmen.)

Der hohe Personalstand des Hofstaates machte den Ausbau der Nebengebäude notwendig, um die Hofbediensteten ihrem Rang und ihrer Funktion entsprechend unterzubringen. Die Kutscher waren in der Nähe ihrer Fahrzeuge und Pferde einquartiert, Handwerker wohnten bei ihren Werkstätten, Gärtner bei den Glashäusern und die Wachen bei den Einfahrten und Toren. Auch Zwischen- und Obergeschoß des Schlosses selbst wurden vom Hofpersonal bewohnt, wenn dieses persönliche Dienste für die kaiserliche Familie zu verrichten hatte.

Die den Ehrenhof zu beiden Seiten umschließenden ehemaligen Marställe Fischers von Erlach wurden als zweigeschossige Gebäudetrakte umgebaut. Das Erdgeschoß dieser Kavaliertrakte beherbergte auf der Meidlinger Seite Wirtschaftsräume sowie Magazine und auf der Hietzinger Seite die Unterkünfte für die Kuriere, während das Obergeschoß für die Bewohnung durch das adelige Hofpersonal bestimmt war.

In den beidseitig an die Kavaliertrakte anschließenden Bauten, die den Ehrenhof nordseitig begrenzen, waren die Garden – für die Bewachung des Obeliskentores zuständig – untergebracht. Der flachgedeckte Baukörper dieser Gardetrakte aus der Zeit Fischers von Erlach blieb bis heute weitgehend unverändert erhalten; die ehrenhofseitigen Arkadengänge und die schlichte Fassadengliederung gehen auf Pacassi zurück.

Nach Ost und West liegt hinter den Kavaliertrakten je ein zweigeschossiger Vierflügelbau um einen quadratischen Hof. Die am straßenseitigen Nordflügel und am Südflügel ausgeführten Mittelrisalite werden von Durchfahrten flankiert, die einst eine vom Ehrenhof unabhängige Erschließung dieser Bereiche ermöglichten. Die wenige Jahre später hineingestellten „Viereckl" dienten ursprünglich als Remisen für Pferde und Kutschen des Hofpersonals.

Die Anbindung an die benachbarten Trakte im Osten und Westen erfolgt jeweils durch offene Arkaden, über denen im Obergeschoß die Verbindungsgänge liegen. Die rustizierten Fassaden sind durch glatte Lisenen gegliedert und die heute teilweise vermauerten Eingänge durch steinerne Rundbogenportale betont. Die Durchfahrten sind entweder als Pfeileröffnungen mit geradem Abschluß oder als Korbbogenarkaden gestaltet, die Pfeilerschäfte in der Mitte durch Faschen betont.

Zu den Meidlinger Nebengebäuden zählen der Hofküchentrakt und das Zuckerbäckerstöckl, in denen die Hofküchen untergebracht waren. Generell war die Versorgung des Hofes in den weniger gut ausgestatteten Lustschlössern problematisch, und ähnlich wie das Mobiliar zur Einrichtung der kaiserlichen Appartements mußten auch Küchen- und Tafel-

DER HOFSTAAT

Das alltägliche Leben im Schloß war nicht nur durch die Anwesenheit der kaiserlichen Familie, sondern auch von der des Hofstaates geprägt. Der Hofstaat setzte sich aus den Personen zusammen, die im Dienst des Kaisers standen, im Hauswesen und in der Hofhaltung beschäftigt waren, und aus jenen, die nur zeremonielle Dienste zu leisten hatten. Die Ämter und Dienste des Hofstaates waren organisch in den vier obersten Hofstäben zusammengefaßt. Dazu zählten das Obersthofmeisteramt, das Oberstkämmereramt, das Obersthofmarschallamt und das Oberststallmeisteramt.

Die Chefs dieser Ämter, die „Obersten Hofchargen", waren nach der Hofordnung aus dem Jahr 1527 die wichtigsten Personen des Hofstaates, daher wurden diese Funktionen ausschließlich an Adelige aus den angesehensten und einflußreichsten Familien vergeben.

Der Obersthofmeister war der oberste Beamte des Hofes. Seine wichtigste Aufgabe bestand darin, einen reibungslosen Ablauf des Hoflebens zu garantieren. Er beaufsichtigte die gesamte Hofdienerschaft und wachte gemeinsam mit dem Hofmarschall über die Einhaltung der erlassenen Instruktionen. Bei offiziellen Anlässen hatte er repräsentative und zeremonielle Aufgaben zu übernehmen.

Der Oberstkämmerer war für das geistige und leibliche Wohl des Kaisers zuständig und mußte sich daher ständig in der Nähe des Herrschers aufhalten – er war für den reibungslosen Ablauf des Alltags des Monarchen verantwortlich. Ihm unterstanden Beichtväter, Leibärzte und Lakaien ebenso wie die Verwaltung der kaiserlichen Sammlungen, des habsburg-lothringischen Hausschatzes und die kaiserliche Privatkasse. Die Kämmererwürde war durch die ständige Nähe zum Herrscher ein von Adeligen begehrter Ehrentitel; als sichtbares Zeichen dieser Würde wurde der Kämmererschlüssel getragen.

Der Obersthofmarschall hatte für Sicherheit und Ordnung am Hof zu sorgen. Als „Quartiermeister" kam ihm auch eine wichtige Rolle beim Empfang von hochrangigen Gästen zu, er hatte das Zeremonialprotokoll auszuarbeiten und den jeweiligen Empfang zu organisieren.

Dem Oberststallmeister unterstanden der Hofmarstall, die Sattel- und Rüstkammer, die Wagenburg sowie die Reitschulen und die Hofgestüte. Der Oberststallmeister spielte bei Feierlichkeiten eine besondere Rolle, da er für die Ausstattung der prächtigen Gala-Wagen und Pferde verantwortlich war, die wesentlich zum Bild eines offiziellen Ereignisses beitrugen.

geräte aus den in der Hofburg zentralisierten Hofwirtschaften mitgenommen werden.

In Schönbrunn waren zumindest entsprechende Räumlichkeiten und Einrichtungen vorhanden, um die aufwendige Speisenzubereitung für die Hoftafel zu ermöglichen. Um die Feuergefahr zu reduzieren und eine Geruchsbelästigung zu vermeiden, war es üblich, die Hofküchen in einiger Entfernung vom Schloß unterzubringen. Die Speisen wurden in den Hofküchen zubereitet und dann mit „Werkeln" ins Schloß transportiert. Bei diesen handelte es sich um tragbare, mit Blech ausgekleidete Holzkästen, die mit einer Lade für glühende Holzkohlen ausgestattet waren. Die Kästen waren durch eiserne Flügeltüren verschließbar, im Inneren befand sich über der Kohlenlade ein Rost, auf dem Töpfe, Kasserollen und Schüsseln plaziert und so die Speisen warm gehalten wurden.

Gegenüber dem Hofküchentrakt und dem Zuckerbäckerstöckl konnten im Keller im Kronprinzengarten sowie in einer Eisgrube im östlichen Gartenbereich an der heutigen Grünbergmauer die Lebensmittel gelagert werden. Der Bedarf an Obst und Gemüse wurde aus den Gewächshäusern und aus der Orangerie gedeckt.

An der Nordseite der Orangerie wurden entlang des Finsteren Ganges kleine Unterkunftsräume für das niedriggestellte Hofpersonal, deren Witwen und Waisen eingerichtet. Den östlichen Abschluß der Meidlinger Seitengebäude bilden Schlosserhof und Apothekertrakt, in dem bis in die 1950er Jahre eine Apotheke untergebracht war.

Die Hietzinger Nebengebäude waren vermutlich für die Dienstbereiche des Oberststallmeisteramtes reserviert, worauf die Namensgebung der Trakte und Höfe schließen läßt.

Die ehemalige Winterreitschule wurde im Jahr 1922 für eine museale Nutzung umgebaut. Seither als Wagenburg be-

Die Wagenburg

Gegenüberliegende Seite: **Die Säulenhalle des ehemaligen Reitstalles, die heute als Depot für die ehemaligen kaiserlichen Luxuskarossen dient.**

Die Wagenburg
Museum für den ehemaligen kaiserlichen Fuhrpark

Oben: **Der Imperialwagen aus der Mitte des 18. Jahrhunderts**
Unten: **Allegorien am Imperialwagen von Franz Xaver Wagenschön. 1763**

zeichnet, beherbergt der Bau die berühmte Sammlung von Karossen, Wagen, Schlitten und Sänften des Kaiserhauses und des Hochadels. Unverändert blieb der zur Wagenburg parallel liegende Reitstalltrakt, eine von Pacassi um 1750 errichtete dreischiffige Säulenhalle. Die kleinen Verbindungstrakte umschließen den Schmiedhof und stellen die Verbindung mit dem Hietzinger Vierflügelbau her, der im Erdgeschoß des Westflügels den Leibstalltrakt und im Obergeschoß vermutlich die Wohnungen für die Bereiter beherbergte.

Die Nebengebäude waren schon zur Zeit Maria Theresias mit hygienischen Einrichtungen wie Abtritten versehen, die über Abfallstränge mit den am Schloßareal angelegten Senkgruben verbunden waren. Die kaiserliche Familie selbst benutzte das für die Zeit übliche Sanitärgeschirr in Form von Leibstühlen. Erst im 19. Jahrhundert wurden auf einzelne persönliche Initiativen, darunter jene Erzherzogin Sophies und Kaiserin Elisabeths, englische Wasserklosetts installiert.

Für Gerard van Swieten, den Leibarzt Maria Theresias, wurde zwischen 1754 und 1765 das Kaiserstöckl beim Hietzinger Eingang zum Schloßgarten errichtet. Der dreigeschossige frei stehende Bau umschließt mit seinen vorschwingenden Seitenrisaliten einen kleinen ovalen Ehrenhof. Das Erdgeschoß ist durch große Rundbogentüren geöffnet, die Rundbogenfenster in der Nobeletage sind mit Dreieck- und Rundgiebeln überdacht. Die Gartenfassade mit einem flachen Mittelrisalit weist einen mächtigen erneuerten Steinbalkon auf.

Im Inneren beherbergt der Mitteltrakt zwei durch Pfeilerarkaden verbundene Säle, im linken Seitenrisalit führt eine vierläufige Treppe in die Räume der Nobeletage, die mit reichen Rokoko-Stuckdekorationen ausgestattet sind.

Das Kaiserstöckl wurde nach dem Tod van Swietens im Jahr 1772 von Staatskanzler Kaunitz bewohnt. Im 19. Jahrhundert diente es auch als Sommerresidenz für Fürst Clemens Lothar Metternich, der zur Zeit Franz' II./I. und seines Sohnes Ferdinand I. das Amt des Außenministers und Staatskanzlers ausübte. In der Funktion als Sommerresidenz sollte der Bau bis zum Ende der Monarchie den Außenministern zur Verfügung stehen. Danach wurde das Kaiserstöckl zunächst als Kaffeehaus vermietet, bis man im Jahr 1929 das Postamt Hietzing installierte, das auch heute noch in diesem Gebäude untergebracht ist.

WAGENBURG & SCHLOSSTHEATER NACH 1918

Im Jahr 1922 wurde in der ehemaligen und provisorisch adaptierten Winterreitschule die Wagenburg eingerichtet, um die Wagen und Schlitten, Sänften und Tragsessel, Geschirre und Schabracken der ehemaligen k.u.k. Hofwagenburg, einst im Hofstallgebäude beheimatet, in einer Schauhalle und angeschlossenen Depots unterzubringen. Nach den im Zweiten Weltkrieg verursachten und zuerst nur notdürftig behobenen Schäden erfolgte um 1970 ein nahezu vollständiger Neubau, um das Ausstellungsareal zu vergrößern. Der einstige „Fuhrpark" des Wiener Hofes umfaßt Prunkfahrzeuge aus mehreren Jahrhunderten, darunter die Gefährte des Barock und Rokoko, wobei der Imperialwagen zu den besonderen Prunkstücken zählt. Weiters gehören zu dieser Sammlung die Wagen der Biedermeierzeit, die dem Klassizismus oder dem Empire stilistisch zugeordneten Gefährte sowie die zahlreichen der franzisko-josephinischen Epoche. Neben diesen Meisterwerken des Wiener Wagenbaues sind auch drei Pariser Fahrzeuge, darunter der berühmte Kinderwagen des Königs von Rom, in der Sammlung vertreten, ergänzt durch Jagdwagen, Schlitten, Leichenfahrzeugen und dem großen kaiserlichen Reisewagen.

Auch für das Schloßtheater, das 1921 wegen feuer- und sicherheitspolizeilicher Mängel geschlossen werden mußte, strebte man eine adäquate Neunutzung an. Nach dem 1924 erfolgten Umbau wurde das Theater dem 1929 gegründeten und als Schauspielschule bald weltberühmten Max-Reinhardt-Seminar als Probebühne zur Verfügung gestellt. In den Jahren 1979/80 wurden die 1924 erfolgten Veränderungen wieder rückgängig gemacht – das originale Bühnenportal wurde wieder hergestellt –, die bühnentechnischen Einrichtungen jedoch auf einen zeitgemäßen Stand gebracht. Seit 1939 finden hier auch Proben und Aufführungen der Opernabteilung der heutigen Universität für Musik und darstellende Kunst statt.

DIE KAISERLICHE FAMILIE

Maria Theresia und Franz I. Stephan freuten sich über ihre nahezu jährlich wachsende Kinderschar, die das Leben am Hof durch jugendliche Heiterkeit, Lebensfreude und vielleicht auch durch ein gewisses Maß an Ungezwungenheit prägte. Der Wiener Hof galt um 1760 als einer der reizvollsten Europas. Prinz Albert von Sachsen, der spätere Schwiegersohn Maria Theresias, schrieb bei seinem ersten Besuch über die kaiserliche Familie: „Es gibt kaum etwas reizenderes zu sehen, als die lange Reihe der Familie, wenn sie ihren erlauchten Eltern bei den öffentlichen kirchlichen Zeremonien folgt."

Maria Theresia gebar innerhalb von zwanzig Jahren – zwischen ihrem 20. und 39. Lebensjahr – sechzehn Kinder, von denen vier Söhne und sechs Töchter das Erwachsenenalter erreichten. Zwei Kinder starben bald nach der Geburt, die älteste Tochter im Kleinkindalter, zwei Mädchen und der angebliche Lieblingssohn Karl Joseph im Jugendlichenalter.

Die Monarchin liebte ihre Kinder sehr, die reiche Nachkommenschaft war aber auch mit der verantwortungsvollen und schwierigen Aufgabe verbunden, die Kinder standesgemäß zu versorgen und darüber hinaus mit klugen Verehelichungen die dynastischen Ideen zur Sicherung des Reiches zu verwirklichen. Maria Theresia betrieb daher mit ihren Kindern eine gezielte Heiratspolitik, der sich alle – mit Ausnahme von Marie Christine – zu fügen hatten.

Die zahlreichen Briefe der später an verschiedenen Fürstenhöfen Europas lebenden Kinder geben Zeugnis davon, daß die mütterliche Sorge um deren Wohl nicht immer geschätzt wurde und die Liebe nicht immer eine gegenseitige war. Noch im Erwachsenenalter und weit vom Wiener Hof entfernt, fürchteten die meisten Kinder ihre dominante und resolute Mutter – ebenso, wie sie diese achteten.

War schon die Kinderschar des Kaiserpaares zahlreich, so war die Schar der Enkelkinder noch größer, vor allem bei den in Italien verheirateten Söhnen und Töchtern, die den bis heute weitverbreiteten Familienstamm des Hauses Habsburg-Lothringen begründeten.

Nachdem Maria Theresia den Umbau Schönbrunns zu ihrer Sommerresidenz beschlossen hatte, waren sie als Bauherrin und Pacassi als Architekt mit der Tatsache konfrontiert, daß jede Geburt eines weiteren Kindes mit steigendem Platzbedarf verbunden war. Die Kleinkinder mit ihrem persönlichen Bedienungspersonal, bestehend aus einer Kammerfrau, zwei bis drei Kammerdienerinnen und einem „Kammermensch" (Kammerfräulein), konnten noch weitgehend unproblematisch im Zwischengeschoß untergebracht werden. Der Raumbedarf stieg jedoch spätestens zu dem Zeitpunkt, wenn zusätzlich der obligate Ajo (ein männlicher Erzieher) für die Knaben beziehungsweise die Aja für die Mädchen, mehrere Lehrer und ein eigener Beichtvater bestellt wurden, die dann später bei der Gründung eines eigenen Hofstaates neue Aufgaben und Funktionen übernahmen.

Im Jahr 1754 setzte sich der Hofstaat für den dreizehnjährigen Thronfolger Joseph aus 32 Personen zusammen, wobei der ehemalige Ajo Carl Graf Batthyány nun das Amt des Obersthofmeisters übernommen hatte und die ehemaligen Lehrer als Kabinettssekretäre dienten.

Bis zum Ausbau des Westflügels – den offensichtlich die Bestellung des Hofstaates für Joseph erforderlich machte – waren die Kinder im Zwischengeschoß des Ostflügels untergebracht, in das Maria Theresia ohne große protokollarische Vorschriften über die Schneckenstiege gelangte.

Maria Theresia und Franz Stephan waren keine Anhänger der strengen höfischen Etikette nach den Regeln des spanischen Hofzeremoniells, und während der Aufenthalte in Schönbrunn bevorzugten beide – sowohl im Familienkreis als auch bei den offiziellen Anlässen und Besuchen – eine gelockerte Atmosphäre. Mußte bei einem offiziellen Anlaß das Protokoll strikte eingehalten werden, so standen dafür die kaiserlichen Appartements in der Hofburg zur Verfügung.

Trotz des gelockerten Zeremoniells, verbunden mit gelockerten Kleidungsvorschriften, war das höfische Leben im Tages- wie im Jahresablauf minutiös geregelt. Galatage, Kirchen-, Hof- und auch die Toisonfeste (das feierliche Zusammentreffen der Ritter des Goldenen Vlieses) wurden im *Kayser-Königlichen Hof- und Ehren-Calender* festgehalten.

Schon beim Regierungsantritt versuchte Maria Theresia mit ihrem Vertrauten und Mentor Emanuel Graf Silva-Tarouca einen persönlichen Tagesplan zu entwerfen, um sich Regierungsgeschäften und der Familie gleichermaßen widmen zu können. Der Tag der jungen Monarchin sollte um halb sechs Uhr früh beginnen, bis zur Mittagstafel standen neben dem Besuch der Messe der Vortrag der Kabinettssekretäre und Minister sowie Audienzen auf dem Programm. Vor der Tafel wollte sich Maria Theresia noch eine Stunde den Kindern widmen. Das für zwei Stunden anberaumte Mittagessen war

Links: **Franz I. Stephan und Maria Theresia im Kreise der Familie.** Gemälde von Martin van Meytens. Um 1754/55
Rechts: **Die Erzherzoginnen Maria Anna, Maria Christine und Maria Elisabeth auf einem Hermelin.**
Gemälde von Martin van Meytens. Um 1745

in Gesellschaft ihrer Hofdamen oder ihres Gemahls geplant und dazu bestimmt, entweder Unterhaltung oder Ruhe zu genießen. Der Nachmittag war der Lesung und dem „todten officium", dem Totengedenken, gewidmet, anschließend bis sechs Uhr abends neuerlich mit Schreibarbeit und Audienzen ausgefüllt. Nach der obligaten Rosenkranzandacht begann offensichtlich der private Alltag der Kaiserin mit „schreiben, conversirn, spaziren, spielle, amusante lectures".

Weniger dicht eingeteilt war der Tagesablauf Franz Stephans, wie aus den Aufzeichnungen Podewils bereits bekannt ist: „... Gewöhnlich speist er mit der Kaiserin-Königin. Nach dem Mittagessen spielt er Billard. Abends kommt er zum Pharaospiel ... Jagd und Schauspiel scheinen ihn am meisten zu unterhalten." Wohl kaum ausgelastet, konnte der Kaiser seinen persönlichen Interessen und Neigungen nachgehen, die neben den Naturwissenschaften und einer intensiven Sammeltätigkeit auch in seinen außerehelichen Liebschaften lagen, die regelmäßig zu Eifersuchtsszenen führten. Nicht grundlos gab Maria Theresia ihrer Kammerfrau den eindringlichen Rat: „Laß dich warnen und heirathe ja nie einen Mann, der nichts zu tun hat."

Obwohl von den Regierungsgeschäften vollkommen in Anspruch genommen, kümmerte sich Maria Theresia gemeinsam mit ihrem Gemahl um ein intaktes Familienleben, das weniger höfisch, sondern viel mehr bürgerlich geprägt war. Die Eltern hielten ihre Kinder an, gute Kontakte miteinander zu pflegen, und Maria Theresia trug auch später, als die Geschwister bereits an entfernten Höfen lebten, maßgeblich dazu bei, daß sie einander besuchten und stützten.

Gemeinsames Anliegen des Kaiserpaares war eine angemessene Erziehung der Kinder. Das dazu bestellte Personal erhielt genaue, von den Eltern ausgearbeitete Instruktionen; selbst die Stundenpläne stellten sie gemeinsam zusammen. Was den Erziehungsfortschritt der Kinder betraf, wurden regelmäßig Konferenzen einberufen, an denen neben den Eltern alle Lehrer, der jeweilige Ajo und häufig auch der Kanzler Kaunitz teilnahmen. Maria Theresia forderte vom Lehr- und Erziehungspersonal, auf die Kinder einzugehen, auf ihre charakterlichen Eigenheiten und ihre besonderen Talente zu achten. Danach sollte der Unterricht so gestaltet werden, daß er für die Zöglinge interessant wurde.

Auch die Auswahl des Erziehungspersonals lag in den Händen der Eltern, und es schien ihnen oft schwierig, geeignetes Personal, das ihren Anforderungen entsprach, zu finden wie auch zu behalten. So wurde zum Beispiel die Aja der Tochter Maria Amalia ihres Postens enthoben, weil sie zu streng war, obwohl Maria Theresia selbst Gehorsam als eine der wichtigsten Tugenden propagierte.

Als Erziehungsgrundlage diente der allseits geschätzte *Fürstenspiegel*, der – für adelige Kinder verfaßt – praktische Ratschläge und klar definierte Erziehungsziele bereithielt. An oberster Stelle stand die Charakterbildung, die auch für Maria Theresia von großer Bedeutung war, schließlich sollten ihre Söhne zu guten Regenten ausgebildet werden. Die Wissensvermittlung als nächstes Ziel umfaßte neben der Allgemeinbildung auch Spezialwissen, das gewissermaßen auf die zukünftige

Links: **Maria Theresia im pelzbesetzten Kleid.** Pastell auf Pergament von Jean-Étienne Liotard. 1743
Mitte: **Franz Stephan von Lothringen.** Pastell auf Pergament, Jean-Étienne Liotard zugeschrieben. Um 1743
Rechts: **Die drei älteren Söhne des Kaiserpaares Joseph (Mitte), Karl Joseph (rechts) und Leopold (links) als Regimentsinhaber.** Gemälde von Martin van Meytens. Um 1753/55

Laufbahn des Zöglings ausgerichtet war. So erhielt zum Beispiel Maria Antonia als zukünftige französische Königin eine sorgfältige Ausbildung in Tanz und Etikette, weil man wußte, daß am Hof zu Versailles darauf besonderer Wert gelegt wurde.

Bei den Söhnen sollte auch die militärische Ausbildung nicht zu kurz kommen, der Maria Theresia besondere Beachtung schenkte. Enttäuscht mußte sie feststellen, daß sich diese nur mäßig bis gar nicht für militärische Angelegenheiten interessierten, obwohl sie alle bereits im Alter von fünf oder sechs Jahren zu Regimentskommandanten ernannt wurden.

Schulunterricht erhielten die Kinder in zwei Abschnitten: den ersten im Alter von sieben bis vierzehn Jahren, in dem die Grundlagen unterrichtet wurden. Religionsunterricht erhielten sie allerdings schon zwei Jahre zuvor, hinzu kamen dann die Fächer Lesen und Schreiben, Latein, Fremdsprachen, Geschichte, Geographie, Feldmessung, Kriegsbaukunst, Mathematik, Musik, Tanz und Leibesübungen. Der zweite Abschnitt, der zwischen vierzehn und siebzehn Jahren absolviert wurde, war den höheren Studien gewidmet und umfaßte Metaphysik, Logik, Rhetorik, Mathematik, Rechtsstudien, Geschichte und Sprachunterricht.

Neben diesen Disziplinen erhielten die Söhne und Töchter auch Unterricht in Musik und Tanz; bei den Mädchen stand die Gesangsausbildung im Vordergrund, die Burschen lernten Instrumente zu spielen. Zeichnen und Malen stand ebenfalls auf dem Stundenplan der kaiserlichen Kinder, wobei vor allem die Töchter besonderes Talent zeigten. Als Zeichenlehrerin wurde Gabriele Beyer-Bertrand bestellt, deren Vater als Gartenkünstler zum Hofstaat Franz Stephans gehörte. Die Kinder verfertigten gemeinsam mit dem ebenfalls talentierten Vater zahlreiche künstlerische Arbeiten, die auch für die Ausstattung der kaiserlichen Räume in Schönbrunn verwendet wurden.

Der Unterrichtsstoff war umfangreich und kaum zu bewältigen, so daß auch die Kinder mit ihrem Tagesprogramm von früh bis spät beschäftigt waren. Erst am Abend traf die Familie zusammen, um diesen bei Spiel und Tanz gemeinsam zu verbringen.

Natürlich kam es bei den Kindern zu ständigen Streitereien und Eifersüchteleien, da Maria Theresia sie keineswegs gleich behandelte, sondern ihre Lieblingskinder bevorzugte. Franz Stephan dagegen war derjenige, der den Kindern ohne Unterschied Güte und Herzenswärme entgegenbrachte – ständig bemüht, eine harmonische Atmosphäre innerhalb der Familie herzustellen. Er war es auch, der die von der Mutter benachteiligten Kinder förderte und vor den Querelen mit den Geschwistern schützte.

Die älteste Tochter, Maria Anna (1738–1789), die von Geburt an leicht verwachsen und sehr kränklich war, fühlte sich besonders zum Vater hingezogen, mit dem sie auch das naturwissenschaftliche Interesse teilte. Zudem zeichnete sie wie der Vater gut und war auch im Theaterspielen sehr begabt.

Marie Christine (1742–1798) war die Lieblingstochter der Mutter, die sie liebevoll Mimi nannte. So wurde die Erzherzogin auch von ihrer Schwägerin Isabella von Parma, der Gemahlin Josephs, genannt. Aufgrund des Briefwechsels zwischen den beiden jungen Damen, von dem die an Marie Chri-

Links: **Maria Anna.** Gemälde des „Meisters der Erzherzoginnenportraits". Um 1765
Mitte: **Maria Christine.** Gemälde des „Meisters der Erzherzoginnenportraits". Um 1765
Rechts: **Nikolobescherung.** Gouache von Marie Christine. 1760

stine adressierte Hälfte erhalten ist, drängt sich die Vermutung auf, daß eine leidenschaftliche gleichgeschlechtliche Liebesbeziehung bestand, die vom Hof vertuscht wurde. Die jungen Frauen jedenfalls verband darüber hinaus auch die Liebe zur Kunst, und an der Gestaltung des Porzellanzimmers sollen sie gemeinsam beteiligt gewesen sein.

Marie Christine war die einzige, die von der Heiratspolitik ausgenommen war und die mit der Hilfe Maria Theresias den Mann ihrer Wahl, nämlich den kaum vermögenden Albert von Sachsen-Teschen, den späteren Begründer der Graphischen Sammlung der Albertina in Wien, heiraten durfte. Aufgrund dieser Bevorzugung wurde sie von den Geschwistern beneidet und nahezu aus der geschwisterlichen Gemeinschaft ausgeschlossen. Die Lieblingstochter der Kaiserin war die künstlerisch talentierteste der Familie, und im Jahr 1776 wurde sie sogar zum wirklichen Mitglied der renommierten Künstlerakademie San Luca in Rom gewählt. Sie schuf zahlreiche Portraits der Familienmitglieder und auch die berühmten Genrebilder, in denen das häusliche Glück der kaiserlichen Familie nach bürgerlichem Ideal vor Augen geführt werden sollte. Dabei handelt es sich um Kopien nach holländischen Vorlagen, die in die Familiensphäre übertragen wurden. Die „Nikolobescherung" zeigt das Kaiserpaar mit Marie Christine, die sich hier selbst portraitierte, umgeben von den drei jüngsten Kindern, Ferdinand, Maria Antonia und Maximilian Franz, an die soeben die Nikologeschenke verteilt werden. Das Bild dürfte Ende der 1750er Jahre entstanden sein. „Das Wochenbett", um 1762 datiert, zeigt den Thronfolger Joseph am Bett seiner von ihm abgöttisch geliebten Gemahlin Isabella, während das Neugeborene gerade gefüttert wird.

Auch Maria Elisabeth (1743–1808) wurde von den Geschwistern nur wenig geliebt. Aufgrund ihrer jugendlichen Schönheit galt sie als begehrtes Heiratsobjekt und gab damit Anlaß zu hochtrabenden Plänen, die allerdings durch eine Blatternepidemie im Jahr 1767 vernichtet wurden. Die Seuche hatte das Gesicht der Erzherzogin entstellt, so daß sie am Heiratsmarkt alle Chancen verlor; in späteren Jahren bildete sich zusätzlich ein Blähhals, der ihr den Spitznamen „kropferte Liesl" einbrachte. Zum Leidwesen der Geschwister trauerte sie zeitlebens ihrer verlorenen Schönheit nach. Nach dem Tod Maria Theresias ließ sie der nunmehrige Kaiser Joseph II. ebenso wie ihre Schwester Maria Anna vom Hof entfernen. Maria Elisabeth ging als Äbtissin nach Innsbruck und Maria Anna, die nominell Äbtissin des adeligen Fräuleinstiftes in Prag war, nach Klagenfurt, wo sie die nach ihr benannte Freimaurerloge „Zur wohltätigen Marianne" gründete.

Maria Amalia (1746–1804), zuerst in den wenig begüterten Prinzen Karl von Zweibrücken verliebt, mußte im Jahr 1769 den um fünf Jahre jüngeren Herzog Ferdinand von Bourbon-Parma heiraten. Sie konnte ihren Kummer nur schwer überwinden und entzog sich in der Folge gänzlich dem Einfluß ihrer Mutter. Selbst als sich die Beziehung in den letzten Lebensjahren Maria Theresias verbesserte, wies diese die Bitte der Tochter ab, sie in Wien besuchen zu dürfen.

Johanna Gabriele (1750–1762) und Maria Josepha (1751–1767) wurden gemeinsam erzogen und erlitten ein

Von links nach rechts: **Joseph am Wochenbett seiner Gemahlin Isabella.** Gouache von Marie Christine. 1761
Maria Elisabeth. Gemälde des „Meisters der Erzherzoginnenportraits". Um 1765
Maria Amalia. Gemälde des „Meisters der Erzherzoginnenportraits". Um 1765
Maria Karoline. Gemälde des „Meisters der Erzherzoginnenportraits". Um 1765

ähnliches Schicksal: Sie starben beide im jugendlichen Alter an Blattern. Maria Josepha sollte aus politischen Gründen mit Ferdinand IV., dem als ungehobelt und dümmlich bekannten König von Neapel verheiratet werden. Maria Theresia war bereit, ihre Tochter zu opfern: „Ich betrachte die arme Josepha als ein Opfer der Politik. Wenn sie übrigens nur ihre Pflichten gegen Gott und ihren Gatten erfüllt und für ihr Seelenheil sorgt, dann würde ich zufrieden sein, selbst wenn sie unglücklich würde." Wenige Tage vor der geplanten Hochzeit starb die junge Erzherzogin; an ihrer Stelle wurde die nächstverfügbare Schwester Maria Caroline mit dem neapolitanischen König vermählt.

Maria Caroline (1752–1814) war ihrer Mutter am ähnlichsten – eigensinnig und willensstark wußte sie sich auch ihrem Gemahl gegenüber durchzusetzen, dem sie achtzehn Kinder gebar, von denen nur vier die Mutter überlebten. Ihre älteste Tochter Maria Theresia heiratete ihren Neffen Franz, den ältesten Sohn Leopolds, der dem Vater als Franz II./I. in der Kaiserwürde nachfolgte.

Maria Caroline hielt die Mutter trotz der Zuneigung auf Distanz und erlaubte Maria Theresia nicht, sich in ihr Privatleben einzumischen. Auf der Flucht vor Napoleon kehrte sie in die geliebte Heimat nach Wien zurück und ließ im Schönbrunner Garten ein Denkmal errichten, das sie mit vier ihrer Kinder in einem Rundmedaillon zeigt. Die Inschrift auf der Rückseite bestätigt ihre Verehrung für Maria Theresia und die Erinnerung an eine glückliche Kindheit: „Der kindlichen Zärtlichkeit für die unsterbliche Maria Theresia, der Liebe zum theuren Vaterlande, der frohen Rückerinnerung an die Freude der sorgenfreyen Jugend widmete dieses ländliche Denkmal auf dem Platze, den sie einst als Kind pflegte, nun in dem Kreise ihrer Kinder Marie Carolina Königin beyder Sicilien bey ihrer Anwesenheit im Jahre MDCCCII".

Die jüngste Tochter Maria Antonia (1755–1793) machte die hochtrabenden Heiratspläne wahr, und schon als sie erst zehn Jahre alt war, befand sich der Wiener Hof im Gespräch über eine Heirat mit dem französischen Dauphin, dem späteren Ludwig XVI. Dementsprechend wurde auch der Unterricht Maria Antonias auf diese zukünftige Rolle ausgerichtet. Von der Mutter heftig wegen ihrer Flatterhaftigkeit und ihrer Vergnügungssucht kritisiert, empfand sie eine besondere Zuneigung zu ihrem ältesten Bruder Joseph, der zeitlebens ihr Vertrauter blieb. Im Jahr 1770 verließ Maria Antonia den Hof in Wien, um als zukünftige französische Königin in Versailles zu residieren – ausgerüstet mit den mütterlichen „Instruktionen", gutgemeinten Ratschlägen über die bevorstehenden Aufgaben als Ehefrau und Mutter, die Maria Theresia allen ihren Töchtern auf den Weg mitgab.

Schon bald stellte sich heraus, daß die Ehe mit dem französischen Thronfolger nicht vollzogen worden war, aber erst 1777 reiste Joseph mit dem dringlichen Auftrag nach Paris, die Gründe dafür herauszufinden. Ein klärendes Gespräch mit dem Ehegatten brachte den Grund, nämlich eine Phimose, ans Tageslicht, und Joseph war es, der Ludwig XVI. überredete, den notwendigen chirurgischen Eingriff vornehmen zu lassen, um endlich die Ehe vollziehen zu können und den

Von links nach rechts: **Maria Antonia im Jagdkostüm.** Pastell auf Pergament von Joseph Kranzinger. Um 1768
Isabella von Parma. Gemälde von Martin van Meytens und seiner Werkstatt. Um 1761/62
Joseph II. als junger Kaiser. wahrscheinlich ein Gemälde von Martin van Meytens und seiner Werkstatt. Um 1765
Josepha Maria von Bayern, die zweite Gemahlin Josephs II. Wahrscheinlich ein Gemälde von Martin van Meytens und seiner Werkstatt. Um 1765

ersehnten Nachwuchs in die Welt zu setzen. Marie Antoinette schenkte dem französischen König vier Kinder. Die Familie erlitt im Zuge der im Jahr 1789 ausgebrochenen Französischen Revolution ein hartes und grausames Schicksal: Bei einem Fluchtversuch aus Frankreich gefangengenommen, wurde zuerst Ludwig XVI. hingerichtet und nach einem Schauprozeß auch Marie Antoinette im Jahr 1793 guillotiniert.

Bei den Söhnen war es Joseph (1741–1790), der als sehnlich erwarteter Thronfolger von den Eltern verwöhnt und verzogen wurde. Unter der Leitung seines Ajo Graf Batthyány erhielt er eine strenge Erziehung, doch schon bald zeigte sich die Neigung zu Hochmütigkeit, Sarkasmus und Eigensinn, vor dem sogar der Erzieher häufig kapitulieren mußte. Beim Studium, bereits beeinflußt von aufklärerischen Gedanken und Ansätzen, zeigte der Thronfolger größtes Interesse für Staats- und Völkerrecht. Auch für Joseph wurde eine Gemahlin aus politischen Motiven ausgewählt, nämlich Isabella von Parma aus dem Haus Bourbon-Parma und Enkelin Ludwigs XV. Mit dieser Heirat wollte man eine Annäherung an den französischen Hof erreichen, die vor allem von Staatskanzler Kaunitz betrieben wurde.

Im Oktober 1760 fand die Hochzeit mit der klugen und hübschen Prinzessin aus Parma statt, die pompös gefeiert und in fünf großformatigen Gemälden vom Hofmaler Meytens und seiner Werkstatt festgehalten wurde. Ursprünglich waren die Gemälde für das Obere Belvedere bestimmt, wo Maria Theresia eine Art Ruhmeshalle einzurichten plante, in der die bedeutendsten Ereignisse ihrer jüngsten Familiengeschichte durch Gemälde dokumentiert werden sollten.

Die fünf Hochzeitsgemälde, von 1760 bis 1763 ausgeführt und oft als Zeremonienbilder bezeichnet, wurden 1778 im Zeremoniensaal angebracht, den man bis dahin aufgrund seiner Schlachtenbilder auch Battagliensaal genannt hatte.

Die Gemälde wurden bereits während ihrer Entstehung heftig kommentiert – nicht nur wegen ihrer Größe und ihrer Detailfülle, sondern auch wegen der enormen Aufgabe für den Hofkünstler Meytens und seiner Werkstatt.

Die Hochzeit des Thronfolgers mit ihren mehrtägigen Feierlichkeiten war jedenfalls eines der prunkvollsten Feste des Wiener Hofes im 18. Jahrhundert – doch es sollte darüber hinaus das letzte Fest sein, an dem die kaiserliche Familie glücklich vereint teilnahm.

Joseph betete seine Gemahlin an, die diese Liebe allerdings nicht erwiderte, da ihr Herz offensichtlich für Marie Christine, die Schwester des zukünftigen Kaisers, schlug. Isabella wurde zwar liebevoll von Maria Theresia im Familienkreis aufgenommen, litt jedoch unter dem Druck, möglichst bald einen Thronfolger zu gebären. Sie wurde depressiv und entwickelte eine starke Todessehnsucht, die sie häufig in ihren Briefen zum Ausdruck brachte.

Sie gebar eine Tochter, die auf den Namen Maria Theresia getauft wurde. Während einer neuerlichen Schwangerschaft erkrankte Isabella kurz vor der Geburt an Blattern, die eine Frühgeburt auslösten, wobei das Kind sofort und die Mutter wenige Tage später starb. Josephs Schmerz war grenzenlos, der Verlust der geliebten Gemahlin und – wenige Jahre später – der seiner achtjährigen Tochter hatte zur Folge, daß er verbittert und hart wurde.

Bald nach dem Tod Isabellas verordnete Maria Theresia ihrem Sohn trotz des anfänglichen Widerstandes eine zweite Ehe – wiederum aus politischen Gründen, diesmal mit Josepha Maria aus Bayern. Sie war die Tochter des bereits verstorbenen Karl Albrecht von Bayern und Maria Amalias, einer Cousine Maria Theresias. Im Jahr 1765 wurde zwar die Hochzeit gefeiert, die Ehe vermutlich aber nie vollzogen. Joseph lehnte seine ihm aufgezwungene Ehefrau von Anfang an ab: Er fand sie schon vor der Ehe häßlich. Zwei Jahre später starb auch Josepha an Pocken, der Witwer erschien nicht einmal zum Begräbnis.

In Hinkunft wußte sich der nunmehrige Kaiser vehement gegen alle weiteren Heiratspläne, die seine Mutter für ihn schmiedete, zu wehren, was die seit seiner Mitregentschaft zunehmend konfliktreiche Beziehung nicht gerade verbesserte.

Joseph sah sich von der Pflicht befreit, einen Thronfolger zu zeugen, zumal sein Bruder Peter Leopold in Florenz nicht über Nachwuchssorgen klagen konnte: „Fahre fort, lieber Bruder, gesunde Kinder in die Welt zu setzen, die Dir ähnlich sind. Du kannst mich Dir nicht inniger verpflichten, sie werden immer die meinigen bei jeder Gelegenheit sein, dem Staat ist gedient und ich bin der Verpflichtung enthoben, eine Frau zu haben, was ein Zustand ist, den ich verabscheue."

Leopolds ältester Sohn Franz kam 1784 im Alter von sechzehn Jahren an den kaiserlichen Hof in Wien, um auf seine Rolle als Nachfolger Josephs und damit als künftiger Kaiser entsprechend vorbereitet zu werden.

Der zweitälteste und besonders begabte Sohn Karl Joseph (1745–1761) galt als Lieblingssohn Maria Theresias. Als er völlig unerwartet im Alter von sechzehn Jahren starb, wurden viele Hoffnungen der Eltern zerstört. Sein Tod leitete für die Kaiserin schwere, von Krankheit und Tod begleitete Jahre ein.

Peter Leopold (1747–1792), der wie die jüngeren Geschwister Maria Caroline und Ferdinand in Schönbrunn zur Welt gekommen war, wurde in der Familie meist nur Leopold genannt. Seinen ersten Vornamen erhielt er auf Wunsch seiner Taufpatin, der russischen Zarin Elisabeth Petrowna. Ähnlich wie seine älteren Brüder genoß auch er eine gründliche Erziehung, in der aufklärerische Gedanken und Ansätze stark spürbar waren.

Als drittgeborener Sohn war er für das Fürstentum Modena vorgesehen, damit verbunden war die geplante Heirat mit Maria Beatrice d'Este. Nachdem aber Karl Joseph starb, sollte er die Herrschaft im Großherzogtum Toskana übernehmen und die spanische Infantin Maria Ludovica von Bourbon ehelichen. (Maria Ludovica schenkte ihrem Gemahl in den folgenden Jahren insgesamt sechzehn Kinder. Die reiche Nachkommenschaft brachte Leopold unter anderem die spöttische Bezeichnung seines kaiserlichen Bruders als „Bevölkerer" ein.) Bei den Hochzeitsfeierlichkeiten in Innsbruck im Jahr 1765 starb Franz I. Stephan völlig unerwartet, und das junge Paar mußte unverzüglich die Herrschaft in Florenz antreten.

Leopold wurde von Maria Theresia mit zahlreichen Ratschlägen ausgestattet, wobei dieser allerdings froh war, der mütterlichen Bevormundung endlich zu entkommen. In dem von ihm verfaßten *Stato della famiglia* gab er seiner Verbitterung über den Wiener Hof und seiner Enttäuschung über die Familie Ausdruck, auch die ständigen Differenzen mit Joseph und dessen Bevorzugung fanden in dieser Geheimschrift reichlich Platz.

In Florenz war „Pietro Leopoldo" als weitsichtiger Reformpolitiker sehr erfolgreich und nachhaltig beliebt. Er mußte die Toskana nach dem plötzlichen Tod Josephs im Jahr 1790 verlassen und die kaiserliche Regentschaft in Wien antreten. Dort sah er sich bald mit den schwerwiegenden Problemen der von Joseph hastig durchgeführten Reformen konfrontiert, die auch er durch seinen unerwarteten Tod zwei Jahre später nicht lösen konnte.

Ferdinand (1754–1806), der zwar als der hübscheste, aber auch als der unbedeutendste der Söhne galt, wurde von Maria Theresia ständig kritisiert, da er in den Augen der Mutter seine religiösen wie auch alle anderen Pflichten vernachlässigte. Mit siebzehn Jahren heiratete er die ursprünglich für Leopold bestimmte Tochter des Herzogs von Modena, Maria Beatrice d'Este, die Maria Theresia besonders schätzte. Selbst während der glücklichen Ehe am Mailänder Hof, der neun Kinder entsprangen, verabsäumte die Kaiserin nicht, ihren Sohn in zahlreichen Briefen zurechtzuweisen und ihm seine Aufgaben vorzuschreiben. Unter anderem forderte sie geradezu weitere Enkelkinder, um ihr Freude zu machen.

Der jüngste Sohn Maximilian (1756–1801), von allen Max Franz genannt, war zunächst für die geistliche Laufbahn bestimmt, und Maria Theresia ließ ihn bereits dreizehnjährig zum Koadjutor des Deutschordensgroßmeisters wählen. Die

DIE HOCHZEITSBILDER

Der Einzug der Braut in Wien.
Gemälde von Martin van Meytens und seiner Werkstatt. 1760/65

Der Bilderzyklus über die Feierlichkeiten anläßlich der Hochzeit von Joseph mit Isabella von Bourbon-Parma beginnt mit dem öffentlichen Einzug der parmaischen Prinzessin am 5. Oktober vor der Kulisse der Wiener Hofburg – am linken Bildrand die heutige Albertina, im Anschluß daran Augustinerkirche, Hofbibliothek, Redoutensäle, Winterreitschule, Hofburgtheater und Reichskanzleitrakt als Abschluß. Das riesige imaginäre Feld vor diesen Gebäudekomplexen mit einem der beiden Triumphbögen, die tatsächlich auf dem Kohlmarkt und dem Stock-im-Eisen-Platz errichtet waren, bietet Platz für die 94 sechsspännigen Wagen. Den Abschluß des imposanten Zuges bildet der goldene Wagen des Brautbotschafters Joseph Wenzel Fürst Liechtenstein als vorletzte Karosse; als letzten in der Reihe sieht man den blau-silbernen Brautwagen mit Isabella, der von der kaiserlichen Schweizergarde in schwarz-gelben Uniformen eskortiert wird. Beide Fahrzeuge, im Jahr 1738 in Paris bestellt – der goldene Wagen ist noch erhalten –, übertrafen über Jahre hinweg jeden Wiener Wagen an Eleganz und Schönheit.

Die weiteren Gemälde zeigen die Vermählung des habsburgischen Kronprinzen mit Isabella in der Augustiner Hofkirche am Abend des 6. Oktober, die Hoftafel in der großen Anticamera der

Die Hoftafel in der Großen Anticamera.
Gemälde von Martin van Meytens und seiner Werkstatt. 1760/65

Das Souper in den Redoutensälen.
Gemälde von Martin van Meytens und seiner Werkstatt. 1760/65

Die Serenade im Redoutensaal.
Gemälde von Martin van Meytens und seiner Werkstatt. 1760/65

Hofburg sowie das Souper und die Serenade, die in den Redoutensälen stattfanden.

Die Mittagstafel in der Anticamera der Hofburg am Tag der Trauung war U-förmig aufgebaut, um einen guten Blick auf die Tafelgesellschaft zu gewährleisten. Am Kopf der Tafel haben Franz I. Stephan und Maria Theresia, ihnen zur Seite das Brautpaar und im Anschluß daran die kaiserliche Familie Platz genommen. Die Tafel war mit einem neuen goldenen Service gedeckt, und die Bedienung erfolgte durch hohe Adelige im spanischen Mantelkleid. Das Orchester im Vordergrund des Bildes begleitete das Festessen mit Musik, und viele Schaulustige konnten das eindrucksvolle Geschehen beobachten, wie das *Wiener Diarium* zu berichten wußte: „Der sehr große Saal war mit ungemeinen Menge von Dames und Cavalliers angefüllet, und man hat auch dem Volk den Trost gegönnet, nach und nach dahin eingehen, und zusehen zu dörfen."

Beim Bankett am 7. Oktober, wiederum von Orchestermusik begleitet, ist die Desserttafel in Silber gedeckt. Die Innenseite der U-förmigen Tafel schmückt ein langgestreckter Aufsatz mit einem aus farbigem Zucker gestalteten Garten und zahlreichen Figuren.

Die Serenade im Redoutensaal fand wenige Tage später, am 10. Oktober, statt. Bei diesem Konzert hatte die kaiserliche Familie in der ersten Reihe Platz genommen – die Eltern und das Brautpaar in der Mitte, seitlich von ihnen aufgereiht die zwölf Kinder.

Während der mehrjährigen Arbeit an den Zeremoniengemälden wurde bei diesem Bild der kleine Mozart in die Zuschauerreihen eingefügt, der seit seinem legendären Auftritt vor der kaiserlichen Familie in Schönbrunn im Jahr 1762 in aller Munde war.

Links: **Die Familie Leopolds II.** Gemälde von W. Werlin. 1773
Mitte: **Erzherzog Ferdinand.** Kreide und Rötel auf Papier von Jean-Étienne Liotard. 1762
Rechts: **Mädchen mit Puppe, Tochter des Malers und Patenkind Maria Theresias.**
Pastell auf Pergament von Jean-Étienne Liotard. Um 1765

Überraschung war um so größer, als bei dem eher als phlegmatisch bekannten Maximilian eine besondere militärische Begabung zum Vorschein kam. Nachdem er jedoch während des Bayerischen Erbfolgekriegs schwer erkrankte, war an eine Rückkehr zur Armee nicht mehr zu denken. Die geistliche Laufbahn war daher die naheliegendste Versorgungsperspektive für „einen achten Erzherzog", wie es Maria Theresia in ihren Instruktionen bemerkte, und im Jahr 1784 erfolgte seine Wahl zum Kurfürsten und Erzbischof von Köln. Max Franz wurde depressiv und fettleibig, im Alter von vierzig Jahren konnte er sich kaum mehr bewegen, war geplagt von Krampfhusten und Schlafsucht. Er verstarb im Jahr 1801 an einem Schlaganfall nach einem üppigen Mahl.

Die schönsten Bildnisse der Kinder Maria Theresias wurden vom Genfer Maler Jean-Étienne Liotard geschaffen, der sich dreimal in Wien aufhielt, um die kaiserliche Familie zu portraitieren. Im Jahr 1762 schuf er eine Serie von zwölf Zeichnungen der Kinder, wobei jedes Blatt durch die starke Individualität und Ausdrucksstärke des jeweils Dargestellten gekennzeichnet ist. Maria Theresia liebte die Werke dieses Künstlers, der ein reges Wanderleben führte, das ihn an viele europäische Fürstenhöfe brachte. Liotard schuf sich vor allem als Pastellmeister einen hervorragenden Ruf, und Maria Theresia kaufte während seiner Wien-Aufenthalte auch andere Werke an, darunter zahlreiche Bildnisse von Kindern, die sowohl aus bürgerlichen als auch aus Dienstbotenkreisen stammten und in völligem Gegensatz zu den höfischen Portraits stehen. Das kleine Mädchen mit Puppe zeigt vermutlich die Tochter des Künstlers, für die Maria Theresia als Ausdruck ihrer Wertschätzung für Liotard die Patenschaft übernahm. Das Mädchen wurde natürlich auf den Namen Marie-Therèse getauft.

„Den 9. ließe mich der Kaiser zu sich in den Garten hollen, allwo wir die auf Angeben des Graffen von Kaunitz und nach seinen formirten Dessein sehr considerable gemachte Abänderungen, Durchschnitt und neugesetzte Alléen besahen, und sodann in die Menagerie und den holländischen Garten uns verfügten, in wẹlch beiden Orthen diser Herr noch immer sehr große Dépensen machet und erst unlängst eigends Leuthe nach America geschickt, um rare Pflantzen und Thiere anhero zu bringen."

Aus dem Tagebuch des Obersthofmeisters Khevenhüller-Metsch

April 1755

Das Große Parterre mit Blick auf den Neptunbrunnen und die Gloriette

Oben: **Das Rosarium auf der Hietzinger Seite des Parks**
Links: **Die kunstvoll gestalteten Parterrefelder im Großen Parterre**

Die Lichte Allee im Herbst

Oben und unten: **Der „Fächer"; Boskett im Hietzinger Teil mit Blick auf Apoll**

Die Lindenallee, eine der vier großen Querachsen des Parks

Oben und unten: **Der Kronprinzengarten mit dem „Garten am Keller"**
Gegenüberliegende Seite: **Der Hietzinger Kastaniensaal**

Oben: **Alexander und Olympias im Boskett „Bei der Kaiserfigur"**
Links: **Boskett „Bei der Kaiserfigur"; Blick vom Dach des Schlosses**

Das Taubenhaus im „Schönbrunner Ringelspiel"

Oben: **Der Engelsbrunnen mit einer Replik der Brunnenschale**
Unten: **Originale Brunnenschale des Engelsbrunnens; ein Meisterwerk oberitalienischer Steinmetzkunst aus der Zeit Kaiser Maximilians II.**

Tierhaus mit Auslauf
der barocken Menagerie
mit Blick durch die
Tiergartenallee zum Schloß

Das Fischbassin
im Hietzinger Teil des Parks

Der barocke Garten

Während sich Maria Theresia dem Umbau und der Innenausstattung des Schlosses widmete, wurde von Franz I. Stephan ab der Mitte des 18. Jahrhunderts der Ausbau des Schönbrunner Gartens betrieben. Für diese Aufgabe zog er den Architekten Jean-Nicolas Jadot, den Geometer und Ingenieur Jean Brequin de Demange und den Gartenkünstler Louis Gervais heran, mit den gärtnerischen Aufgaben wurde der Holländer Adrian van Steckhoven betraut. Den Quellen zufolge widmete auch der spätere Staatskanzler Kaunitz der neuen Gartengestaltung größte Aufmerksamkeit. Bis zu dieser Zeit waren lediglich das Hauptparterre in der Mittelachse und vermutlich auch die beiden Kammergärten seitlich des Schlosses ausgestaltet. Nun sollte der Garten nach dem bereits ein Jahrhundert zuvor entwickelten französischen Vorbild eine Neugestaltung erfahren, die am Ende der Epoche Maria Theresias ihren Abschluß fand. Der Schönbrunner Garten hat sich seither weitgehend als einheitliches Ensemble erhalten.

Den Prinzipien der barocken Gartenbaukunst zufolge diente der Garten der herrschaftlichen Repräsentation, er wurde – engstens auf die Architektur des Schlosses bezogen – als kontinuierliche Fortsetzung der repräsentativen Innenräume nach außen aufgefaßt: Die Mittelachse einer Schloßanlage sollte das „Rückgrat" des Gartens bilden, dessen Symmetrie von orthogonalen und diagonalen Achsen bestimmt war.

Hinter der Gartenfassade des Schlosses beanspruchte das Parterre mit seinen streng symmetrisch angelegten Beeten die größte Ausdehnung. Die Beete waren aus feinem Buchs auf bunten Steinen oder Sand gestaltet und wurden aufgrund dieser – meist Stickereimustern entnommenen – Ornamente als „Broderieparterres" bezeichnet. Seitlich schlossen die Bosket-te an, die aus streng gestutzten Baum- und Heckenkulissen geformt und mit kleinen Plätzen und versteckten Kammern versehen waren.

Diese Gartengestaltung war vom herrschaftlichen Anspruch geprägt, die Natur zu unterwerfen und den künstlerischen Vorstellungen entsprechend zu formen, wovon beschnittene Pflanzen, geometrisch angeordnete Alleen und Boskette Zeugnis ablegen. Auch Brunnenanlagen und Wasserspiele durften nicht fehlen: Sie wurden oft mit großem technischem Aufwand errichtet, da dem Wasser als lebendiges und bewegtes Element des Gartens größte Bedeutung zukam.

Die Gartenfassade und das Große Parterre.
Gemälde von Bernardo Bellotto, genannt Canaletto. Um 1760

Um die Mitte des 18. Jahrhunderts gab es für die Erweiterung des Schönbrunner Gartens bereits konkrete Überlegungen, und zwar mit dem Ziel die Mittelachse mit weiteren Parterrefeldern bis über den Schönbrunner Berg zu verlängern. Das Sternbassin in der Mittelachse und die älteren seitlichen Boskette, zu denen vermutlich auch der Irrgarten zählte, sollten nahezu unverändert in die geplanten Erweiterungen mit geometrisch angelegten Bosketten miteinbezogen werden.

Eine von Jean Brequin de Demange um 1754/55 verfaßte *Carte des Environs de Schönbrunn* zeigt die tatsächlich ausgeführte Erweiterung der Gartenanlage, die ein neues sternförmiges Alleensystem mit vielfältigen Weg- und Blickverbindungen aufweist. Bei diesem System wurden neben neuen Queralleen auch mächtige Diagonalalleen geschaffen, die mit der dominierenden Mittelachse das Schloß als Zentrum der Anlage ausweisen, da sie auf dessen Gartenterrasse zusammentreffen. Von dieser aus war somit der Überblick über den gesamten Garten gewährleistet. Die Blickachsen sollten in der Folge – neben der bereits vorhandenen, im Jahr 1752 gegründeten kaiserlichen Menagerie als kreisförmige Anlage in der westlichen Diagonalachse – jeweils durch einen optischen Endpunkt akzentuiert werden. Die Verlängerung der Mittelachse über den Schönbrunner Berg zeigt der Plan Brequins noch vollkommen ungestaltet.

„Carte des Environs de Schönbrunn".
Zeichnung von Jean Brequin de Demange. 1754/55

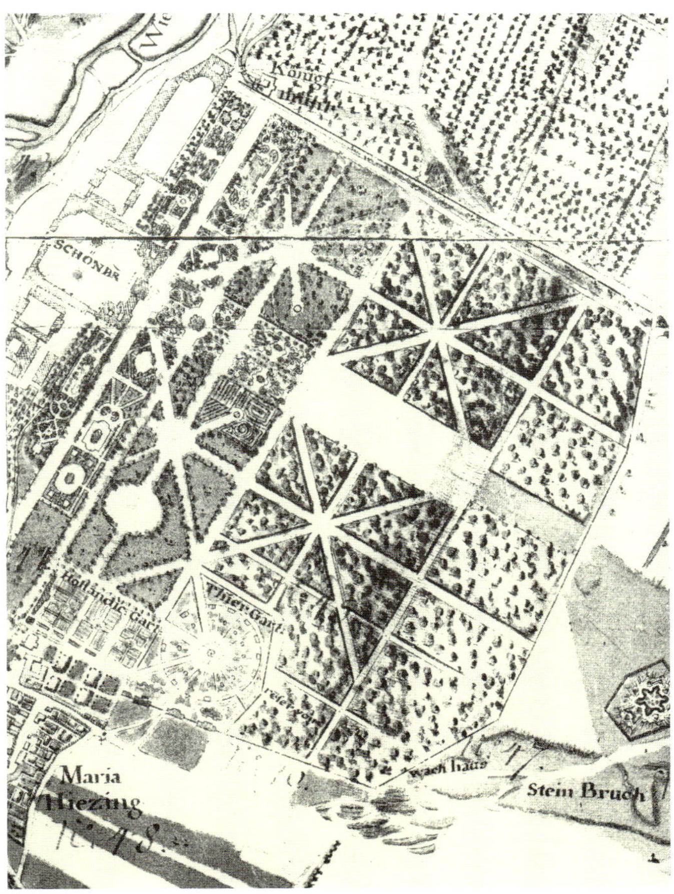

Die Ost-West-Alleen bildeten mit den Diagonalalleen das formale Grundgerüst des Gartens und stellten auch die Verbindung zwischen den Parterres und den Boskettbereichen her. Mit der Bepflanzung der Linden- und der Rustenallee (Rusten = Ulmen) als neue Ost-West-Alleen und der Diagonalalleen wurde um die Jahrhundertmitte begonnen. Sie sind in der Mehrzahl als Doppelalleen angelegt, die aus vier Baumreihen mit einem breiteren Mittelgang und zwei schmäleren Seitengängen bestehen.

Das Große Parterre

Bei der Neugestaltung des Gartens wurde das Große Parterre in der Mittelachse bis zum Fuß des Schönbrun-

Die Gartenfassade und das Große Parterre.
Gemälde (Ausschnitt) von Bernardo Bellotto, genannt Canaletto. Um 1760

ner Berges verlängert und durch die vier Queralleen in drei verschieden lange und an den Ecken eingezogene Felder gegliedert.

In der Mittelachse liegt das noch aus der Zeit Trehets stammende Sternbassin und seitlich davon die paarweise angeordneten Felder, die als „parterres à l'anglaise" bezeichnet und gestaltet sind. Bei dieser Ornamentierung werden die zum Großteil mit Rasen bedeckten Felder von Kieswegen und -flächen zerschnitten, die Kiesflächen wiederum durch Buchsstreifen gegliedert. Die Einfassung erfolgt mit Blumenrabatten, die bei den südlichen Parterrefeldern zu Voluten geformt sind. Die größeren Parterrefelder weisen in der Mitte „Boulingrins" auf – abgeleitet von der englischen Bezeichnung „bowling-green" –, einem vertieften Rasenplatz, der Kugelspielen diente, in der französischen Gartenkunst jedoch ausschließlich als Zierelement verwendet wurde.

Die Längsseiten werden von kugeligen Formbäumchen gesäumt, deren unterer Teil als Pflanzenkübel beschnitten ist, und zur Mittelachse hin noch zusätzlich von kegelförmig beschnittenen Bäumchenreihen begleitet. Seitlich des Parterres schließen die Heckenreihen der Bosketten an, die sich von der Lichten Allee an der Südseite des Schlosses bis zur Rustenallee erstrecken. An der Südwestecke des Großen Parterres ist der Irrgarten mit seinen hochgezogenen Hecken situiert.

Die hauptsächliche Gartenpflege lag hier im regelmäßigen Beschneiden der Formbäumchen und der seitlichen Hecken sowie dem Planieren der weitverzweigten Kieswege; dabei kamen Planierwalzen zum Einsatz, die von den Gärtnergehilfen gezogen wurden. Mit großer Detailfülle zeigt der Maler Bellotto (Canaletto) neben der Gartengestaltung auch das „Lustwandeln" der höfischen Gesellschaft und die sorgsame gärtnerische Pflege, der die habsburgischen Herrscher größte Aufmerksamkeit widmeten.

Plan der Gesamtanlage Schönbrunns.
Anonym. Um 1770

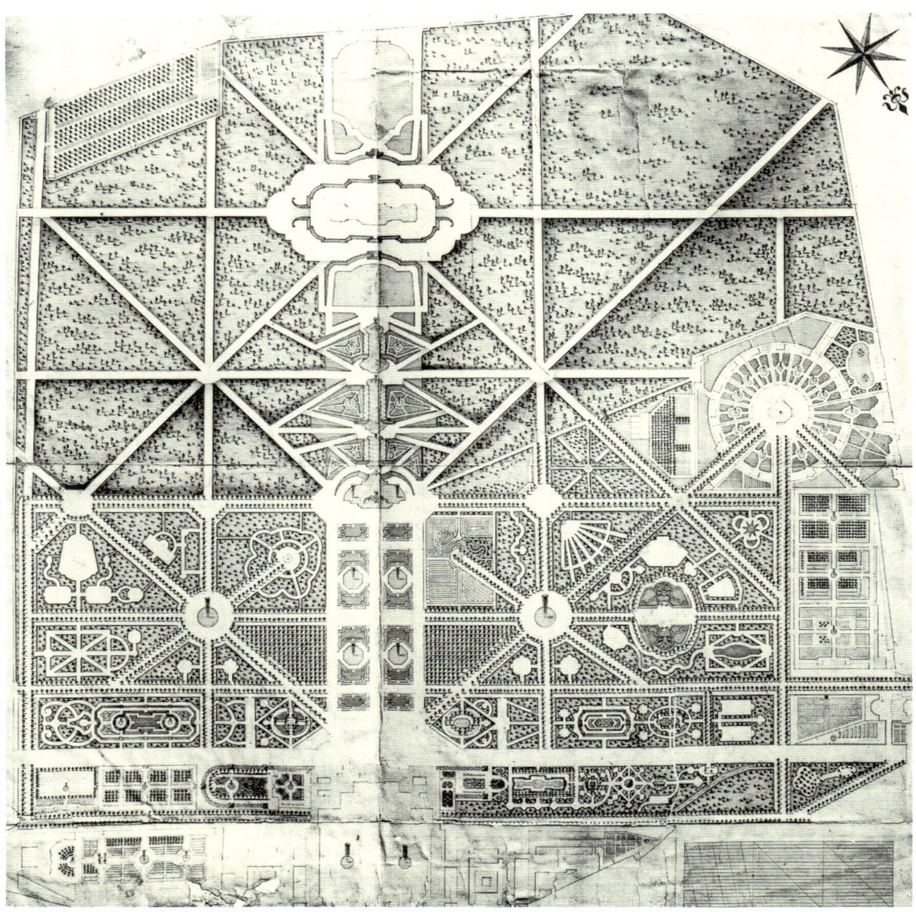

Ein um 1770 zu datierterender Plan der Gesamtanlage zeigt, daß das Parterre neuerlich verändert und vor der Gartenfassade des Schlosses durch die Abschrägung der seitlichen Heckenwände verbreitert wurde; die Anzahl der Parterrefelder erhöhte man gleichzeitig auf acht. Anstelle des in der Mittelachse gelegenen Sternbassins sind in den vier mittleren größeren Feldern jeweils Brunnen angelegt.

Während die übrigen und weitverzweigten Bereiche des barocken Gartens bereits in den 1750/60er Jahren gestaltet wurden, sollten das Große Parterre und der Schönbrunner Berg entlang der Mittelachse erst in den 1770er Jahren als letzte große Bauaufgabe Maria Theresias ihre endgültige Form erhalten.

Die Meidlinger Kammergärten

Die Pläne für die Umgestaltung der Meidlinger Kammergärten, datiert um 1745/50, stammen vermutlich vom lothringischen Gartenarchitekten Louis Gervais. Einer der beiden Pläne zeigt vier Teilbereiche, aufgereiht entlang einer Mittelachse – eine Grundstruktur, die beibehalten und im 19. Jahrhundert lediglich vereinfacht wurde. An der Ostfassade liegt ein seit 1875 als Kronprinzengarten bezeichneter vertiefter Teil, dessen Parterrefelder mit Rabatten eingefaßt sind. An diesen schließt der „Garten am Keller" an, dessen Name sich von der erhöhten Lage über dem vermutlich schon um 1700 errichteten Keller herleitet. Dieser Gartenbereich ist von einem hufeisenförmigen Laubengang eingefaßt, in den fünf „Treillagepavillons" eingefügt sind, von denen heute der zentrale in der Bogenmitte fehlt. Bei den zierlichen Pavillons handelt es sich um kunstvoll geschnitzte Lattenkonstruktionen, die dem Maler Bergl vermutlich als Vorlage für die Gestaltung der Gartenzimmer Maria Theresias im Erdgeschoß des Schlosses dienten. Das Treillagewerk des Laubenganges wurde schon um 1770 durch eine witterungsbeständigere Eisenkonstruktion ersetzt.

Entwurf zu den Meidlinger Kammergärten.
Anonym. Um 1745/50

Für die Mitte dieses Bereiches war ein dreiteiliges Broderiefeld um ein Bassin geplant, das vermutlich nicht zur Ausführung gelangte, da das komplizierte und an Stickerei erinnernde Muster um diese Zeit bereits als unmodern galt. Ähnlich wie im Großen Parterre wurde ein Parterre „à l'anglaise" ausgeführt.

Auch die beiden östlichen Teilbereiche des Kammergartens wurden vermutlich anders als geplant ausgeführt. Um 1770 sind beim ersteren anstelle des durch gekreuzte Wegachsen gegliederten Bosketts acht Felder für die Bepflanzung mit Obstbäumen angelegt. Der letzte, durch Wegachsen geteilte Gartenbereich sollte zur Aufstellung von Orangen- und Zitrusbäumen dienen. Seither als Kleine Orangerie bezeichnet, wurde um 1760 an der Nordseite ein Treibhaus errichtet, in dem exotisches Obst – Bananen, Ananas, Pflaumen und Mirabellen – gezüchtet wurde. Bei den beiden Bereichen war offenbar der praktische Nutzen für die Gestaltung ausschlaggebend, die Züchtung von exotischem Obst sollte zur Versorgung der kaiserlichen Tafel dienen.

Die Hietzinger Kammergärten

Die Hietzinger Kammergärten wurden ebenfalls um die Jahrhundertmitte begonnen und durch einen Grundstücksankauf am Wienfluß im Jahr 1756 in westlicher Richtung erweitert. Die Grundstruktur dieser aus mehreren aufeinanderfolgenden Bereichen bestehenden Gärten, die bis zum Ende der Monarchie ausschließlich der kaiserlichen Familie vorbehalten waren, blieb bis heute weitgehend erhalten.

Der eigentliche Kammergarten auf zwei verschiedenen Ebenen schließt unmittelbar an die Westfassade des Schlosses an. Die höher liegenden beiden Parterrefelder sind von seitlichen Laubengängen eingefaßt, die am westlichen Ende jeweils in einen Treillagepavillon münden. Eines der Parterrefelder ist mit Broderien, das andere mit Rasenornamenten gestaltet. Den Abschluß bilden zwei kleine symmetrische Boskette.

Im Anschluß daran liegt der große Kastaniensaal, bei dem vier Reihen beschnittener Kastanienbäume ein langgestrecktes Bassin umgeben, das im Jahr 1840 verkleinert wurde. Die Wasserversorgung des Bassins erfolgte durch den ehemaligen Mühlbachkanal, der danach unterirdisch über die Lichte Allee nach Osten floß und vermutlich dort auch die Meidlinger Kammergärten mit Wasser versorgte, bis er 1849 stillgelegt wurde.

DIE ALLEEN

Bei der Gestaltung der Alleen hielt man sich auch in Schönbrunn an das verbreitetste Gartenbuch des 18. Jahrhunderts *La Theórie et la Pratique du Jardinage.* Das von Antoine Joseph Dezallier d'Argenville verfaßte und nach zahlreichen Auflagen im Jahr 1771 auch ins Deutsche übersetzte Werk bemerkte zum Aufbau der Alleen: „Die Alléen in denen Gärten sind wie die Straßen in denen Städten. Sie führen einen bequemlich von einem Ort zum andern, und sind gleichsam Wegweiser, welche einen durch den ganzen Garten führen. Ausser der Annehmlichkeit und der Bequemlichkeit, welche man jederzeit bei ihnen findet, wenn man darinnen herumspatzieret, sind sie auch eine von den grösten Schönheiten der Gärten, wenn sie gut ausgetheilet und wohl angelegt sind.
Von denen vielen Arten der Alléen werden solche in bedeckte, offne, einfache, doppelte ... eingetheilet. Die bedeckten Alléen bestehen aus Bäumen oder Spalieren (= Hecken; Anm.), welche sich oben dergestalt schliessen, daß man den Himmel nicht sehen kan, und durch ihre Dunckele, in welche die Hitze der Sonne nicht dringen kan, eine angenehme Kühle verursachen. (...) Die offenen Alléen ... oben ganz offen ..., entweder weil man den Spalieren ihre gewisse Höhe gibt, oder die Bäume an beiden Seiten ausästet, damit man von oben her frische Luft genießen kan." Auch in Schönbrunn gibt es Alleen, bei denen der Mittelgang vertikal geschnittene Baumwände aufweist und oben offen ist, während andere mit einem tonnenförmig geschnittenen geschlossenen Blätterdach versehen sind.

Den nördlichen Abschluß dieses Bereiches bildet ein vom Kastaniensaal zugänglicher Heckensaal.

Der anschließende ovale Kastaniensaal ist mit einem vertieften Rasenfeld in einem Ring freistehender Bäume und mit vier Heckenkabinetten in den Diagonalachsen ausgestattet. Ihm folgt der runde Kastaniensaal mit einem rautenförmigen Heckengang und zahlreichen Heckenkabinetten.

Den Abschluß bilden mehrere asymmetrisch angeordnete Heckenkabinette, während die Längsachse in ein dreipaßförmiges Heckenkabinett mündet. Dieser Gartenbereich mußte um 1850/60 dem Reitschulgarten weichen.

Die Schönbrunner Boskette

Auch die weitverzweigten Boskettbereiche zu beiden Seiten des Mittelparterres erhielten in den 1750/60er Jahren ihre Gestaltung und sind auf dem Plan von Franz Boos aus dem Jahr 1780 dargestellt. Hinter den nach strengen architektonischen Prinzipien angelegten Alleen wurden Boskette mit Gängen, Sälen und Kabinetten geformt, deren Heckenwände abseits der vom Zeremoniell geprägten Öffentlichkeit zu kleinen, intimen Plätzen führten.

Beidseitig des Großen Parterres befindet sich zwischen der Lichten und der Finsteren Allee jeweils ein – spätestens für die Kaiserinwitwe Wilhelmine Amalie angelegtes – Boskett, dessen ursprünglich rechteckige Form durch die neu angelegten Diagonalalleen beschnitten wurde. Die heute als „Boskett bei der Kaiserfigur" auf der Meidlinger Seite und „Boskett beim Fischbassin" bezeichneten Bereiche sind durch zwei gekreuzte Wegachsen mit einem zentralen ovalen Platz gegliedert. Über einen rautenförmigen Umgang gelangt man in kleine Heckenkabinette.

Die anschließende Meidlinger Vertiefung bildet mit zwei symmetrischen Bosketten an den Schmalseiten eine Einheit, wobei das westliche Boskett durch die um 1760 verlängerte nordsüdlich verlaufende Ruinenallee jedoch abgetrennt wurde. Die Vertiefung mit besonders aufwendig gestalteten Boulingrins erstreckte sich ursprünglich über zwei durch Rasentreppen verbundene Niveaus und war mit symmetrischen Broderiefeldern, brunnenbesetzten Rundplätzen und einem zentralen Rasenfeld geschmückt. Diese Gestaltung wurde um 1830/40 beseitigt, um für die kaiserlichen Kinder einen Spiel-, Turnier- und Exerzierplatz zu schaffen.

Zwischen der Finsteren und der Lindenallee liegen wiederum beidseitig des Großen Parterres die schon von Trehet angelegten Lindenwäldchen, die ebenfalls von den neuen Diagonalachsen beschnitten sind.

An das Meidlinger Lindenwäldchen schließt das Rosenwäldchen an, für das von einem namensgebenden Rosenschmuck bislang nichts bekannt ist. Die Wege aus hohen Hainbuchenhecken gliedern das Boskett in einen achtstrahligen Stern und führen über einen Halbkreisbogen in ein kleines Heckenkabinett.

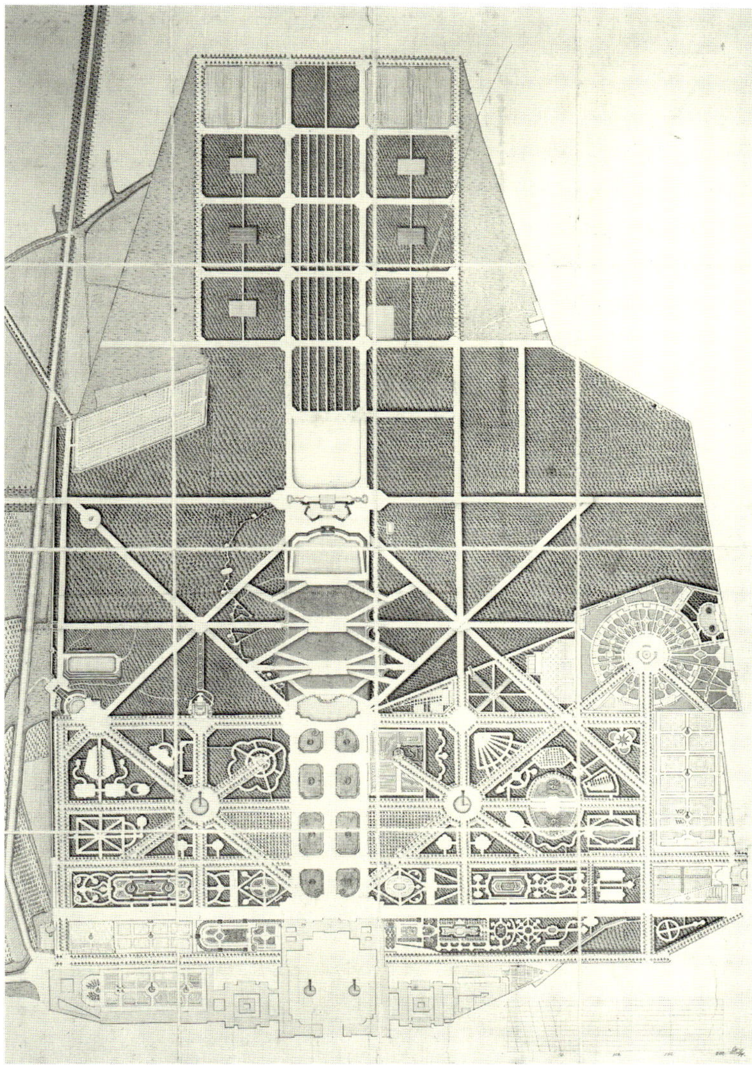

Plan der Gesamtanlage des Parks.
Franz Boos. 1780

Das Rosenwäldchen wird von einer Diagonalallee begrenzt, die in die Taubenhausanlage mündet. Das Taubenhaus, eine hohe runde Voliere, wurde wahrscheinlich erst um 1770 errichtet und bildet das Zentrum des Bosketts mit seinen ringförmigen Wegen: ein System, das als Schönbrunner Ringelspiel bezeichnet wird.

Der südöstlichste Bereich wird von der großen Diagonalallee geteilt und beherbergt im westlichen Teil das Boskett mit dem Schönen Brunnen und dem Engelsbrunnen, im östlichen das Fichtenwäldchen.

Von der Ruinenallee führt ein rechtwinkeliger Heckengang zum Brunnenhaus des Schönen Brunnens, der dem Schloß bekanntlich den Namen gab.

Das Grottenhaus wurde 1758 vom Schönbrunner Hofgärtner Adrian van Steckhoven erbaut und 1771 erneuert. Unweit davon befindet sich in einem quergelagerten Heckensaal mit einer Mittelnische der Engelsbrunnen.

Im gegenüberliegenden Fichtenwäldchen sind entlang eines Weges in der Mittelachse zwei symmetrische Heckenkabinette mit angefügten geschwungenen Gängen und ein trapezförmiger Heckensaal angelegt, der durch zwei Reihen Fichten in der Mittelachse geteilt ist. Die kleinen Heckenkabinette und die Gänge wurden im 20. Jahrhundert zerstört.

Auf der Hietzinger Seite schließt an das bereits erwähnte „Boskett beim Fischbassin" die Hietzinger Vertiefung mit dem Hietzinger Kobel als symmetrisches Gegenstück der Meidlinger Vertiefung an, die beide vermutlich bereits in den 1740er Jahren angelegt wurden. Die Vertiefung ist als Boulingrin gestaltet; umgeben ist es von Bosketten mit symmetrischen Heckenkabinetten, von denen das östliche mit seinem dreistrahligen Wegesystem durch die „Hundshofallee" – der Name entstand in der zweiten Hälfte des 19. Jahrhunderts, als Kaiserin Elisabeth im Garten ihre Hundezwinger untergebracht hatte – um 1760 abgetrennt wurde.

Der anschließende Hietzinger Kobel besteht aus einem Rechtecksaal mit angesetzten Nischen. Das Wegesystem führt über einen querovalen Gang in vier Heckenkabinette, die jeweils mit zwei Nischen in den Zwickeln ausgestattet sind. Während dieser Bereich nahezu unverändert erhalten blieb, wurde die Vertiefung auf ein einheitliches Niveau gehoben und mit einer Rasenfläche bedeckt. Heute wird das Boskett vom Großen Buchengang im Norden und vom Kleinen Buchengang im Süden gesäumt.

Den Abschluß der Achse bildet das „Kleeblatt", ein Boskett, das sich bis zur Kastanienallee erstreckt. Seitlich des zentralen Heckenganges, dessen Ende kleeblattförmig gestaltet ist, liegen symmetrische Heckensäle, die ursprünglich leer waren und im 19. Jahrhundert mit kleinen Bäumen oder Nutzgewächsen bepflanzt wurden.

Irrgarten und Schlangenweg

Hinter dem Hietzinger Fichtenwäldchen schließt der Irrgarten an, der ursprünglich aus vier Quadranten mit einem zentralen, vermutlich erhöhten Pavillon bestand, von dem aus das Labyrinth überschaubar war. Im 19. Jahrhundert wurde der Irrgarten schrittweise aufgegeben und im Jahr 1892 endgültig abgeholzt. Heute ist der Irrgarten zum Teil wieder rekonstruiert. Als Pendant zur Taubenhausallee wurde eine Allee zum Mittelpavillon des vermutlich schon am Beginn des 18. Jahrhunderts angelegten Irrgartens geführt.

Diese seit der Antike bekannten Heckenlabyrinthe mit den mäanderförmigen Wegen ins Zentrum bildeten seit dem 16. Jahrhundert Teil eines herrschaftlichen Gartens und sollten vor allem der Unterhaltung und dem Vergnügen der höfischen Gesellschaft dienen.

Östlich des Irrgartens wurde der Schlangenweg mit einem kleinen Heckenkabinett in der Mitte angelegt.

FRÜHLINGSFESTE IM WINTERGARTEN

Joseph II. liebte es, festliche Tafeln in der mit Pflanzen gefüllten Orangerie zu arrangieren; ähnlich jenen, wie er sie bei seiner Rußlandreise im St. Petersburger Wintergarten erlebt hatte. So gab der Kaiser unter anderem am 6. Februar 1785 eine Tafel, wobei neben dem Diner auch ein Schauspiel und ein abschließender Ball auf dem Programm standen. Hieronymus Löschenkohl hat den ereignisreichen Abend festgehalten, von dem folgendes berichtet wurde: „Die Blumen aller Jahreszeiten dufteten hier im strengsten Winter auf einer prächtigen Tafel, ringsum standen Pomeranzen- und Zitronenbäume in schönster Beleuchtung, und nach der Tafel war Schauspiel und Ball in diesem blühenden Wintergarten."

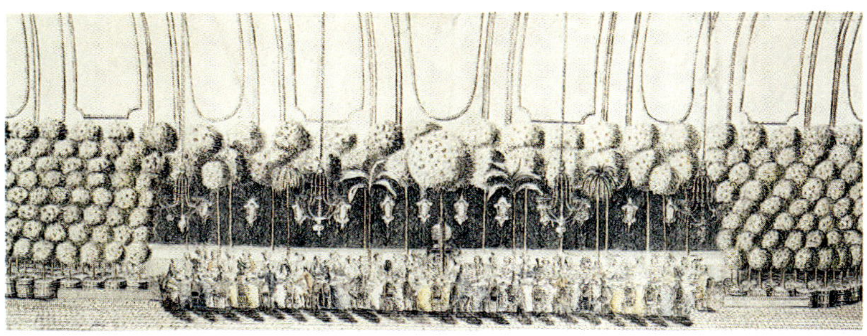

„Frühlingsfest an einem Wintertage am 6. Februar 1785".
Kolorierter Kupferstich von Hieronymus Löschenkohl

Ein Jahr später veranstaltete Joseph II. anläßlich eines Besuches seiner Schwester Marie Christine und deren Gemahl Albert von Sachsen-Teschen am 7. Februar 1786 ein noch prächtigeres Winterfest in der Orangerie. Bei diesem Fest fand der legendäre Wettstreit zwischen Wolfgang Amadeus Mozart und Hofkapellmeister Antonio Salieri statt, die ihre vom Kaiser bestellten Werke uraufführten. Mozart trat mit dem *Schauspieldirektor,* einem Singspiel zum Text von Gottlieb Stephanies d. J., auf, Salieri mit der Opera buffa *Prima la musica, poi le parole,* dessen Libretto vom Hofdichter Giovanni Battista Casti stammte.

Während des Wiener Kongresses wurde am 11. Oktober 1814 ebenfalls ein Galadiner in der Orangerie veranstaltet und zu diesem Anlaß auch der Garten illuminiert, wovon die *Wiener Zeitung* berichtete: „Man sah nichts als blühende Bäume und Blumen, zwischen denselben Statuen und einen vierfach über Felsen strömenden Wasserfall, von 3.136 Lichtern erhellt. (...) Das Ganze glich einem Feengarten, wie sie die Dichter der Zauberwelt schilderten." Ähnlich glanzvoll beleuchtet war auch jene Festtafel im Jahr 1839, die für den russischen Thronfolger arrangiert wurde.

Das Rosarium und die umgebenden Boskette

Das von einer Baumreihe eingefaßte Rosarium (ein ovaler, um 1750/55 angelegter Gartenraum) wird von der Lindenallee durchquert. Die beiden symmetrischen Parterrefelder erhielten wenige Jahre später eine ähnliche Gestaltung wie das Große Parterre mit Muschel- und Rankenornamenten aus Rasen und schmalen Sandwegen. Die Parterrefelder wurden im 19. Jahrhundert vereinfacht; im Jahr 1914 richtete man ein Rosarium ein, das diesem Bereich den Namen gab.

Das Rosarium wird von mehreren Bosketten umgeben, die weniger streng symmetrisch angeordnet und durch kleine Weg- und Sichtachsen miteinander verbunden sind, die auch über die Alleen fortgeführt werden. Das östlich gelegene Boskett „Beim Schützen" – mit einem halbkreisförmigen Heckengang – ist nach der im Jahr 1779 aufgestellten Statue des Sonnengottes Apoll als Bogenschütze benannt, von hier führt ein Weg zum Maroniwäldchen mit einem sechseckigen Heckensaal und weiter bis zu einem trapezförmigen kleinen Heckensaal. Jenseits der Lindenallee liegt die Lange Wiese mit einem länglich gebauchten Heckensaal, eingefaßt von einem rechteckigen und einem darin eingeschriebenen rautenförmigen Heckengang.

Südöstlich der großen Diagonalallee befindet sich der Fächer, der, die Dreiecksform des Bosketts nutzend, aus acht Wegachsen besteht, die von einer viertelkreisförmigen Heckennische ausstrahlen und an den äußeren Enden durch einen Viertelkreisbogen verbunden sind. Das westliche Pendant zum Fächer bildet der Sequoienstern, ein kreisförmiger Heckenraum mit drei halbkreisförmigen und rasenbedeckten Ausweitungen, dessen Name sich von den drei Mammutbäumen in der Mitte herleitet. Seit dem Ende des 19. Jahrhunderts ist dieser Heckenraum mit immergrünen Büschen und exotischen Nadelbäumen gestaltet.

DIE ORANGERIE

Schon die Kaiserinwitwe Wilhelmine Amalie ließ in Schönbrunn einen Orangeriegarten anlegen und für die Überwinterung der Pomeranzenpflanzen ein Gewächshaus errichten; beide befanden sich vermutlich im östlichen Bereich der Gartenanlage. Auf Betreiben Franz I. Stephan wurde um 1754 das Orangeriegebäude, vermutlich nach Plänen von Nicolas Jadot, jedoch unter der Leitung Pacassis, errichtet. Mit diesem Bau stand die gleichzeitige Errichtung eines Cedrathauses in Verbindung, und wenige Jahre später, um 1760, wurde auch der Orangeriegarten angelegt.

Nach Versailles zählt die Schönbrunner Orangerie mit ihren 189 Metern Länge und zehn Metern Breite zum größten barocken Orangeriegebäude; und noch heute wird es in seiner ursprünglichen Funktion genutzt.

Die nach Süden gerichtete Fassade des riesigen Saales ist abwechselnd durch größere und kleinere verglaste Rundbogenöffnungen zwischen rustizierten und

DIE ORANGERIE

„Die Orangerie ... ist eines der außerordentlichsten Werke der Gartenkunst. Sie besteht aus einem hohen, durchaus gewölbten Hauptgebäude, das 100 Klafter in der Länge hat. Man wandelt darinnen wie in einem Walde von Zitronen- und Orangenbäumen von außerordentlicher Schönheit. An dieses Gebäude schließt sich ein anderes halbzirkelförmig an, worinn sich das Cedrathaus und das Obstzimmer befindet. In dem freyen Raum vor der Orangerie sind sechs Glashäuser, zwey für Ananas, zwey für Weintrauben, zwey für Pfirsiche bestimmt." *Joseph Oehler. Beschreibung des kaiserlichen Lustschlosses Schönbrunn und des dabei befindlichen Gartens. Wien 1805*

„Orangerie und Treibobstgarten" (mit dem Renaissance-Brunnen von Alexander Kolin im Zentrum).
Kolorierter Kupferstich. Um 1820

Fassade der Orangerie
zum Orangeriegarten hin

Oben: **Hinterer, für die Überwinterung der Kübelpflanzen reservierter Teil der Orangerie.**
Links: **Blick in die Halle der Orangerie (neben jener von Versailles ist sie die größte Europas).**

mit Masken geschmückten Wandpfeilern gestaltet. Der Bau war ursprünglich mit einem Flachdach gedeckt, das im Jahr 1789 von Johann Ferdinand Hetzendorf von Hohenberg durch ein Grabendach ersetzt wurde.

Der Innenraum ist mit aneinandergereihten breiteren und schmäleren Jochen rhythmisch gegliedert, die einzelnen Joche sind mit flachen Gewölben versehen. Mit den Rundbogenöffnungen zur Südfassade korrespondieren auf der gegenüberliegenden Nordwand Rund- beziehungsweise Rechtecknischen.

An diesen Saalbau schließt im Osten das halbkreisförmige und in der Mitte vorschwingende Cedrathaus an, das gleichzeitig auch die östliche Schmalseite des Orangengartens umschließt. Die Fassade ist mit großen Rundbogenöffnungen und Blendarkaden gegliedert. Das Cedrathaus wurde wahrscheinlich zur Kultivierung von tropischen Pflanzen genutzt, für die der lange Orangeriesaal klimatisch weniger geeignet war.

Der Orangeriegarten stand seit seiner Entstehung als Zier- und Nutzgarten in Verwendung. Sein Parterre, das bereits im Jahr 1778 als „Orangerie und Treibobstfläche" bezeichnet wurde, ist in acht geometrische Felder geteilt, wobei die Kreuzungen der Achsen durch Brunnen betont sind. Vor dem Cedrathaus befinden sich zwei weitere viertelkreisförmige Felder, die wie die übrigen Parterrefelder mit Kübelpflanzen besetzt waren. Diese Kübelpflanzen wurden in der Regel zur Überwinterung im Orangeriegebäude untergebracht, wo eine Fußbodenheizung – eine Hypokaustenheizung also – für ein angenehmes Pflanzenklima sorgte. Eigene Glashäuser vor dem Gebäude dienten zur Kultivierung der empfindlichen Obstsorten.

In den 1770er Jahren wurden im Garten drei Brunnen aufgestellt, die vermutlich alle aus dem Schloß Neugebäude stammten. Der bedeutendste und vermutlich um 1575/80 vom niederländischen Bildhauer Alexander Colin geschaffene Brunnen erhielt seinen Platz im Zentrum des Orangeriegartens. Dabei handelt es sich um ein Ensemble aus einer auf vier Löwen ruhenden achteckigen Schale, auf der sich eine achteckige Brunnensäule erhebt, um die vier Hermen mit jeweils einer Muschel auf dem Haupt angeordnet sind. Den Abschluß bildet eine kleinere, achteckige Brunnenschale, von der sich das Wasser über die kleinen Muscheln auf den Häuptern der Hermen in das große Becken ergoß. Der Brunnen wurde aufgrund seines durch Witterungsbedingungen verursachten schlechten Zustandes in den 1950er Jahren abgetragen; heute ist ein Wiederaufbau dieses bedeutenden Kunstwerkes vorgesehen. Die beiden anderen Bassins wurden bereits vor Jahren durch Rekonstruktionen ersetzt.

DER HOLLÄNDISCHE GARTEN

Im Jahr 1753 kaufte Kaiser Franz I. Stephan von der Gemeinde Hietzing ein an Schönbrunn angrenzendes und unkultiviertes Feld, auf dem er den Holländischen (oder Botanischen) Garten anlegen ließ. Bis dahin wurden in Schönbrunn die begehrten exotischen Pflanzen vermutlich in den östlichen Orangeriegärten gezogen. Auf Anraten des kaiserlichen Leibarztes Gerard van Swieten betrieb der naturwissenschaftlich interessierte Kaiser mit Hilfe des holländischen Gartenfachmannes Adrian van Steckhoven und dessen Gehilfen Richard van der Schot die Planung eines nach wissenschaftlichen Grundsätzen angelegten Pflanzengartens. Ein um 1753 datierter Grundriß zeigt ein langgestrecktes, in drei Teile gegliedertes Areal entlang einer Mittelachse: In jedem Teil sind um einen zentralen Brunnen vier Quartiere gruppiert. An der Nordseite des Gartens sollte ein großes, dreiteiliges Gewächshaus errichtet werden und als westlicher Abschluß vier weitere Glashäuser, die an das heute noch bestehende Wohnhaus des Gartendirektors anschlossen.

Der nördliche Bereich diente als Blumengarten, in dem auch die exotischen Bäume untergebracht waren, gefolgt von einem Gemüsegarten und dem südlich abschließenden Obstbaumgarten.

Um die Bestände des Pflanzengartens ebenso wie die Tierbestände der ein Jahr zuvor gegründeten Menagerie zu erweitern, finanzierte Franz I. Stephan eine in den Jahren 1755 bis 1759 erfolgte Expedition in die Karibik, die unter der Leitung des Arztes und Botanikers Nicolaus Jacquin stand, der ebenfalls von van Swieten empfohlen wurde. Ziel der Expedition war, neben der wissenschaftlichen Erforschung von Fauna und Flora der bereisten Gebiete auch seltene Tiere und exotische Pflanzen für die Anlagen von Schönbrunn sowie Mineralien, Muscheln und ausgestopfte Tiere für das kaiserliche Naturalienkabinett mitzubringen. Trotz des mühsamen Transportes aus Übersee erreichte eine reiche Ausbeute schließlich die kaiserliche Residenzstadt Wien: Zuckerrohr, Zimt-, Kakao- und Brotfruchtbäume bereicherten von nun an neben dem botanischen Garten in Schönbrunn auch den 1754 gegründeten Botanischen Garten der Universität am Rennweg.

Für das Weiterbestehen des Holländischen Gartens wurde auch nach dem Tod Kaiser Franz' I. Stephan gesorgt: Maria Theresia ließ ihrem Gemahl im Jahr 1766 ein Denkmal vor dem Mittelpavillon des großen Gewächshauses errichten, für welches Balthasar Moll eine Bronzebüste des verstorbenen Kaisers schuf. Das Denkmal wurde im Jahr 1830 an seinen heutigen Platz südlich des Sonnenuhrhauses versetzt.

Joseph II. kümmerte sich nach dem Tod seiner Mutter zwar kaum um das Schloß, förderte jedoch das Weiterbestehen und Wachsen des Botanischen Gartens und der Menagerie durch drei große Expeditionen. Als im Winter 1780 ein Großteil der von Jacquin mitgebrachten Tropenpflanzen im Schönbrunner Gewächshaus vernichtet wurde, sollten neue Expeditionen, an denen auch der Schönbrunner Gärtner Franz Boos teilnahm, den Verlust der Pflanzensammlung wieder gutmachen. In den Jahren 1783 bis 1785 und 1785 bis 1788 führten zwei Expeditionen in das südliche Nordamerika und in die Karibik, gleichzeitig mit der zweiten Amerika-Expedition eine dritte zum Kap der Guten Hoffnung und zur Insel Mauritius. Die reiche Ausbeute dieser Expeditionen an Pflanzen, Samen wie auch an Tieren ermöglichte nicht nur das Weiterbestehen der Sammlungen, sondern trug dazu bei, den Botanischen Garten in Schönbrunn mit viertausend Pflanzenarten zu einem der bestbestückten der Welt zu machen. Namhafte Naturforscher reisten nach Wien, darunter im Jahr 1797 auch Alexander von Humboldt, um die berühmten Schönbrunner Pflanzenschätze zu studieren.

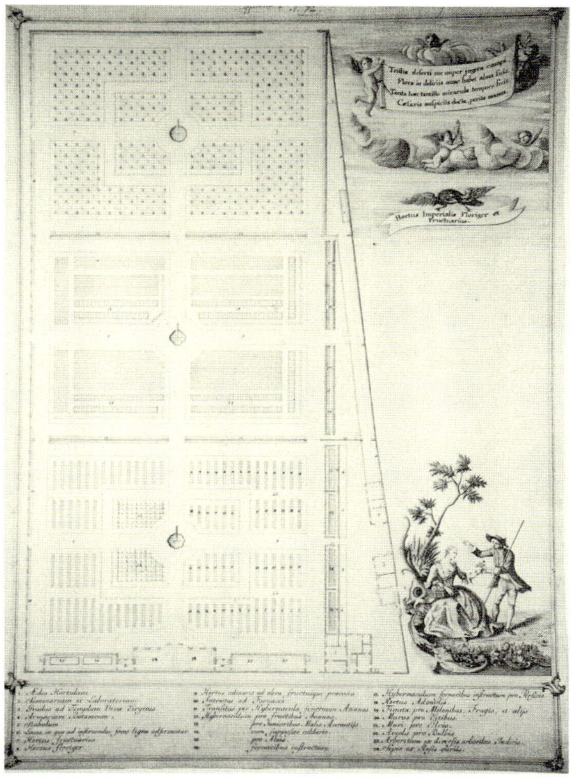

Grundriß des „Holländischen Gartens".
Anonym. Um 1753

Die Schönbrunner Gewächshäuser
„Vue exterieure des Serres de Schönbrunn".
Radierung von Jatsche/Piringer. 1821

Bis zu seiner Umwandlung in einen Landschaftsgarten durch den Gartendirektor Heinrich Schott in den Jahren 1828 bis 1848 wurde der Holländische Garten durch Grundstücksankäufe gegen Hietzing mehrmals erweitert, um die durch die Expeditionen beträchtlich gestiegene Pflanzenanzahl unterbringen zu können. Man errichtete neue Gewächshäuser, darunter das zirka achtzig Meter lange „Kaphaus" für die vom Kap der Guten Hoffnung mitgebrachten Pflanzen.

Im Jahr 1810 wurde auch für Joseph II. in dem von ihm erweiterten Teil des Botanischen Gartens ein Denkmal errichtet. Bei dem Reiterstandbild handelt es sich um ein verkleinertes Modell des zwischen 1795 und 1806 von Franz Zauner für den Josefsplatz geschaffenen Denkmals, das ursprünglich im Park von Laxenburg stand. Die Bronzestatue zeigt den Kaiser im antiken Feldherrenkostüm. Der Sockel ist an der Vorder- und Rückseite mit Stiftungsinschriften und an den beiden Seiten mit Reliefs geschmückt. Eines der Reliefs zeigt Joseph als Förderer des Handels, der dem Gott Merkur befiehlt, der auf einem Warenballen sitzenden Frau – die Personifikation des Handels – die Fesseln zu lösen. Das andere Relief zeigt ihn als Reisenden, der von der Klugheit – durch die Schlange auf der Brust charakterisiert – begleitet wird. In der Hand hält er eine Rolle, wohl als Hinweis auf die Eigenschaft des Kaisers, alles Wissenswerte zu notieren und zum Nutzen seiner Völker anzuwenden. Auf Joseph als Förderer des Ackerbaus spielt die Szene an, in der ein Bauer den Sohn das Pflügen lehrt. Um das

Podest sind vier Granitpfeiler gruppiert, auf welchen sechzehn Bronzereliefs mit Szenen aus dem Leben des Kaisers mit all seinen Taten und Tugenden angebracht sind.

Die Sammeltätigkeit für den Holländischen Garten setzte sich auch unter Kaiser Franz II./I. fort: Er ließ für die Pflanzen, die bei der Brasilien-Expedition in den Jahren 1817 bis 1821 erworben wurden, unter anderem das Alte Palmenhaus erbauen.

Die Umwandlung des Holländischen Gartens zu einem Landschaftsgarten nach englischem Vorbild durch Heinrich Schott brachte die Umbenennung als „Hofpflanzengarten" mit sich. Das nach Süden leicht ansteigende Areal wurde den gängigen Regeln entsprechend an den Seiten dicht bepflanzt, das Innere dagegen mit locker aufgeteilten Busch- und Baumgruppen versehen.

Schott, der zahlreiche botanische Arbeiten publizierte, war auch in der Pflege exotischer Pflanzen sehr versiert. Auf sein Betreiben wurde unter anderem der Reservegarten östlich der Menagerie entlang der ehemaligen Tiergartenmauer erweitert; hier gelang es ihm in den 1850er Jahren, die größte Seerose der Welt, die Victoria Regia, zum Erblühen zu bringen.

DIE MENAGERIE

Schon seit dem 16. Jahrhundert gehörte die Haltung seltener fremdländischer Tiere zum standesgemäßen Luxus fürstlicher Höfe. Neben dem Aspekt höfischer Repräsentation förderte das wachsende wissenschaftliche Interesse an der Beobachtung einheimischer wie auch exotischer Tiere die Gründung von Tiergärten. Für die Gestaltung der Tiergärten wurde die im späten 17. Jahrhundert erbaute Menagerie von Versailles mit einem zentralen Pavillon und radial angelegten Tierhöfen, die vom Pavillon einsehbar waren, vorbildhaft. Eine von diesem Vorbild abgeleitete Gestaltung erhielt die Wiener Menagerie des Prinzen Eugen im Palais Belvedere.

Die Gründung der Schönbrunner Menagerie geht ebenso wie die des Botanischen Gartens auf Franz I. Stephan zurück. Anders als die Menagerie in Versailles, die vor allem der fürstlichen Repräsentation und dem sinnlichen Vergnügen der höfischen Gesellschaft dienen sollte, scheint bei diesem Vorhaben das naturwissenschaftliche Interesse des Kaisers im Vordergrund gestanden zu haben, das auch anderen von ihm gegründeten oder geförderten Sammlungen zugrunde lag. Nach einem um 1751 datierten Entwurf seines Hofarchitekten Nicolas Jadot ließ der Kaiser eine Tiergartenanlage in Form von dreizehn radial angeordneten Tierhöfen um einen zentralen Pavillon errichten. Die Tiergehege waren bereits im Jahr 1752 fertiggestellt, der Mittelpavillon allerdings wurde erst 1759 vollendet.

Die einzelnen jeweils mit einem Brunnen versehenen Tierhöfe waren durch hohe Mauern voneinander getrennt und zum Mittelpavillon hin mit einem eisernen Gitter abgeschlossen, das zwischen Pfeilern, bekrönt von Vasen und Tiergruppen, eingespannt ist. Von dieser Seite einsehbar, erfolgte die hintere Begrenzung jedes einzelnen Hofes durch eine „Loge": ein Häuschen, das den Tieren zur Nächtigung dienen sollte.

In einem tiefer angelegten Sektor gegen Westen befindet sich ein zweistöckiges Gebäude, das als Wohnung für den Tierwächter diente; an diesen Bereich anschließend ein Teich und Unterkunftsgebäude für die Haltung von Wasservögeln.

Der zentrale eingeschossige Mittelpavillon, in dem das Kaiserpaar gelegentlich das Frühstück einnahm, bildet den optischen Akzent der großen Diagonalachse, die vom Zentrum des Schlosses ausgeht und dieses mit dem Pavillon verbindet. Gleichzeitig mündet in ihn auch die Kastanienallee sowie eine kleinere Allee, die zum Botanischen Garten führte.

Der Pavillon erhebt sich auf einem achtecki-

„FREMMDE THIERE"

„Nachmittags führte der Kaiser abermahlen einige Zuseher nebst denen älteren jungen Herrschafften in die auf seine eigene Spesen in dem Schönbrunner Parc nächst Hietzing erbaute und nun meistens schon zu standen gebrachte Menagerie, allwo eben vorgestern verschiedene aus Holland anhero beschribene fremmde Thiere (welche aber dermahlen noch meistens in Geflügelwerck bestehen) in seiner Gegenwart placiret worden waren, und hatte der Herr die Gedult, das mehreste selbsten anzuordnen und fünff ganzer Stund damit zuzubringen; gehet wohl auch zweimahl des Tages dahin, weillen er ganz ein besonderes Amusement dabei findet." *Fürst Khevenhüller-Metsch in seinem Tagebuch am 31. Juli 1752*

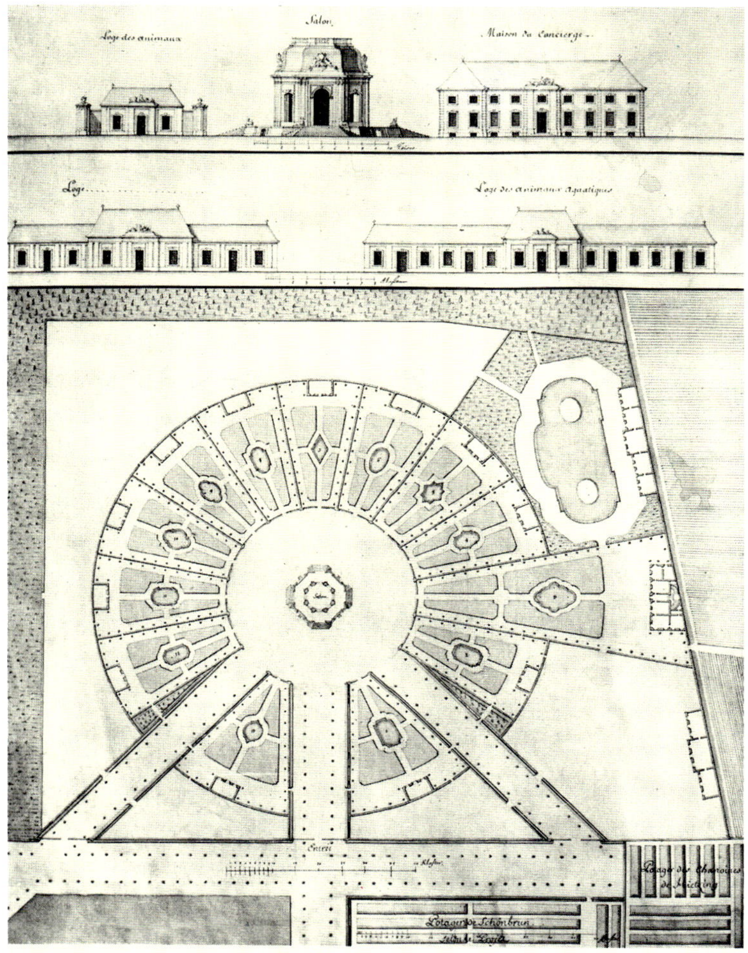

Plan der Menagerie.
Entwurf von Jean-Nicolas Jadot. Um 1750

gen Podest und ist über vier Aufgänge zugänglich. Die flachen Risalite an den vier Seiten des Baukörpers weisen Rundbogentüren mit einem figurenbesetzten Giebel auf, dazwischen liegen segmentbogige Fensteröffnungen. Das Glokkendach ist von einer umlaufenden Balustrade bekrönt.

Der ursprünglich grün ausgemalte Innenraum wurde vermutlich in den 1760/70er Jahren mit einer reichen Rocaille-Holzvertäfelung, mit Spiegeln und mit Gemälden seltener Tiere und Vogelarten ausgestattet. Die Gemälde werden dem Maler Franz Fuxeder zugeschrieben und zeigen „... Abbildungen einer ziemlichen Anzahl der seit der Gründung dieser Menagerie in derselben vorhanden gewesenen Thiere". Die zwölf Bilder sollten die seltenen Sammlungsstücke der kaiserlichen Menagerie dokumentieren, die darüber hinaus in den Tierhöfen vom Pavillon aus in natura betrachtet werden konnten.

Die flache Kuppel des Innenraumes ist mit einem Deckenfresko von Josef Ignaz Mildorfer ausgestattet, das Szenen aus den *Metamorphosen* des Ovid zeigt. Neben einem bacchantischen Fest mit dem Liebespaar Bacchus und Ariadne im Mittelpunkt des Geschehens sind verschiedene Episoden dargestellt, in denen Menschen in Tiere verwandelt werden.

Den Grundstock der Schönbrunner Tiersammlung bildeten die Bestände aus dem ehemaligen Neugebäude und jene der Menagerie des Belvederes, die mit Ausnahme der „reißenden" Tiere in die neue Menagerie übersiedelt wurden. Die Zahl der exotischen Tiere vergrößerte sich in der Folge durch Ankäufe und Schenkungen. Eine bedeutende Erweiterung der zoologischen wie auch der botanischen Sammlung erfolgte durch die von Franz I. Stephan finanzierten Expeditionen nach Westindien. Zu den neuen Exemplaren zählten unter anderem ein fast zahmer Puma, eine „westindische Beutelratze", Eichhörnchen und seltene Vogelarten.

Die Öffnung des Gartens für das Volk im Jahr 1779 war mit einer freien Besichtigung des Tiergartens verbunden. Auch Joseph II. widmete sich dem Weiterbestehen der Menagerie, und durch die in den 1780er Jahren durchgeführten Expeditionen erhielt sie neuerlich Zuwachs. Aufgrund mangelnder Kenntnisse über artgerechte Haltung und Pflege der Tiere mußten allerdings immer wieder Einbußen hingenommen werden.

Auch im Lauf des 19. Jahrhunderts kamen neue Tiere hinzu; bestehende Gehege wurden umgebaut und neue errichtet. Zu den Attraktionen zählten Elefanten, Kamele, Känguruhs und andere Exoten. Besonderes Aufsehen erregte die erste lebende Giraffe, die als Geschenk des ägyptischen Vizekönigs im Jahr 1828 nach Schönbrunn kam. Die begeisterten Wiener kamen in Scharen in den Tiergarten, „um endlich die so hoch gespannte Neugierde durch Anschauung dieses so seltsamen Geschöpfes zu befriedigen". Die Ankunft der Giraffe beeinflußte Mode und Gesellschaftsleben – Kleider, Accessoires und Coiffuren „à la Giraffe" waren gefragt, und bei einem „Giraffenfest" im Penzinger Etablissement „Zur blauen Traube" war der aus Alexandrien stammende Giraffenpfleger Ehrengast. Trotz aufmerksamster Pflege starb die Giraffe bereits nach zehn Monaten; erst 23 Jahre später konnte sich der Tiergarten neuerlich am Besitz einer Giraffe erfreuen.

Der Menageriepavillon
– errichtet nach Plänen von Jean-Nicolas Jadot –,
das Zentrum des Tiergartens.

Das Deckenfresko im Menageriepavillon
von Josef Ignaz Mildorfer

Die Natur und ihr Abbild: Zebra-Darstellung in der
Wandvertäfelung des Menageriepavillons

Von der Menagerie zum Zoologischen Garten

Am Ende des 19. Jahrhunderts sollte sich Aussehen und Zielsetzung der Schönbrunner Menagerie ändern und aus der barocken Menagerie ein Zoologischer Garten entstehen. Die Mauern zwischen den Tierhöfen wurden um 1880 abgetragen und durch Gitter ersetzt, um „die Schaustücke bequemer und besser in Augenschein zu nehmen".

Nach 1900 wurden das Tiergartenareal auf dem Gebiet des ehemaligen Kleinen Fasangartens nach Osten bis zum Neptunbrunnen erweitert, um den Tierbestand entsprechend unterbringen zu können, der im Jahr 1914 einen nicht wieder erreichten Höchststand von 3470 Stück umfaßte.

Die Giraffe in Schönbrunn.
Kupferstich von Eduard Gurk. Um 1830

DIE NEUGESTALTUNG DES PARKS

Während Schloß und Gartenanlage um 1770 weitgehend fertiggestellt waren, zeigte sich der Schönbrunner Berg in der Verlängerung des Großen Parterres nach wie vor als ungestaltete Waldschneise. Unausgeführte Entwürfe für eine architektonische Gestaltung dieses Hügels gab es bereits von Fischer von Erlach und dann wieder zu Lebzeiten Franz' I. Stephan. Eine Realisierung erfolgte jedoch erst im letzten Lebensjahrzehnt Maria Theresias, die sich nur schweren Herzens zu dieser letzten großen Bauaufgabe durchringen konnte.

Um 1770 legte der Hofarchitekt Johann Ferdinand Hetzendorf von Hohenberg (1733–1816) ein signiertes *Projekt zur Verschönerung des Schönbrunner Berges* vor, bei dem der gesamte Hang von antiken Denkmälern, Tempeln, Säulen, Obelisken und Triumphbögen überzogen ist. Der damals vielbeachtete Plan sollte das römische Kapitol nachahmen und bewirkte, daß Hohenberg als erster deutscher Künstler Mitglied der renommierten Académie de France in Rom wurde.

Hohenberg studierte an der Wiener Akademie und wurde – wahrscheinlich auf Betreiben seines Protektors Kaunitz – im Jahr 1766 in den Adelsstand erhoben. Zu seinen bedeutendsten Werken zählt neben verschiedenen Aufträgen für den kaiserlichen Hof die Gestaltung des Schönbrunner Gartens mit zahlreichen Statuen und Gartenobjekten.

Ein zweiter, jedoch vereinfachter Plan Hohenbergs entstand etwa zwei Jahre später und zeigt neben einer eher realisierbaren Gestaltung des Schönbrunner Berges auch Veränderungen im Bereich des Großen Parterres. Dieses ist durch acht Rasenfelder gegliedert, deren Ecken durch freistehende Statuen auf Sockeln betont sind. Die vier mittleren Felder weisen achteckige Brunnen mit hohen Fontänen auf. Entlang der zur Schloßseite abgeschrägten Heckenwände sind ebenfalls Sockelfiguren plaziert. Von einem Bassin am Fuß des Hügels steigt in der Mittelachse eine monumentale Treppenanlage bis zur Bergkuppe auf, die von einem Pavillon bekrönt ist. Die Seiten des Hanges sind durch Dreiecksfelder mit Springbrunnen gegliedert.

Neben der architektonischen Gestaltung des Hügels als Terrassenlandschaft zeigt der Entwurf Hohenbergs ein großangelegtes Statuenprogramm, das in einer fruchtbaren Zusammenarbeit zwischen dem Architekten Hohenberg und dem Bildhauer Johann Christian Wilhelm Beyer zur Ausführung gelangen sollte, allerdings auf das Große Parterre beschränkt blieb.

Maria Theresia fiel es schwer, sich für das monumentale Projekt zu entscheiden und äußerte ihrer Tochter Marie Antoinette – der einstigen Maria Antonia, die inzwischen Königin von Frankreich geworden war – gegenüber im März 1773 immer noch große Zweifel: „Du weißt, der Kaiser (Joseph II.) liebt Schönbrunn nicht, und in meinem Alter wäre es lächerlich, ein derartiges Werk zu beginnen. Nichts existiert außer der Mitte des Berges, ohne jedes Bauwerk, und ich werde auf der Höhe nur ein großes Wasserreservoir anlegen lassen, um gegenüber dem Hause, im Hintergrund des Parterres einen Wasserfall zu haben, der hoffentlich in zwei Jahren wird spielen können, und das Parterre möchte ich mit Statuen schmücken."

Nicht nur die französische Königin, sondern auch Staatskanzler Kaunitz ermutigte Maria Theresia, das Projekt zu verwirklichen. Kaunitz war als Direktor des Hofbauamtes in architektonischen Fragen der engste Berater der Monarchin und als großer Protektor des als schwierig bekannten Architekten Hohenberg wohl auch an der Konzeption der geplanten Gartengestaltung mitverantwortlich.

Plan zur Ausgestaltung des Großen Parterres und des Schönbrunner Berges. Zeichnung von Carl Schütz nach Johann Ferdinand Hetzendorf von Hohenberg. Um 1772

stellte sich die Wasserversorgung als unzureichend heraus. Dies führte dazu, daß die Pläne geändert und die Brunnenbassins im Parterre wie auf dem Berghang wieder zugeschüttet wurden. Lediglich der Bau des Neptunbrunnens wurde weiterhin betrieben; ein Zickzack-Wegesystem sollte den hier dahinter liegenden, planierten Berghang erschließen.

Noch im gleichen Jahr erfolgte der Auftrag an den Bildhauer Beyer, innerhalb von drei Jahren 32 Statuen herzustellen, den er mit Hilfe von fünfzehn Bildhauern ausführte. In den Hietzinger Nebengebäuden wurden für Beyer und seine Mitarbeiter beheizbare Werkstätten eingerichtet, um den Auftrag ohne jegliche Unterbrechung erfüllen zu können. Am Jahresende verfügte Maria Theresia, daß „in den künftigen Jahr der Schönbrunner Garten in Vollkommen Standt gesetzt werden solle und da der Berg planirt das Wasserreservoir oben gemachet“.

Der ursprüngliche Plan Hohenbergs für den Schönbrunner Berg wurde im Verlauf der Arbeiten modifiziert. Als Bekrönung der Bergkuppe erbaute man anstelle des kuppelbekrönten Pavillons die Gloriette, die bereits 1775 fertiggestellt war. Ein Jahr später begann man mit den Grabungen für die zahlreichen Brunnen auf dem Hügel und im großen Parterre. Für die Versorgung sollten mehrere Wasserreservoire der Umgebung genutzt werden, und der berühmte Erfinder und Ingenieur Wolfgang Kempelen wurde beauftragt, eine Wassermaschine an der Ostseite des Gartens zu errichten. Da Schönbrunn jedoch an einem permanenten Wassermangel litt,

Maria Theresia in Witwentracht mit dem Gartenplan von Schönbrunn. Gemälde von Anton von Maron. 1775

Die endgültige Gestaltung des Mittelparterres zeigt der von Franz Boos verfaßte Plan der Gesamtanlage. Von den acht Parterrefeldern sind die kleineren äußeren Felder viertelkreisförmig abgerundet, die mittleren weisen unterschiedliche Größen auf. Sämtliche Felder sind von einem Rasenband eingefaßt, das sich in den äußeren Feldern jeweils zu einer Volute einrollt. Die Mitte der Felder ist durch Medaillons, vermutlich aus Blumen bestehend, betont.

Die ursprünglich für die Parterrefelder und den Berg geplanten Sockelstatuen wurden nun an die das Parterre begrenzenden Heckenwände versetzt, wo sie vor flachen Nischen ihren endgültigen Platz fanden. Heute sind die Figuren kaum mehr frei stehend sichtbar, da sie von den Hecken überwuchert sind. Auch die 1776 bereits fertiggestellten Figurengruppen für die geplanten Parterrebrunnen fanden ihren endgültigen Standort. Sie wurden in den Bassins im Ehrenhof, im Teich der Römischen Ruine und auf dem Obeliskenbrunnen aufgestellt.

Das seit dem Jahr 1700 in der Mittelachse des Großen Parterres situierte Sternbassin wurde schon 1772 in das Zentrum des Hietzinger Alleesternes versetzt.

Diese und folgende Seiten: **Wilhelm Beyers Statuen im Schönbrunner Park**

Oben: **Die Flucht aus Troja**
Gegenüberliegende Seite: **Die Cumäische Sibylle**

Oben: **Der Raub der Helena im Großen Parterre**
Links: **Eurydike beim Schönen Brunnen**

Oben: **Herkules**
Unten: **Herkules im Meidlinger Teil des Parks**
Gegenüberliegende Seite: **Priesterin im Großen Parterre**

Das Figurenprogramm des Großen Parterres

Die Statuenserie des Großen Parterres wurde unter der Leitung des Bildhauers Johann Christian Wilhelm Beyer ausgeführt.

Beyer und sein Team schufen für das Große Parterre 32 gleich hohe Statuen auf Sockeln, die mythologische oder historische Figuren darstellen und in der Mehrzahl nach Vorlagen antiker Statuen entworfen und ausgeführt wurden. Der endgültige Aufstellungsort der Statuen wurde jedoch nicht von Beyer, sondern von Hohenberg als Architekt bestimmt, der für die gesamte Gartenkonzeption verantwortlich zeichnete und somit auch die Figurenaufstellung beaufsichtigte.

Die Statuen sind an den Seitenflächen der Sockel von 1 bis 32 durchnumeriert, wobei die Serie an der östlichen Heckenwand vor der Gartenfassade des Schlosses ihren Ausgang nimmt.

ARTEMISIA, UM IHREN GATTEN TRAUERND (Nr. 1) von Jakob Schletterer und J. B. Hagenauer

Von Artemisia wird berichtet, daß sie nach dem Tod ihres geliebten Mannes Mausolos dessen Asche in einer Urne sammeln ließ, von der sie täglich etwas in ihren Trank mischte.

KALLIOPE, DIE „SCHÖNSTIMMIGE", MUSE DER DICHTKUNST (Nr. 2) von W. Beyer

Die mit Lorbeer bekränzte Figur ist durch die Schriftrolle in ihrer linken und zwei Flöten in der rechten Hand als Muse des Heldengedichts charakterisiert.

BRUTUS UND LUKRETIA (Nr. 3) von Ignaz Platzer

Die schöne und tugendhafte Lukretia wurde während der Abwesenheit ihres Mannes Lucius vom Königssohn Sextus vergewaltigt. Sie wählte daraufhin den Freitod, und Lucius – hier die sterbende Lukretia im Arm haltend – schwor, sie zu rächen.

CERES UND BACCHUS (Nr. 4) von Joachim Günther nach einem Modell von W. Beyer

Ceres, mit Ährenkranz im Haar und Ährenbüschel in der Hand als Göttin der Fruchtbarkeit charakterisiert, ist gemeinsam mit Bacchus dargestellt, dem Gott des Weinbaus mit einem Weinlaubkranz auf dem Haupt und dem Pantherfell um die Schultern.

DIE FLUCHT AUS TROJA (Nr. 5) von Philipp Jakob Prokop

Die Figurengruppe zeigt den trojanischen Helden Aeneas, der seinen gelähmten Vater Anchises aus der von den Griechen eroberten Stadt rettet, gefolgt von seinem kleinen Sohn Julus. Die Flucht aus Troja galt im Barock auch als Gleichnis der Fürsorge und Pietät, die zu den wichtigsten Fürstentugenden zählten.

ANGERONA (Nr. 6) von W. Beyer

Angerona, eine römische Stadt- und Schutzgöttin, galt in der Renaissance und im Barock als Göttin der Verschwiegenheit.

JASON MIT DEM GOLDENEN VLIES (Nr. 7) von W. Beyer

Jason sollte das von einem Drachen bewachte Goldene Vlies nach Griechenland zurückbringen. Der Held ist mit dem begehrten Widderfell in der linken Hand und dem besiegten Drachen zu seinen Füßen dargestellt. Der 1430 in Burgund gegründete Orden vom Goldenen Vlies, einer der bedeutendsten Orden, ging 1477 an das Haus Habsburg über.

ASPASIA IN GESTALT DER GÖTTIN MINERVA (Nr. 8) von W. Beyer

Aspasia zählt als begabte Dichterin und gebildete Frau des Perikles zu den berühmtesten Frauen der griechischen Antike. Sie ist dem Kommentar Beyers zufolge als Minerva, Göttin der Weisheit und der klugen Kriegsführung, mit Helm, Speer und dem großen Rundschild mit dem Haupt der schlangenhaarigen Medusa dargestellt.

OMPHALE (Nr. 9) von Josef Weinmüller

Omphale, die Königin von Lydien, kaufte Herkules, der sich drei Jahre in die Sklaverei begeben mußte. Sie ließ ihn Frauenkleider tragen und Hausarbeiten verrichten, während sie selbst mit seinem Löwenfell und seiner Keule zu Abenteuern auszog.

NYMPHE DER FLORA (Nr. 10) von W. Beyer

Die mit Blumen bekränzte Vase auf dem Kopf der Statue weist die Nymphe als Dienerin der Frühlingsgöttin Flora aus. Nymphen waren weibliche Geister, die lange lebten, ohne zu altern. Sie waren an Quellen, in Wäldern oder auf Bergen zu Hause, häufig aber auch in Gesellschaft der Götter anzutreffen.

BACCHANTIN (Nr. 11) von W. Beyer

Die Nymphe mit einer Schale Trauben auf dem Haupt gehört zum Gefolge des Weingottes Bacchus, auf den auch das Löwen- oder Pantherfell über dem Dreifuß hinweist.

APOLL (Nr. 12) von W. Beyer

Apoll, mit Lorbeerkranz und Lyra ausgestattet, ist als Gott der schönen Künste und der Weissagung dargestellt. Der von einer Schlange umwundene Dreifuß verweist auf das Orakel von Delphi, von dem Apollo Besitz ergriff, nachdem er die Erdschlange Python getötet hatte, die das Orakel bewachte.

JOHANN CHRISTIAN WILHELM BEYER

1725 in Gotha geboren und 1806 in Hietzing gestorben, erhielt er seine künstlerische Ausbildung in Paris und Rom. Während seines mehrjährigen Italienaufenthaltes hatte er die Möglichkeit, sich mit den aktuellsten Kunstströmungen auseinanderzusetzen und zu einem bereits über das Barock hinausgehenden klassizistischen Figurenstil zu gelangen. Gleichzeitig wurde er auch von dem vorherrschenden Interesse für die Antike und deren Denkmäler erfaßt und nahm unter anderem mit Winckelmann an den Ausgrabungen in Herkulaneum teil.

Beyer kam im Jahr 1767 nach Wien und wurde bereits drei Jahre später zum „Hofmahler und Hofstatuarius" mit einem Jahresgehalt von 1200 Gulden ernannt. 1771 heiratete er die am Hof als Zeichenlehrerin für die kaiserlichen Kinder tätige Gabriele Bertrand, die sich allerdings wenige Jahre später wieder von ihm scheiden ließ.

Neben seinen außerordentlich guten Beziehungen zur Wiener Akademie sowie zum Staatskanzler Kaunitz erhielt Beyer den Auftrag für das Schönbrunner Figurenprogramm wohl auch aus dem Grund, daß er in der Nähe von Sterzing im heutigen Südtirol, das damals zu den österreichischen Erblanden gehörte, Steinbrüche mit hochwertigem Marmor entdeckt hatte – der nach seinen eigenen Angaben „nicht schlechter als der von Carrara" sei – und auch den Transport sehr ökonomisch und preisgünstig zu organisieren wußte. Die Figuren wurden bereits in Sterzing nach vorgefertigten Modellen grob herausgearbeitet, um so das Gewicht der Marmorblöcke für den Transport zu verringern. Die einzelnen Stücke wurden dann auf dem Wasserweg, über Inn und Donau, nach Wien transportiert, wo sie im Bildhaueratelier in der Schönbrunner Winterreitschule ihre Endfertigung erhielten.

Die mit Beyer tätigen fünfzehn Bildhauer arbeiteten zum Teil selbständig und erhielten die Hälfte des vertraglich vereinbarten Preises in der Höhe von 4000 Gulden für eine Statue pro Gruppe. Beyer selbst behielt die andere Hälfte für die Herstellung der Modelle, die Organisation und die „Betriebskosten" – immerhin beschäftigte er in der Werkstatt unter anderen einen eigenen Schmied, der die stark beanspruchten Meißel der Bildhauer ständig warten mußte. Zu den bedeutendsten Mitarbeitern Beyers zählten Johann Baptist Hagenauer, Benedikt Henrici und Franz Anton Zauner.

HYGIEIA (Nr. 13) von J. B. Hagenauer

Hygieia, Göttin der Gesundheit und Tochter des Heilgottes Äskulap, ist durch die sich um ihren Arm windende Schlange charakterisiert, der sie einen Heiltrunk aus einer Schale verabreicht.

Die Schlange wurde unter anderem auch als Symbol für Erneuerung und Wiedergeburt verstanden.

VESTALIN, IN DER HAND DAS EWIGE FEUER IN EINER ÖLLAMPE (Nr. 14) von J. B. Hagenauer und Leonhard Posch

Für die Göttin Vesta, Beschützerin der Familie und des Herdfeuers, wurde in Rom ein Tempel errichtet, der – ebenso wie die heiligen Flammen auf dem Altar – von Priesterinnen, den Vestalinnen, bewacht und als Unterpfand für die ewige Dauer der römischen Herrschaft gesehen wurde.

PARIS (Nr. 15) von Veit Königer

Paris, als Hirte mit seinem Hund an der Seite dargestellt, hält den Erisapfel in der Hand, den er als Schiedsrichter an eine der Göttinnen – Hera, Athene oder Aphrodite – zu vergeben hatte. Er entschied sich für Aphrodite, die ihm als Preis für den Apfel die schönste Frau der Welt versprach. Mit ihrer Hilfe raubte er später die schöne Helena, womit er den Trojanischen Krieg auslöste.

HANNIBAL (Nr. 16) von J. B. Hagenauer nach einem Entwurf von W. Beyer

Der gegen das römische Heer mehrfach erfolgreiche karthagische Feldherr Hannibal ist als bärtiger Krieger mit Helm, Schuppenpanzer und Löwenfell dargestellt. Das Glück sollte allerdings nicht andauern: Karthago wurde letzten Endes von den Römern vernichtet.

An der Westseite des Großen Parterres, nahe dem Eingang zum Tiergarten, wird die Statuenreihe von der Figur des Meleagros, dem Jäger des Kalydonischen Ebers, eröffnet.

Meleagros (Nr. 17) von W. Beyer
Als das Land um Kalydon von einem großen, wilden Eber heimgesucht wurde, waren alle griechischen Helden aufgerufen, ihn zu erlegen, darunter auch die berühmte Jägerin Atalante, der es gelang, den Eber zu verletzen. Getötet wurde der Eber aber von Meleagros, der auf die Trophäen – Kopf und Haut des Ebers – verzichtete und diese Atalante überließ.

Merkur (Nr. 18) von I. Platzer
Merkur, Götterbote sowie Gott der Kaufleute und der Reisenden, ist beim Flötenspiel dargestellt, gestützt auf einen Holzstamm und eine Leier. Er soll die Leier aus der Schale einer Schildkröte gebaut und als Saiten den Darm einer Kuh verwendet haben. Von den Klängen begeistert, bat Apoll, ihm die Leier zu überlassen. Als Merkur eine Hirtenflöte aus einer Rute schnitzte, bot Apoll dafür seinen goldenen Hirtenstab und machte Merkur zum Gott der Viehzüchter und Hirten.

Priesterin mit Opferschale (Nr. 19) von J. Weinmüller
Als Pendant zur Vestalin auf der gegenüberliegenden Seite des Parterres stellt die Figur eine in ein langes Gewand gehüllte Priesterin mit einer kleinen Schale für Opfergaben in der Hand dar.

Cumäische Sibylle (Nr. 20) von Vinzenz Lang und J. B. Hagenauer; nach einem Entwurf von W. Beyer
Die Sibylle von Cumae erlangte unter den in der Antike weissagenden Frauen für Rom eine große Bedeutung. Sie soll die von ihr verfaßten Sibyllinischen Bücher dem König Tarquinius Superbus zum Kauf angeboten haben. Dem König schien der Preis zu hoch, woraufhin sie einen Teil der Bücher ins Feuer warf. Nachdem der unschätzbare Wert der Bücher geprüft und anerkannt wurde, kaufte man schließlich die restlichen Bücher und bewahrte sie in einem Tempel auf dem Kapitol auf. Die Schönbrunner Figur der Sibylle zeigt auf die bereits brennenden Bücher zu ihren Füßen, während sie unter ihrem Arm noch drei trägt.

Äskulap (Nr. 21) von V. Königer
Äskulap, Gott der Medizin und Vater der Hygieia, lernte die Heilkunst beim Kentauren Chiron. Er ist als bejahrter, bärtiger Mann dargestellt, gestützt auf einen, von einer Schlange umwundenen Stock, der als Lebensbaum gedeutet wird, während die Schlange sowohl Weisheit als auch Erneuerung symbolisiert.

Zwei Priesterinnen der Ceres (Nr. 22 und Nr. 23) von J. B. Hagenauer
Ebenso wie die gegenüberliegenden Figuren der Nymphe und der Bacchantin sind die beiden Priesterinnen mit den Frucht- und Opferkörben auf ihren Häuptern als Dienerinnen der Fruchtbarkeitsgötter Ceres und Bacchus zu verstehen. Die am Rand eines Korbes sich ringelnden Schlangen stehen auch hier für Erneuerung und Wiedergeburt.

Herkules (Nr. 24) von I. Platzer
Als Pendant zur gegenüberstehenden Statue ist Herkules mit einer Spindel in der Hand und dem Spinnrocken über der Schulter im Dienst seiner Herrin Omphale dargestellt. Er lehnt an einem Postament, an dem Maske, Tamburin und Panflöte hängen. Herkules galt als der große Held der Antike und im Zeitalter des Barock als Symbolfigur herrscherlicher Tugenden. Aber auch er war nicht frei von Fehlern, hatte Mord und Diebstahl begangen und mußte sich deshalb in eine dreijährige Sklaverei begeben.

Perseus mit dem Haupt der Medusa (Nr. 25) von W. Beyer
Perseus konnte mit Hilfe der ihm wohlgesinnten Götter die gefürchtete Medusa töten, die jeden beim Anblick ihres Schlangenhauptes in Stein verwandelte. Mit geflügelten Schuhen, einem Helm, der ihn unsichtbar machte, und einem Spiegelschild ausgestattet, gelang es ihm, der Gorgo das Haupt abzuschlagen. Perseus übergab das Medusenhaupt der Göttin Minerva, die es fortan auf ihrem Brustschild trug. Perseus ist mit allen seinen ihm zu Hilfe stehenden Attributen und dem Medusenhaupt in der Hand dargestellt.

Fabius Cunctator (Nr. 26) von J. B. Hagenauer
Der römische Diktator Fabius war der große Widersacher Hannibals, seine kluge und langfristig erfolgreiche Taktik gegen die Karthager brachte ihm den Beinamen „Cunctator", Zauderer, ein. Mit Rüstung und Helm bekleidet ist der sinnende Feldherr dargestellt, gestützt auf die Fasces, ein Rutenbündel mit herausragendem Beil – Zeichen höchster Regierungsgewalt der römischen Konsuln. (Die Ruten bezeichnen das Recht zu züchtigen, das Beil das Recht, die Todesstrafe zu verhängen.)

Flora (Nr. 27) von W. Beyer
Flora, mit einem Blumenkranz in der Hand, gehört als Göttin der Blumen und Blüten zum Kreis um die Erd- und Fruchtbarkeitsgöttin Ceres und vertritt unter den Jahreszeiten den Frühling.

Der Raub der Helena (Nr. 28) von W. Beyer
Paris, dem für den goldenen Apfel die schönste Frau der Welt versprochen wurde, lernte in Sparta die schöne Helena, Gemahlin König Menelaos', kennen. Er überredete sie, mit ihm zu fliehen und weigerte sich danach, sie an Menelaos zurückzugeben. Damit nahm die zehnjährige Belagerung Trojas ihren Ausgang, die in der gegenüberliegenden Gruppe mit der Flucht des Aeneas ihr Ende findet.

Die dreiteilige Figurengruppe zeigt Paris mit Helena auf den Armen, den Fuß auf ein geschnürtes Paket mit Schätzen aus den Truhen des Menelaos gestellt. Zwischen den Beinen des Paris kniet ein Mann mit Anker und Tauen in seinen Händen, der das Schiff für die Flucht bereithält.

Janus und Bellona (Nr. 29) von W. Beyer
Bellona, Schwester des Mars und ebenfalls Kriegsgottheit, verkörpert das tobende Schlachtengetümmel. In Rüstung und mit Helm dargestellt, lodert das Feuer des Krieges bereits in ihren Händen, doch der zweigesichtige Janus hält sie zurück. Ihm, dem Gott der Durchgänge und Torbögen, war in Rom ein Tempel mit einem Doppeltor geweiht – im Frieden geschlossen und im Krieg geöffnet, damit Janus in den Krieg einschreiten, Bellona besänftigen und den Frieden wiederherstellen konnte.

Mars und Minerva (Nr. 30) von V. Königer
Minerva, Göttin der friedlichen Künste, die einen Helm mit Federbusch trägt, hält den Kriegsgott Mars zurück, sein Schwert aus der Scheide zu ziehen.

Amphion (Nr. 31) von J. B. Hagenauer
Amphion, wohl als Pendant der gegenüber stehenden Kalliope zu sehen, gilt als Erfinder der Leier und gab sich, zum Spott seines Bruders Zethos, gern dem Saitenspiel hin. Als sie gemeinsam Theben eroberten und danach eine neue Stadtmauer errichten wollten, ergriff Amphion die Leier und die Steine bewegten sich von selbst, während sich Zethos Steine schleppend abmühte.

Mucius Scaevola (Nr. 32) von Johann Martin Fischer; nach einem Modell von W. Beyer
Als Rom vom Etruskerkönig Porsenna belagert wurde, ging der Sage zufolge Mucius, ein heldenhafter Römer, in das feindliche Lager, um Porsenna zu ermorden, erstach aber irrtümlich dessen Schreiber. Dem König vorgeführt, erklärte er, nichts verraten zu wollen, hielt als Zeichen der Unerschrockenheit seine Hand freiwillig über ein glühendes Kohlebecken und ließ sie verbrennen. Seit damals trug er den Namen Scaevola, der Linkshänder. Mut und Opferbereitschaft für den Staat vorführend, zeigt die Schönbrunner Statue den Helden, der die geballte rechte Faust in das Feuer einer Schale legt.

Die Statuen in den Bosketten
Nicht nur das Große Parterre vor der Südfassade des Schlosses, sondern auch einzelne Boskette sollten mit Statuen geschmückt werden, für deren Herstellung Beyer und Hagenauer beauftragt wurden.

Im Zentrum des Bosketts „Bei der Kaiserfigur“ steht die von Beyer geschaffene Gruppe „Alexander und Olympias“. Alexander, der im 18. Jahrhundert als großzügiger Sieger und Begründer des Vielvölkerstaates galt, erfährt vor seiner Abreise zum Kampf gegen die Perser von seiner Mutter Olympias, daß Jupiter sein Vater ist.

Für das Brunnenhaus des Schönen Brunnens schuf Beyer die Quellnymphe Egeria, eine seiner anmutigsten Figuren. Der Sage zufolge lehrte sie die Römer, wie Götter durch religiöse Handlungen günstig zu stimmen sind, um so das Wohlergehen des Staates zu sichern. Dem Brunnen gegenüber befindet sich die ebenfalls von Beyer geschaffene „Rhea Kybele“. Sie galt als Herrin des Waldgebirges und der darin lebenden wilden Tiere, aber auch als Begründerin befestigter Städte und trägt daher eine Mauerkrone auf ihrem Haupt.

Der Heckensaal um den Engelsbrunnen ist an seinen Schmalseiten mit den Statuen der Eurydike und des Cincinnatus, beide von Beyer, geschmückt.

Eurydike ist in dem Moment dargestellt, als sie versucht, sich der Schlange um ihr Bein zu entledigen, ängstlich nach dem Verfolger um sich schauend. Am ihrem Hochzeitstag mit Orpheus wurde sie von Aristheus verfolgt, trat auf eine giftige Schlange und starb. Orpheus sollte es in der Folge nicht gelingen, sie aus der Unterwelt zu befreien.

Cincinnatus, ein einfacher, ganz dem Staat verpflichteter Edelmann, ist in dem Moment dargestellt, als er sich, auf seinen Pflug gestützt, die Sandalen schnürt, um seiner Ernennung zum Diktator Roms zu folgen.

In der östlichsten Allee befinden sich die von Hagenauer geschaffenen Statuen: seitlich des Obelisken-Rondeaus eine nicht näher bezeichnete Römische Matrone sowie die Figurengruppe der Hesperidenschwestern Hesperia und Arethusa.

Diese und folgende Seite:
Das Rundbassin – einer der beiden Najadenbrunnen von Wilhelm Beyer – im Ostteil des Parks

Diese und folgende Seite:
Der Neptunbrunnen von Johann Ferdinand Hetzenberg von Hohenberg am Fuß des Schönbrunner Berges

In den westlichen Bosketten schmückt eine Statue der Jagdgöttin Diana den Ausgangspunkt des „Fächers", die mit der im gegenüberliegenden Boskett „Beim Schützen" aufgestellten Figur des Sonnengottes Apoll im Zentrum des rundbogigen Heckenganges korrespondiert. Beide Statuen wurden von Hagenauer nach Vorlagen der berühmten antiken Figuren des Apoll im Vatikanischen Museum in Rom und der Diana in Versailles, heute im Louvre, geschaffen.

An den Schnittpunkten der beiden Alleensterne ist jeweils ein Rondeau angelegt, um das die Seitenalleen als kreisförmige Umgänge herumgeführt werden. Die Mitte wird jeweils von einem statuengeschmückten Brunnen, dem Najadenbrunnen, betont. Beide Najadengruppen – Najaden gehörten als Quell- und Wassergeister zum Gefolge Neptuns – wurden von Beyer geschaffen. Im Hietzinger Sternbassin, das sich bis 1772 im Großen Parterre befand, ist die Najade mit einem Seetier, als Pendant im Meidlinger Rundbassin mit einem Wasservogel spielend dargestellt. Den Rand der Plätze säumen jeweils acht große klassizistische Marmorvasen auf hohen Sockeln, die von Hagenauer ausgeführt wurden.

Das inhaltliche Konzept des Statuenprogramms

Wilhelm Beyer publizierte einen Großteil der Schönbrunner Figuren in seinem zweiteiligen, 1779 erschienenen Stichwerk *Österreichs Merkwürdigkeiten, die Bild- und Baukunst betreffend*, von dem er einen Teil dem Staatskanzler Kaunitz als Protektor der Akademie der bildenden Künste widmete. Einzelne Figuren versah er mit eigenen Kommentaren, in denen er die Bedeutung des Antikenstudiums betonte. Die Vollkommenheit antiker Statuen sah Beyer einerseits in der idealen Nachahmung der Natur, andererseits auch in der idealen Verkörperung eines spezifischen Charakterzuges, die sich in der äußeren Erscheinungsform und den Attributen des Dargestellten zeigt.

An der inhaltlichen Konzeption des Figurenprogramms waren Kaunitz und auch Freiherr Joseph von Sperges als Kenner der antiken Mythologie und Geschichte maßgeblich beteiligt, während Beyer seine Aufgabe darin sah, einen „Nationalgeschmack" zu formulieren, bei dem sich „das Schöne und Nützliche nach eigener Auffassung zusammensetzen" sollte. Gleichzeitig war es sein größtes, allerdings nicht erreichtes Ziel, sich stilistisch von französischen und italienischen Vorbildern zu lösen.

Die Darstellung von Göttern gehörte auch noch am Ausgang des Barock zur gängigen Herrschersymbolik: Sie sollten Stimmungen beim gefühlvollen und gebildeten Betrachter hervorrufen; ähnlich wie bei den gleichzeitigen, von Empfindsamkeit geprägten literarischen Strömungen.

Die Schönbrunner Statuen waren ursprünglich für die Gestaltung des Großen Parterres und des Hügels geplant. Im Jahr 1777 erfolgte eine Planänderung, deren Ursache aufgrund fehlender Quellen nicht ausreichend geklärt werden kann; jedenfalls wurde „die Herabbringung der auf dem Berg versetzten Figuren samt Postamenten in den Garten" veranlaßt. Daraus erklärt sich, daß kein einheitliches ikonographisches Gesamtkonzept in der endgültigen Aufstellung vorhanden ist.

Dennoch lassen sich zwischen einzelnen Figurengruppen inhaltliche Bezüge aufweisen. So zum Beispiel zwischen Kalliope als Muse des Heldengedichtes und Amphion, dem Erfinder der Leier, welche die Musik miteinander verbindet. Der Raub der Helena und die Flucht aus Troja markieren Anfang und Ende des Trojanischen Krieges, wobei die Flucht des Aeneas zudem als Ausdruck der Fürsorge und Pietät verstanden wurde. Die an den Kreuzungspunkten mit der Finsteren Allee stehenden Figuren könnten als die vier Haupttugenden einer Staatsmacht gedeutet werden, da Jason die Unternehmungslust, Aspasia die Klugheit, Fabius Cunctator die Bedachtsamkeit und Perseus die Kühnheit symbolisieren.

Die Herrschaft des Friedens über den Krieg sollten wohl die Gruppen der Kriegsgötter Mars und Bellona mit den gegen den Krieg einlenkenden Göttern Minerva und Janus symbolisieren.

An der Kreuzung mit der Lindenallee lassen sich die Nymphen sowie die formal ähnlich gestalteten Priesterinnen mit ihren Opferkörben zu einer Gruppe zusammenfassen.

Weitere thematische Zusammenhänge bestehen zwischen Omphale und Perseus, zwischen Apoll, Äskulap und Hygieia, die durch das gemeinsame Attribut der Schlange als Götter der Heilkunst miteinander verbunden sind. Der berühmte Jäger Meleager und Diana als Jagdgöttin bezeichnen den unmittelbaren Bezug zum Schönbrunner Tiergarten, der sich gegenüber der Rustenallee befindet.

DER NEPTUN-BRUNNEN

Als Abschluß des ebenen Großen Parterres erhebt sich am Fuß des Berghanges der Neptunbrunnen, der zum Gesamtkonzept der Gartengestaltung gehörte. Mit den Grabungen für das Bassin wurde 1776 begonnen, und nach vierjähriger Bauzeit konnte die Brunnenanlage noch vor dem Tod Maria Theresias vollendet werden. Der Entwurf stammte mit großer Wahrscheinlichkeit von J. F. Hetzendorf von Hohenberg, Wilhelm Beyer zeichnete für die ebenfalls aus Sterzinger Marmor geschaffene Figurengruppe verantwortlich.

Der Neptunbrunnen. Kolorierter Stahlstich von L. Robock/C. Rohrich. Um 1870

Eine gegen den Berghang zurückschwingende Stützmauer, die mit einer vasenbesetzten Balustrade versehen ist, bildet die Rückwand des riesigen Brunnenbassins. In der Mitte wölbt sich ein halbovaler Sockel nach vor, auf dem sich eine Felslandschaft erhebt, die vom Meeresgott Neptun und seinem Gefolge bevölkert ist. Stützmauer und Sockel sind durch Blendtafeln gegliedert, am Sockel sind diese mit Masken versehen, die vertikalen Stützglieder mit Blumengirlanden geschmückt.

Im Zentrum der Figurengruppe steht Neptun – mit dem Dreizack in der Hand – in einem Muschelwagen über einer Felsgrotte. Zu seiner Linken befindet sich eine Nymphe, zur Rechten kniet die Thetis, ebenfalls eine Nymphe. Sie bittet Neptun, die Seefahrt ihres Sohnes Achill zu begünstigen, der zur Eroberung Trojas aufgebrochen war. Am Fuß der Felsgrotte tummeln sich – halb Mensch, halb Fisch – die zu Neptuns Gefolge gehörenden Tritonen mit Muscheltrompeten, deren Töne Mensch und Tier in Angst und Schrecken versetzen können, in den Händen. Sie lenken die Meerespferde, sogenannte Hippokampen, mit denen Neptun die Meere befährt.

Die in der Kunst vom 16. bis ins 18. Jahrhundert häufig dargestellte Meerfahrt des Neptun, das Element des Wassers beherrschend, stand als Gleichnis für den Fürsten, der die Kräfte des Landes zu lenken weiß. Die ursprünglich frei stehende Neptungruppe wurde im 19. Jahrhundert mit einer Baumkulisse hinterlegt.

DIE GLORIETTE

Bereits Fischer von Erlach hatte die Bekrönung des Schönbrunner Berges durch ein Belvedere vorgesehen, das den adäquaten Abschluß der barocken Schloßanlage bilden sollte. Doch erst im Zuge der von Hohenberg durchgeführten Gartengestaltung konnte das Vorhaben realisiert werden. Die Gloriette wurde im Jahr 1775 nach Plänen Hohenbergs als frühklassizistischer Kolonnadenbau auf der Hügelkuppe errichtet.

Der Baukörper setzt sich aus einem triumphbogenartigen Mittelteil mit luftigen vierbogigen Arkadenflügeln zusammen. Der Mittelteil, der noch im letzten Lebensjahr Maria Theresias verglast wurde, ist von einem mächtigen Reichsadler auf der Weltkugel bekrönt, umgeben von Waffentrophäen. Das von einer Balustrade eingefaßte Flachdach diente bereits zu Beginn des 19. Jahrhunderts als Aussichtsplattform. Die darunter liegende Attika trägt die Inschrift JOSEPHO II. AVGVSTO ET MARIA THERESIA IMPERANTIB. ERECT. CIƆIƆCCLXXV. Die Schreibweise der Jahreszahl geht auf eine etruskische Gemme zurück, die vor der Einführung des römischen Zahlensystems verwendet wurde und bei der CIƆ für M und IƆ für D steht.

Neben der zum Mittelrisalit führenden Freitreppe sind auch seitliche Treppenanlagen ausgeführt, die jeweils von mächtigen Trophäenstücken gesäumt werden. Dabei handelt es sich um Kompositionen aus antikisch-römischen Rüstungen mit Schilden, Feldzeichen und Löwen, die vom Bildhauer J. B. Hagenauer geschaffen wurden. Das zentrale Adlermotiv und die übrige Bauplastik wurde von Benedikt Henrici ausgeführt.

Ein Großteil der Doppelsäulen, Kapitelle, Arkadenbögen und Gebälkstücke stammen aus dem 1568 von Maximilian II. begonnenen Renaissanceschloß Neugebäude. Ebenfalls von dort kommen die Bukranien: Stierköpfe, die im Inneren des Mittelrisalites den Fries schmücken. Der nie vollendete Bau von Schloß Neugebäude wurde 1774 an das Militär abgegeben, um ihn zukünftig als Pulvermagazin zu nutzen. In der Folge verfügte Maria Theresia, die wertvollen Bauteile abzutransportieren und für die Gestaltung des Schönbrunner Gartens wiederzuverwenden.

Die Gloriette wird in der Literatur immer wieder als Denkmal für den „gerechten Krieg" interpretiert, der in der Vorstellung des 18. Jahrhunderts nicht sinnlos geführt wurde, sondern zur Herstellung des Gleichgewichtes und zur Festigung der Ordnung dienen sollte.

Die Römische Ruine. Kolorierte Radierung von Lorenz Janscha/Johann Ziegler. 1779/80

Im 19. Jahrhundert wurde der verglaste Innenraum der Gloriette häufig als Speiseraum verwendet. Für die Zubereitung der Speisen errichtete man in unmittelbarer Nähe ein Küchenhaus, das um 1925 abgerissen wurde. Im Jahr darauf wurde auch die Verglasung beseitigt. Ein Bombentreffer im Jahr 1945 zerstörte fast gänzlich den Ostflügel des Bauwerkes, der in den nachfolgenden Jahren wiederhergestellt wurde. Im Zuge einer 1994/95 durchgeführten Restaurierung wurde der Mittelteil der Gloriette wieder verglast.

Die Kleine Gloriette

Mitten im bewaldeten Berghang und in der Nähe des heutigen Maria Theresientores gelegen, befindet sich die Kleine Gloriette, ein turmartiger, zweigeschossiger Pavillon, der um 1775 vermutlich von Isidor Canevale errichtet wurde. Der oktogonale, mit Balkonen und einem angebauten Treppenhaus versehene Bau diente vermutlich als Aussichtspavillon. Der Innenraum ist mit einer heiteren Architekturmalerei im Stil des Rokoko ausgestattet.

DIE RÖMISCHE RUINE

Die Römische Ruine, ursprünglich als „Ruine von Karthago" bezeichnet, steht am Fuß des bewaldeten Schönbrunner Berges. Bei diesem Bauwerk handelt es sich um ein von Hohenberg entworfenes und 1778 fertiggestelltes Ensemble, das gänzlich in die umgebende Natur eingebunden ist. Als romantische Gartenkulisse – ähnliche Ruinenbauwerke wurden zwar schon vor der Mitte des 18. Jahrhunderts in England angelegt, Verbreitung fanden sie jedoch erst Jahrzehnte später – sollte die Anlage mit ihrem Ruinencharakter sentimentale Gefühle beim Betrachter wecken.

Hohenberg schuf die Römische Ruine in Schönbrunn als vollständigen Neubau nach dem römischen Vorbild des antiken Vespasian- und Titus-Tempels, dessen Überreste durch den um 1756 entstandenen Stich des Künstlers Piranesi überliefert waren.

Anders als beim Bau der Gloriette wurden – wie erst jüngst nachgewiesen werden konnte – sämtliche Architekturteile des Bauwerkes, die Säulen ebenso wie die Reliefs, unter der Anleitung des Hofarchitekten neu hergestellt. Die Steindekorationen wurden von den Bildhauern Beyer, Henrici und Franz Zächerle angefertigt. Spolien aus Neugebäude wurden lediglich für die dekorativen Steinarrangements rund um die Anlage verwendet.

Das Ensemble besteht aus einem rechteckigen Bassin, das von einem mächtigen Rundbogen mit seitlichen Mauerflügeln eingefaßt wird und den Eindruck eines in den Boden versinkenden antiken Gebäudes erweckt. Das Zentrum der Anlage bildet der Rundbogen mit einem fragmentierten Architrav und Fries, der mit Reliefs von verschiedenen Opfergeräten nach römischem Vorbild geschmückt ist. Die rechtwinkelig nach vor gezogenen Flügelmauern weisen neben dem Reliefdekor auch antikisierende Figuren und Büsten als zusätzlichen Schmuck auf.

Im Bassin vor der Ruine befindet sich auf der von Schilf umrahmten Anhäufung von Spolien eine Figurengruppe – die Flußgötter Moldau und Elbe symbolisierend –, die Beyer ursprünglich als Merkur und Artemis für ein Bassin im Großen Parterre schuf.

Die hinter dem zentralen Rundbogen aufsteigende Waldschneise war ursprünglich in Terrassenstufen gegliedert, die eine Wasserkaskade simulieren sollten und die zu einer von Hohenberg angekauften älteren Statue des Herkules führten, der, auf der bereits besiegten neunköpfigen Hydra stehend, mit dem dreiköpfigen Höllenhund Cerberus und mit personifizierten Lastern kämpft.

Der Obelisk. Kupferstich von Carl Schütz nach Johann Ferdinand Hetzendorf von Hohenberg. Um 1780

Diese künstliche Ruine mit ihrem antikischen Charakter und dem romantischen Stimmungswert wurde wohl durch die Ruinenarchitekturen Giovanni Battista Piranesis angeregt, mit denen sich Hohenberg nachweislich auseinandergesetzt hatte. Sie symbolisierte gleichermaßen den Untergang einstiger Größe wie auch das Bewahren der Überreste einer heroischen Vergangenheit.

Die zur Zeit der Erbauung geläufige Bezeichnung als Ruine von Karthago läßt vermuten, daß auch auf den Sieg Roms über Karthago angespielt wurde. Nachdem die Habsburger über Jahrhunderte Träger der römisch-deutschen Kaiserwürde waren und sich damit als legitime Nachfolger des einstigen römischen Imperiums sahen, sollte in diesem Bauwerk auch der dynastische Anspruch zum Ausdruck kommen.

DER OBELISKEN-BRUNNEN

Der Obeliskenbrunnen, ebenfalls am Fuß des Schönbrunner Berges gelegen, bildet den optischen Akzent am Ende der östlichen Diagonalallee und neben der Gloriette und der Menagerie einen der wichtigsten Blickpunkte des Gartens.

Wie die anderen Gartenobjekte wurde auch diese Brunnenanlage von Hohenberg entworfen und laut Inschrift am Sockel des Obelisken im Jahr 1777 errichtet. Die bildhauerischen Arbeiten führte Henrici, teilweise nach Entwürfen Beyers, aus.

Der Brunnen besteht aus einem Bassin, das von einer Stützmauer mit vasenbesetzter Balustrade gegen die dahinter liegende Böschung eingefangen ist. Die Mitte der Rückwand ist als ein von Flußgöttern bevölkerter Grottenberg ausgebildet, der sich bis zum Brunnenbecken vorwölbt und von einem Obelisken bekrönt ist. Der Grottenberg ist durch drei Wasserbecken gegliedert, über die sich das Wasser aus dem Mund einer zentralen Maske und aus den Vasen der Flußgötter bis zum Brunnenbecken ergießt. Diese aufwendigen Kaskaden sollten von einem eigenen Wasserreservoir gespeist werden, das oberhalb am Berg angelegt wurde und später als Schwimmbad diente.

Der Obelisk, von vier Schildkröten als Symbol der Stabilität getragen, sollte mit seinen Hieroglyphen die Geschichte des Hauses Habsburg erzählen. Sie sind allerdings samt und sonders erfunden, da Hieroglyphen erst ab 1822 entziffert werden konnten. Zwischen Grottenberg und Mauer führt eine zweiläufige Treppe zu einer Plattform, von der aus eine kleine Höhle im Grottenberg den Ausblick in die Allee ermöglicht.

Obelisken standen als kosmische Symbole schon bei den Ägyptern mit dem Sonnenkult in Verbindung. Von einer Goldkugel als Sonnensymbol bekrönt, verkörpern sie den Weg der Sonnenstrahlen zur Erde, während die vier Kanten die Weltrichtungen markieren. In der barocken Ikonographie diente der Obelisk als Symbol der fürstlichen Standfestigkeit und der stabilen Herrschaft. Der Adler auf der Sonnenkugel, der sich als einziges Wesen ohne Schaden der Sonne nähern konnte, symbolisiert den zwischen Himmel und Erde vermittelnden Herrscher. Bei der Schönbrunner Obeliskenanlage sollte wohl auch der Anspruch auf die unumstößliche und fortdauernde Herrschaft des Hauses Habsburg zum Ausdruck kommen.

DER SCHÖNE BRUNNEN

In der Ecke eines Heckenganges gelegen, wurde das vom Hofgärtner Steckhoven errichtete erste Brunnenhaus im Jahr

1771 durch einen vom Hofarchitekten Isidor Canevale ausgeführten Neubau ersetzt.

Das Brunnenhaus in Form eines quadratischen Pavillons ist sowohl an der Vorder- als auch an der Rückseite durch jeweils einen Rundbogen geöffnet, wobei in den rückseitigen Rundbogen die von Beyer geschaffene Figur der Egeria über einem Brunnenbecken plaziert ist. Sie hält eine Vase in der Hand, aus der sich das einst am Wiener Hof so sehr geschätzte Quellwasser in das Becken ergießt.

Der Eingang in das Schloß Schönbrunn.
Kupferstich von Carl Schütz. 1783

Die Fassade des kleinen tempiettoartigen Gebäudes ist – ebenso wie der Dreiecksgiebel und die mit Vasen bekrönte Flachkuppel – mit einer tropfsteinartigen Oberfläche gestaltet, während der Architrav mit Muscheln verziert ist. Auch im Inneren sind die Wände mit Tropfsteindekor versehen, die Ecken mit Schilfbündeln und die Decke mit Festons geziert. In eine der Wände ist die Steinplatte mit dem gekrönten „M“ eingelassen, die auf die Entdeckung des Schönen Brunnens durch Kaiser Matthias verweist.

Sämtliche Arbeiten zur „Verschönerung des Gartens“, wie es am Ausgang der Planungen hieß, wurden im letzten Lebensjahrzehnt Maria Theresias ausgeführt und noch vor ihrem Tod im Jahr 1780 abgeschlossen. Bereits ein Jahr zuvor ließ die Monarchin den Park für die Bevölkerung öffnen, der seither ebenso aufgrund seines pflanzlichen und künstlerischen Reichtums wie als Naherholungsgebiet der Wiener zahlreiche Besucher anzieht.

EHRENHOF UND SCHLOSSBRÜCKE

Im Ehrenhof wurden die ehemaligen Figurengruppen der beiden Brunnenbecken im Jahr 1776 durch neue, ursprünglich für das Große Parterre bestimmte ersetzt. Die von J. B. Hagenauer geschaffenen Statuen im östlichen Bassin stellen die Königreiche Galizien, Lodomerien – die erst kurz zuvor an das Reich Habsburg gefallen waren – und Siebenbürgen dar, während die von F. A. Zauner ausgeführte Figurengruppe im westlichen Bassin die Flüsse Donau, Inn und Enns verkörpern.

Auch der Bereich vor dem Schloß sollte im Zuge dieser letzten großen Ausstattungsphase einen entsprechenden Figurenschmuck erhalten. So wurde die über den Wienfluß zum Schloß führende Brücke auf der nördlichen Seite mit zwei Löwen, zum Schloß hin mit zwei Sphingen – alle von W. Beyer ausgeführt – besetzt, um den Eingang mit dem Obeliskentor zu bewachen.

Der Schöne Brunnen im Ostteil des Parks

Unten links: **Der Brunnenstein mit dem Monogramm seines Entdeckers Kaiser Matthias**

Die Gloriette, den Schönbrunner Berg
bekrönender Pavillon von
Johann Ferdinand Hetzendorf
von Hohenberg.

Die Kleine Gloriette im Meidlinger Teil des Parks,
die wahrscheinlich nach Plänen von Isidore Canevale erbaut wurde.

„Inmitten der hochadeligen, besternten Kammerherrn, Truchsesse, Adjutanten, des Kondukts der scharlachnen, in Gold und Silber strotzenden Nobelgarden, der in reicher Stickerei blitzenden Edelknaben und hinter den betreßten Federhüten zahlloser Hofbedienten schwand bei den feierlichen Aufzügen dem staunenden Auge beinahe die Hoheit des Gastes, dessen Rock der einfachste war.“

Ein zeitgenössischer Bericht
über die bescheidene Erscheinung des Biedermeier-Kaisers Franz II./I.

Schönbrunn im Biedermeier

Wie Maria Theresia bereits in einem Brief an Marie Antoinette besorgt geäussert hatte, zeigte Joseph II. für die Sommerresidenz Schönbrunn kaum Interesse und verfügte lediglich „in Schönbrunn soll alles in dem Stand, wie es dermalen ist, bis jetzt annoch belassen werden". Dennoch ließ er Erhaltungsarbeiten durchführen, darunter die Neueindeckung der Kavaliertrakte mit Walm- anstelle der Flachdächer, um den Witterungsschäden vorzubeugen.

Leopold folgte seinem Bruder Joseph II. als Römisch-Deutscher Kaiser nach und übersiedelte im März 1790 mit seiner Familie von Florenz nach Wien. Möglicherweise war eine neuerliche Nutzung Schönbrunns als Sommerresidenz geplant, die jedoch in der kurzen Regierungszeit des Kaisers nicht realisiert werden konnte. Leopold II. starb völlig unerwartet im Alter von 45 Jahren, und sein Sohn mußte 24jährig die Nachfolge antreten.

Franz wurde im Jahr 1768 in Florenz geboren und verbrachte eine ungezwungene und glückliche Kindheit am toskanischen Hof, dessen Atmosphäre von der liberalen Haltung seines Vaters Leopold geprägt war. Im Alter von sechzehn Jahren kam Franz zu seinem Onkel Joseph II. an den Wiener Hof, um eine entsprechende Erziehung als Nachfolger des kinderlosen Kaisers zu erhalten. Diese Nachfolge trat er allerdings erst nach dem Tod seines Vaters Leopold II. im Jahr 1792 an.

Die ersten Regierungsjahre des neuen, biederen Kaisers waren von kriegerischen Auseinandersetzungen mit Frankreich bestimmt, in denen Napoleon Bonaparte zuerst vom Hauptmann zum Konsul avancierte, bis er sich im Jahr 1804 zum erblichen Kaiser der Franzosen krönte. Als Reaktion auf die Krönung Napoleons nahm Franz den Titel eines Kaisers von Österreich – nun als Franz I. – an. Der Einfluß des habsburgischen Kaisers im Reich war außerdem durch die zunehmende Stärkung der protestantischen Reichsfürsten beträchtlich vermindert worden, und im Jahr 1806 legte Franz II. aufgrund der politischen Wirren die Kaiserkrone nieder und erklärte das Heilige Römische Reich Deutscher Nation als aufgelöst.

Bereits ein Jahr zuvor hatte Napoleon Österreich den Krieg erklärt und am 14. November 1805 mit seinen Truppen Wien besetzt. Der französische Kaiser bewohnte für wenige Tage Schloß Schönbrunn, um danach mit seinen Truppen nach Austerlitz weiterzureisen, wo er am 2. Dezember die Heere des österreichischen Kaisers und des russischen Zaren besiegte. Nach dieser erfolgreichen Schlacht nahm Napoleon mit seinem Heer vom 12. bis zum 27. Dezember neuerlich Quartier in Schönbrunn. Hier wurde am 15. Dezember anstelle eines Bündnisses zwischen Österreich und Napoleon ein Freundschaftsvertrag geschlossen und mit einem Konzert im Schloßtheater gefeiert. Es folgten die Friedensverhandlungen in Preßburg, die am 27. Dezember 1805 mit dem Ergebnis abgeschlossen wurden, daß Österreich Venetien, Istrien und Dalmatien an Napoleon abtreten mußte. Einen Tag später zog Napoleon ab – und Wien atmete auf.

Vier Jahre später – im Mai 1809 – besetzte Napoleon die Residenzstadt Wien ein zweites Mal. Wenige Tage später erlitt er jedoch in einer offenen Feldschlacht bei Aspern seine erste schwere Niederlage, der allerdings bald darauf sein Sieg über die österreichischen Truppen folgte. Der Aufruf des österreichischen Kaisers Franz I. an die deutschen Fürsten, Napoleon mit vereinten Kräften niederzuwerfen, wurde nicht wahrgenommen und das österreichische Heer unter der Führung von Erzherzog Karl, dem Bruder des österreichischen Kaisers, im Juli des gleichen Jahres bei Deutsch Wagram vernichtend geschlagen.

Napoleon, der sich nun auf dem Höhepunkt seiner Macht befand, residierte in Schönbrunn, wo am 14. Oktober 1809, zwei Tage vor seiner endgültigen Abreise, der Schönbrunner Friede unterzeichnet und damit der Französisch-Österreichische Krieg beendet wurde. Dieser Friedensvertrag zwang Österreich, schwere territoriale Verluste – insgesamt 100000 Quadratkilometer – wie auch enorme finanzielle Einbußen hinzunehmen.

Österreich mußte für diesen Frieden nicht nur die hohen Kriegsentschädigungen, sondern auch die Vermählung der Kaisertochter mit dem Usurpator akzeptieren. Der zum neuen Außenminister bestellte Clemens Wenzel Graf Metternich leitete diese aus politischen Gründen motivierte Verbindung in die Wege, und trotz des anfänglichen Widerstandes der kaiserlichen Eltern wurde die älteste Tochter Marie Louise im April 1810 mit Napoleon verheiratet.

Nach seinem kometenhaften Aufstieg erlitt Napoleon im Jahr 1812 eine schwere Niederlage in Rußland, ein Jahr später verlor er die Schlacht bei Leipzig und 1814 mußte er ins Exil gehen. In der Folge tagte der Wiener Kongreß, an dem sämtliche europäische Herrscher teilnahmen, um eine Neuordnung Europas zu schaffen. Während dieser achtmonatigen Konferenz kehrte Napoleon nach Paris zurück und trat die Herrschaft der Hundert Tage an: Er versammelte seine Soldaten, wurde jedoch bei der Schlacht von Waterloo neuerlich vernichtend geschlagen und schließlich auf die Insel Sankt Helena verbannt.

NAPOLEON IN SCHÖNBRUNN

Napoleon bewohnte bei seinen beiden Schönbrunn-Aufenthalten in den Jahren 1805 und 1809 vermutlich immer die gartenseitigen Räume im Ostflügel des Schlosses, während sich sein Generalstabschef Marschall Alexandre Berthier in den gartenseitigen Zimmern des Westflügels einquartiert hatte.

Während des zweiten Aufenthaltes in Schönbrunn diente der Zeremoniensaal als Audienzzimmer und der Blaue Chinesische Salon als Wohnzimmer. Das Vieux-Laque-Zimmer wurde als Salon oder auch als Schreibzimmer verwendet und das anschließende – auch heute noch als Napoleonzimmer bezeichnet – als Schlafzimmer; das Porzellanzimmer war Arbeitszimmer. (Napoleon beschwerte sich bei seinen beiden Schönbrunn-Aufenthalten zwar über die mangelnde Ausstattung, dennoch war er von der „wahrhaft königlichen Residenz“ beeindruckt.)

In dieser Zeit besuchte Napoleon mehrfach das Schönbrunner Schloßtheater, das man am 31. Juli 1809 mit einer Aufführung der *Phaedra* in der deutschen Fassung Schillers wieder bespielte. Er hörte sich sogar deutsche Opern an, obwohl er italienische bevorzugte. (Es wurde jedoch nur selten eine ganze Oper aufgeführt, in der Regel gab es bloß einen Akt, dem ein Ballett folgte.)

Karoline Pichler, die Tochter einer Kammerzofe Maria Theresias, beschrieb einen Theaterbesuch des französischen Kaisers und klagte dabei über dessen Unpünktlichkeit im Gegensatz zum überpünktlichen österreichischen Kaiser Franz I., der bereits anwesend war. Die Ankunft Napoleons wurde mit einem Trommelwirbel angekündigt, danach nahm dieser mit dem Textbuch in der Hand in seiner Loge Platz. Selbst wenn ihm ein Theaterstück nicht gefiel, die Schauspieler bedachte er jedesmal mit reichlichen Geschenken.

Während dieses mehrmonatigen Aufenthaltes nahm Napoleon vormittags oft die Paraden seiner Truppen ab, die bald zu einer beliebten Attraktion des schaulustigen Wiener Publikums wurden, zumal dies eine Gelegenheit war, den sonst kaum in der Öffentlichkeit auftretenden Napoleon zu sehen. Selbst Franz Grillparzer als deklarierter Franzosenfeind versäumte kaum eine der Musterungen in Schönbrunn oder auf der Schmelz und war beeindruckt vom Auftreten Napoleons, von dem er sagte: „Er bezauberte mich wie die Schlange den Vogel …"

Die Parade vor Schönbrunn.
Stich von Balthasar Wigand. 1840

Bei einer dieser Paraden konnte durch die Wachsamkeit der Offiziere ein Attentat auf Napoleon verhindert werden. Friedrich Staps, ein Pastorensohn aus Erfurt, wollte mit einem im Wams versteckten Messer den Kaiser der Franzosen, der auf der Ehrenhofstiege gerade die Parade abnahm, ermorden. Der junge Mann wurde dafür standrechtlich hingerichtet, obwohl Napoleon anfänglich glaubte, einen Geisteskranken vor sich zu haben. Nach diesem Zwischenfall hörte man auf, weiterhin Eintrittskarten für die Paraden zu verkaufen, um das Risiko zu vermindern.

Auf dem Höhepunkt seiner Macht ließ sich Napoleon von seiner ersten Gemahlin Josephine wegen deren Kinderlosigkeit scheiden und suchte nun an den bedeutendsten europäischen Höfen eine neue Gemahlin. Auf Betreiben Metternichs wurde 1810 Marie Louise, die älteste Tochter Franz' II./I., mit dem selbsternannten französischen Kaiser vermählt, um eine Annäherung der beiden verfeindeten Höfe einzuleiten. Marie Louises Erziehung – wie auch die ihrer Geschwister – war von starker Ablehnung der Franzosen geprägt (immerhin war ihre Großtante Marie Antoinette vor nicht allzu langer Zeit hingerichtet worden), und angstvoll reiste sie nach der Wiener Vermählung per procurationem in ihre neue Heimat. Nach dem ersten Zusammentreffen mit Napoleon fand sie diesen gar nicht so übel; er war von der habsburgischen Erzherzogin begeistert. Ein Jahr später wurde der erste Sohn geboren und auf den Namen Napoleon Franz Josef Karl getauft. Schon bei der Geburt erhielt er den Titel König von Rom, mit dem Napoleon den Anspruch seines Sohnes auf die zukünftige Kaiserwürde zum Ausdruck bringen wollte.

Napoleon verlor bald darauf die Macht, und zu Beginn des Jahres 1814 zog er in den Krieg. Frau und Kind sollte er nie mehr wiedersehen. Marie Louise reiste wenige Tage vor dem Einzug der Alliierten in Paris am 31. März 1814 mit ihrem Sohn ab, knapp zwei Monate später trafen Mutter und Kind in Schönbrunn ein.

Beim Wiener Kongreß erhielt sie das Herzogtum Parma, Piacenza und Guastalla als Entschädigung auf Lebenszeit übertragen, wo sie nach der endgültigen Niederlage Napoleons mit ihrem ständigen Begleiter und späteren Gemahl Adam Adalbert Graf Neipperg residierte. Der Sohn, der im Jahr 1818 den Titel eines Herzogs von Reichstadt erhielt, blieb bei seinem Großvater am Wiener Hof.

Nach den napoleonischen Kriegen sah Franz II./I. einer friedvollen Phase in der Geschichte Österreichs entgegen, die bald vom Biedermeier geprägt wurde. Er versuchte, die politische Linie seines Onkels Joseph II. weiterzuverfolgen, blieb aber aus Angst vor politischen Veränderungen einem ausgeprägten Konservatismus verhaftet. Um jegliches Revolutionspotential im Keim zu ersticken, führte Fürst Metternich, der als Haus-, Hof- und Staatskanzler mit uneingeschränkten Vollmachten ausgestattet war und so immer mächtiger wurde, ein restriktives Spitzel- und Zensursystem ein. Die zunehmende Verschärfung dieser diktatorischen Zustände bewirkte den völligen Rückzug der Bevölkerung in das Privatleben, in dem die Kultur des Biedermeier erblühen konnte.

Franz II./I. selbst sah sich in der Rolle eines fürsorglichen, aber auch strengen Landesvaters, der schließlich auch beim Volk als „guter Kaiser Franz" große Popularität genoß. Viermal verheiratet, fühlte er sich im Kreise seiner großen Familie am wohlsten.

Auf Wunsch Josephs II. wurde er zuerst mit Elisabeth Wilhelmine von Württemberg vermählt, die bei der Geburt ihres ersten Kindes starb. Bereits sieben Monate später heiratete Franz seine lebenslustige Cousine Maria Theresia von Sizilien, die ihm vier Söhne und acht Töchter gebar; alle nachfolgenden Ehen blieben kinderlos. Die zweite Gemahlin starb nach einer Frühgeburt im Jahr 1807. Schon neun Monate später vermählte sich der Kaiser zum dritten Mal, diesmal mit der 21jährigen Cousine Maria Ludovica von Modena-Este. Die junge Kaiserin litt jedoch an Tuberkulose, an der sie im Jahr 1816 starb. Trotz der schweren Krankheit war die Ehe glücklich; Maria Ludovica kümmerte sich um den kaiserlichen Haushalt ebenso wie um ihre Stiefkinder. Sieben Monate nach dem Tod der dritten Gemahlin vermählte sich Franz II./I. zum vierten Mal. Der neuen Gemahlin Karoline Augusta von Bayern war er aufgrund ihres blühenden Aussehens besonders zugetan und meinte hoffnungsvoll: „Dann hab ich nicht in ein paar Jahren gleich wieder eine Leich'."

Die Ehe mit der gebildeten, politisch und sozial engagierten Karoline Augusta war harmonisch. Die Kaiserin hielt sich allerdings aus Rücksicht auf ihre Schwester Sophie, die seit 1824 mit ihrem Stiefsohn Franz Karl verheiratet war, aus der Politik heraus, und so konnte die ehrgeizige Sophie ihre Macht am Wiener Hof begründen.

Das Arbeitszimmer des Kaisers Franz I. in Schönbrunn.
Aquarell von Peter Fendi. 1832

Franz II./I. ließ sich in der seit dem Tod Maria Theresias verwaisten Sommerresidenz Schönbrunn zunächst kein eigenes Appartement einrichten. Er bevorzugte Schloß Laxenburg als Aufenthaltsort, wo seit 1798 sein Hauptaugenmerk auf dem Bau der Franzensburg lag.

In Schönbrunn wurden für den ersten Sommeraufenthalt der kaiserlichen Familie im Jahr 1796 nur einige Einrichtungsgegenstände angeschafft, die Ausstattung trotz des schlechten Zustandes jedoch unverändert belassen. Als Maria Karoline von Neapel, Tante und mittlerweile Schwiegermutter des Kaisers, auf der Flucht vor Napoleon im Jahr 1800 mit vier Töchtern und dem Sohn Leopold, Prinz von Salerno, in Wien eintraf, dienten Schönbrunn und Laxenburg als bevorzugte Aufenthaltsorte. In Schönbrunn scheinen die zahlreichen Kinder – zu dieser Zeit hatte auch das Kaiserpaar bereits vier Kinder – eine besonders ungezwungene Atmosphäre geschaffen zu haben, die von ausgelassenen Spielen im Garten, in der Menagerie und in den botanischen Sammlungen geprägt war. Der zweijährige Aufenthalt der neapolitanischen Königsfamilie wurde im Jahr 1802 durch den Frieden von Amiens beendet, und Maria Karoline, erbittertste Feindin Napoleons, konnte wieder in ihre „angeheiratete" Heimat zurückkehren.

Im selben Jahr erfuhr zunächst der Garten eine Erweiterung, als im westlichen Fasangarten am Schönbrunner Berg von Erzherzog Johann der Tirolergarten angelegt wurde. Der

DER HERZOG VON REICHSTADT

Nachdem Napoleon Franz, am Wiener Hof kurz „Fränzchen" genannt, im Jahr 1814 als dreijähriger Exkronprinz nach Wien gekommen war, wurde er freundlichst in der kinderreichen Familie seiner kaiserlichen Großeltern aufgenommen. Schon bald war er der Lieblingsenkel des Kaisers, unter dessen Schutz er eine glückliche Kindheit am Wiener Hof verbringen konnte. Als der Knabe gärtnerisches Interesse bekundete, wurde dieses sogleich von Kaiser Franz II./I., selbst an Botanik und Vogelkunde interessiert, gefördert. Der kleine Franz erhielt im Schönbrunner Park eine Gärtnerausbildung, was durchaus der habsburgischen Tradition entsprach, mußten doch die männlichen Familienmitglieder neben ihrer intellektuellen Erziehung jeweils auch ein praktisches Handwerk erlernen. Im Tirolergarten ließ man für den jungen Herzog ein Stück Garten einzäunen, den er – einer zeitgenössischen Beschreibung zufolge – mit eigens für ihn verfertigten Spaten, Rechen, Sägen und dergleichen täglich aufsuchte. Dort errichtete er mit seinem Erzieher um 1818/19 auch ein mit einem einfachen Sofa und zwei Stühlen möbliertes Blockhaus, das zu einem Hügel aufgeschüttet wurde und den Namen „Robinsonhöhle des Herzogs von Reichstadt" erhielt.

Die Haubenlerche des Herzogs von Reichstadt

Die Erziehung des Herzogs gestaltete sich trotz seiner Liebenswürdigkeit von Anfang an schwierig, da er von einem unbeständigen Charakter geprägt und dauernden inneren Widersprüchen ausgesetzt war.

Nachdem Franz seinen Vater Napoleon kaum gekannt hatte, begann er im jugendlichen Alter diesen zunehmend zu heroisieren. Dies mag ihn wohl auch dazu bewogen haben, sich ohne Rücksicht auf seine Gesundheit der militärischen Laufbahn zu widmen und in seinem kurzen Leben bis zum Oberst aufzusteigen, um einen couragierten Soldaten nach väterlichem Vorbild abzugeben.

Der Herzog reifte zu einem attraktiven jungen Mann heran, der mit seinem Charme die gesamte Umgebung zu erobern wußte. Als gerngesehener Gast nahm er ausgelassen und übermütig an zahlreichen Bällen, Theaterbesuchen und Festlichkeiten teil, wo er sich – von den adeligen Damen umschwärmt – gern in den Mittelpunkt stellte.

Auch Erzherzogin Sophie konnte sich seinem Charme nicht entziehen und wurde zu seiner engsten Freundin am Wiener Hof. Sie war es dann schließlich auch, die ihn in den letzten Jahren seiner schweren Krankheit aufopfernd pflegte.

Als sich bei ihm die ersten Anzeichen der tödlichen Schwindsucht zeigten, wurden sie von dem jungen Mann zunächst hartnäckig ignoriert und geleugnet. Der Herzog führte sein Leben ohne merkliche Einschränkungen fort, so daß die Krankheit bald in vollem Umfang ausbrechen konnte und er ihr schließlich am 22. Juli 1832 in seinem Schlafzimmer in Schönbrunn erlag.

Ein Jahr zuvor hatte Marie Louise ihrem bereits schwerkranken Sohn, um den sie sich zeitlebens kaum gekümmert hatte, einige seiner persönlichen Gegenstände nach Wien geschickt. Darunter befand sich auch die Wiege des Königs von Rom, ein Geschenk der Bürgerschaft von Paris: Sie war mit Adlern geschmückt, eine Anspielung auf die einstmals hoffnungsvolle Zukunft des Sohns Kaiser Napoleons, der in Frankreich auch „l'Aiglon", der Adler, genannt wurde.

Der Herzog von Reichstadt als kleiner Gärtner.
Gemälde von Carl von Sales. Um 1815

Detail aus dem Fußboden:
Intarsien aus verschiedenen Hölzern

Der Mittelrisalit der Schönbrunner Ehrenhoffassade.
Entwurf von Johann Aman. 1820

jüngere Bruder des Kaisers wollte in dieser Anlage seine von dem Philosophen Jean Jacques Rousseau geprägten Ideale von Natürlichkeit, Einfachheit und Freiheitsliebe verwirklichen, die er im Leben der Alpenbewohner sah. Er ließ ein Wohnhaus und einen Stadel im Tiroler Stil erbauen sowie eine Viehwirtschaft einrichten. Das Anwesen sollte von einem echten Senn aus der Schweiz betrieben werden, um den authentischen Charakter der Anlage zu garantieren. Die Vieh- und Milchwirtschaft wurde zwar bis zum Ende der Monarchie betrieben, die volkskundlich orientierte und zum Teil romantische Besiedlungsidee ließ sich allerdings nicht verwirklichen. Der Tirolergarten wurde jedoch ein Refugium für die kaiserliche Familie und durch eine gewisse Urtümlichkeit und Einfachheit abseits des Hoflebens sehr geschätzt.

SCHÖNBRUNN ALS SOMMERRESIDENZ FÜR DEN HOF FRANZ' II./I.

Obwohl das Obersthofmeisteramt bereits im Jahr 1801 auf den schlechten Zustand der Ausstattung des Schönbrunner Schlosses verwies, wurden erst 1806, ein Jahr nach der ersten Besetzung durch Napoleon, einige Räume mit einer neuen Ausstattung versehen. Franz II./I. sah sich aus Gründen der ihm gebotenen Sparsamkeit, ausgelöst von der schweren finanziellen Belastung durch die napoleonischen Kriege, veranlaßt, lediglich kostengünstige Ausbesserungen durchführen zu lassen. So wurden zum Beispiel die brüchigen Vergoldungen nur mit gelber Firnisfarbe übermalt. Fünf Räume erhielten eine neue Ausstattung, sie wurden mit „indianischem Papier", kostbaren chinesischen Papiertapeten, spaliert. Die um die in der Mitte des 18. Jahrhunderts angefertigten Tapeten wurden vermutlich schon von Maria Theresia aufgrund ihrer Begeisterung für Chinoiserien angekauft und vorerst deponiert, so daß sie erst jetzt ihre endgültige Verwendung fanden.

Die bemalten Reispapiertapeten sind nur im Blauen Chinesischen Salon erhalten, im Gobelinsalon, im Napoleonzimmer, im Balkonzimmer und im Gelben Salon mußten sie einer späteren Neuausstattung weichen.

Die chinesische Reispapiertapete im Blauen Chinesischen Salon weist florale Motive auf hellem Untergrund auf. In den vertikal angeordneten Bahnen sind übereinanderliegend jeweils ein querovales Feld und ein Rechteckfeld mit szenischen Darstellungen auf blauem Bildgrund, gemalt mit der kostbaren Farbe Azurit, angeordnet. Die mit schwarzer Tusche und Bronzefarbe dargestellten Szenen sollten dem europäischen Betrachter vier, in der chinesischen Welt bedeutende Themenkreise näherbringen: die Seidenraupenzucht mit der Seidenproduktion, den Reisanbau, die Herstellung des begehrten Porzellans und die Teekultivierung. Die eingefügten Bilder werden von Blumen- und Bambusspalieren gerahmt, darüber befinden sich mit Blumen gefüllte Körbe, um die sich Vögel, Schmetterlinge und Insekten tummeln.

Ähnlich wie der Blaue Chinesische Salon war auch das heutige Balkonzimmer ausgestattet, das dem Monarchen später als Arbeitszimmer diente. Eine Darstellung aus dem Jahr 1832 mit dem Kaiserpaar und dem zweijährigen Enkel Franz Joseph zeigt ähnliche Tapeten – einem Inventarium aus dem Jahr 1812 zufolge mit „lichtgelben Grund und blauen Tableaux" –, die Oval- und Rechteckfelder sind allerdings in umgekehrter Weise angeordnet.

Die Ehrenhof- und die Gartenfassade.
Entwurf von Pietro Nobile. Um 1818/19

Vermutlich stammten alle in den fünf Schönbrunner Zimmern verwendeten Papiertapeten aus einer im Besitz des Kaisers befindlichen Sammlung von Möbelstoffen und Spalierungen, die in seinem Nachlaß als „von ausgezeichneter Schönheit, und in den Farben, Zeichnungen und Stoffe noch sehr gut erhalten" beschrieben wurden.

Trotz der erfolgten Neuausstattung hielt sich Franz II./I. mit seiner Familie und dem Hofstaat erst im Jahr 1814 wieder regelmäßig in Schönbrunn auf. Maria Ludovica, die dritte Gemahlin des Kaisers, übernahm im Frühjahr die Einteilung der Appartements, wobei auch für die Unterkunft der aus Frankreich zurückgekehrten Marie Louise mit ihrem Sohn gesorgt werden mußte.

Bei diesem Aufenthalt bewohnte das Kaiserpaar den Hietzinger Flügel des Schlosses, während der Ostflügel für Marie Louise und Napoleon Franz Josef Karl, den späteren Herzog von Reichstadt, bestimmt wurde. Die Töchter Leopoldine und Maria Clementine sowie Franz Karl bewohnten das Obergeschoß, während die jüngeren Kinder Carolina Ferdinanda und Maria Anna ihre Appartements im Erdgeschoß erhielten. Der Kronprinz Ferdinand, der zeitlebens kränklich war, wurde in unmittelbarer Nähe des Kaiserpaares untergebracht.

Die im Jahr 1814 erfolgte Einteilung der Appartements war keineswegs endgültig, und die bewohnten Räume wurden in der Folge mehrmals gewechselt. Spätestens ab 1827 bewohnte Franz II./I. mit seiner vierten Gemahlin Karoline Augusta neuerlich den Hietzinger Flügel, da der Meidlinger Trakt von seinem Sohn Franz Karl und dessen Gemahlin Sophie von Bayern bewohnt wurde. Dem Kronprinzen Ferdinand wurden die ehrenhofseitigen Räume des Westflügels zugeteilt, die er auch während seiner Regierungszeit ab 1835 bis zu seiner Abdankung im Jahr 1848 bewohnte. Für den Herzog von Reichstadt stand der Südtrakt des Ostflügels zur Verfügung, den bereits sein Vater Napoleon bewohnt hatte, während seine Mutter Marie Louise ihr eigenes Leben in Parma führte. Die Bemühungen, dem Sohn Napoleons die Nachfolge des Herzogtums Parma zu sichern, scheiterte am Widerstand der europäischen Großmächte, und als Trost erhielt er im Jahr 1817 – nach einer kleinen böhmischen Herrschaft – den Titel eines Herzogs von Reichstadt.

Nachdem im Jahr 1814 immer noch die finanziellen Mittel für eine standesgemäße Neueinrichtung fehlten, wurden unter anderem Laxenburger Einrichtungsgegenstände nach Schönbrunn transportiert oder auch Möbel ausgeliehen, um ein „gänzlich demeubliertes Schloß" für den Aufenthalt des Hofes, der achthundert bis tausend Personen umfaßte, schnell einzurichten. Franz II./I. hatte sich auch nicht davor gescheut, anläßlich der Hochzeit seiner Tochter Marie Louise mit Napoleon das Silber für die Hochzeitstafel vom Münzamt und von den Wiener Silberschmieden auszuborgen.

Spätestens seit dem Wiener Kongreß, der vom September/Oktober 1814 bis zum Juni 1815 stattfand, war offensichtlich, daß in Schönbrunn dringend Renovierungsarbeiten zur Erhaltung des Schlosses notwendig waren. Umbauten und Restaurierungen im Ostflügel des Schlosses erfolgten schon im Jahr 1809, bei denen die beiden Höfe und die Verbindungsgänge im Erdgeschoß ihre heutige Gestalt erhielten.

Unter der Leitung des Hofarchitekten Johann Aman wurden in den Jahren 1817 bis 1819 nicht nur die dringend notwendigen Baumaßnahmen durchgeführt, sondern auch eine

Der Blaue Chinesische Salon

Oben: **„Drescher der Ähren": Detail aus der Papiertapete**

Unten: **Detail aus einer der Tischplatten mit Steineinlegearbeiten**

Der gartenseitige Mittelrisalit des Schlosses

Im Dachboden des Schlosses

Neugestaltung der Schloßfassade nach seinen Plänen und im klassizistischen Geschmack umgesetzt.

Ein von Aman erstelltes Gutachten über den Zustand des Schlosses konstatierte schwere Schäden am Hauptgesims und beim Dachstuhl, bei dem „die unteren Theile der Stuhlsäulen und Sparren so wie die Dram sich in lauter Moder vorgefunden haben, aus welchem hervorgeht, daß bei einem starken Sturmwinde der obere noch haltbare Dachstuhl aus Mangel eines festen Aufstandes herabgestürzt wäre“.

Aman wurde mit der Herstellung eines neuen Dachstuhls beauftragt, die mit einer geplanten Fassadenneugestaltung Hand in Hand ging. Dabei sollte die mehrmals kritisierte Uneinheitlichkeit der Fassade ausgeglichen und zwischen den architektonischen Elementen ein Gleichgewicht geschaffen werden. Schon 1781 äußerte sich der von der klassizistischen Strömung geprägte deutsche Gelehrte Friedrich Nicolai verwundert über die „verfehlte Richtigkeit der Proportionen“ und den willkürlichen Umgang mit Säulen und Pilastern, die das Gebälk durchbrechen.

Um dem klassischen Formenkanon zu entsprechen, errichtete Aman im Bereich des neuen Dachstuhls eine Blendmauer, auf der er das Gebälk nun höher setzen und ungebrochen durchziehen konnte. So war es ihm möglich, auch die Pilaster entsprechend verlängern und sie ohne Platzmangel mit den ionischen Kapitellen unterhalb des Gebälks versehen.

Um einer weiteren klassizistischen Forderung zu entsprechen, entfernte Aman auch den reichen Rokokodekor der Fassade und die ehemals genuteten Pilaster wurden glatt verputzt. Die kontrastreiche und bewegte Oberfläche der Pacassischen Fassade wurde somit eliminiert, lediglich beim ehrenhofseitigen Mittelrisalit konnte sie auf ausdrücklichen Wunsch des Kaisers erhalten bleiben. Franz II./I. waren die vorgenommenen Veränderungen offensichtlich doch zu radikal erschienen. Auch an der Gartenseite fand der Architekt keine ästhetisch befriedigende Lösung und versah den rund abschließenden Mittelrisalit einfach mit einem linearen und stark vorkragenden Gebälk. Im Zuge dieser Arbeiten wurde auch die bereits im Jahr 1777 von Johann Ferdinand Hetzendorf von Hohenberg geplante Gartenstiege von Aman gebaut.

Erzherzogin Leopoldine, die Tochter Kaiser Franz' II./I.
Anonymes Gemälde.
Um 1815

Den Abschluß der Arbeiten bildete ein neuer Anstrich der gesamten Schloßfassade, bei dem vermutlich erstmals das seither für die gesamte Anlage typische „Schönbrunnergelb“ zur Anwendung kam. Den bisherigen Untersuchungen zufolge war das ehemalige Jagdschloß Fischers von Erlach in einem einheitlichen, hellen Gelbrosa gefärbelt, während das Schloß zur Zeit Maria Theresias zuerst eine lichtockergelbe und in den 1770er Jahren eine graublaue Farbe erhielt. Aman verwendete für die nach klassizistischem Geschmack veränderte Fassade erstmals zwei verschiedene Gelbockertöne für Wandflächen und Architekturteile; diese Zweifarbigkeit wurde bis heute beibehalten.

Franz II./I. entschied sich für die gemäßigtere Amansche Umgestaltung des Schlosses, nachdem auch der Direktor der Architekturschule der Wiener Akademie, der aus dem Tessin stammende Pietro Nobile, Entwürfe für eine neue Fassadengestaltung vorgelegt hatte. Nobile sah eine wesentlich radikalere klassizistische Lösung vor, in dem er die Fassaden in horizontaler Richtung vereinheitlichte. Vorrangiges Ziel dabei sollte sein, die Schwere der Seitenrisalite zu vermindern und eine Ausgewogenheit in den Proportionen der einzelnen Baukörper herzustellen. Bei dieser Lösung erscheint die Schloßmitte sowohl durch eine gleichmäßige Gestaltung wie auch durch ein neues vorgeblendetes Sockelgeschoß aus Pfeilerarkaden, das die Freitreppen beherbergt, zu einer Einheit zusammengefaßt. Die vom Kaiser bestellten Pläne fanden vermutlich aufgrund der Radikalität in der künstlerischen Auffassung keine Zustimmung, da sie eine völlige Veränderung des ehemaligen Barockschlosses mit sich gebracht hätten.

Die Umbauten des Schlosses waren um 1820/21 abgeschlossen, und der Hof konnte wieder regelmäßig den Sommeraufenthalt in Schönbrunn verbringen. In einigen Räumen wurde das ehemalige Rokoko-Mobiliar durch ein neues im Stil des Empire ersetzt, die privaten Gemächer richtete man auch im Biedermeierstil ein.

Nach dem Umbau wurde Schönbrunn von Franz II./I. und seiner vierten Gemahlin Karoline Augusta, dem Thronfolger Ferdinand, dem Herzog von Reichstadt und ab 1824 auch von Franz Karl und dessen Gemahlin Sophie von Bayern bewohnt. Mit Ausnahme der jüngsten Tochter Maria Anna, die unverheiratet blieb, hatten die Töchter des Kaisers bereits den Wiener Hof verlassen.

Marie Louise lebte, mittlerweile mit Graf Neipperg verheiratet, am Hof in Parma. Leopoldine wurde aus politischen Gründen mit dem portugiesischen Kronprinzen und späteren Kaiser von Brasilien Dom Pedro verheiratet und hatte 1817 die Reise in die neue Heimat angetreten. Die an Naturwissenschaften interessierte und hochintelligente Leopoldine initiierte und unterstützte in der Folge die Unabhängigkeitsbestrebungen Brasiliens vom Mutterland Portugal, wofür die österreichische Erzherzogin heute noch landesweit verehrt wird. Die Ehe mit ihrem jähzornigen und epileptischen Gemahl, die von Anfang an wegen dessen ausschweifenden Lebenswandels schwierig war, verschlechterte sich parallel zu den politischen Erfolgen der jungen Kaiserin. Leopoldine, die bereits sechs Kinder geboren hatte, erlitt im Jahr 1826 vermutlich aufgrund der körperlichen Mißhandlungen durch ihren Gemahl eine Fehlgeburt, an deren Folgen sie wenige Tage später verstarb.

Maria Clementine heiratete ihren Onkel Leopold, den Prinzen von Salerno, und Caroline Ferdinanda wurde mit dem Kronprinzen Friedrich August von Sachsen vermählt, mit dem sie in Dresden lebte.

„Wer das Großartige, das Kaiserliche, das Symmetrische, die bestimmten Formen liebt, den wird Schönbrunn mehr ansprechen als Laxenburg; für den, der das Abwechselnde, das Freundliche, das Wasser, die Natur selbst vorzieht, hat Laxenburg mehr Reiz. Ich jedoch werde immer Schönbrunn höher schätzen."

Franz Joseph
als Dreizehnjähriger in einem Aufsatz über Schönbrunn und Laxenburg

Glanz vor dem Untergang: Kaiser Franz Joseph

Sophie, Tochter des ersten Königs von Bayern und Schwester Karoline Augustas, der vierten Gemahlin des Kaisers Franz II./I., wurde im Jahr 1824 aus rein politischen Gründen mit Franz Karl, dem zweitgeborenen Sohn des Monarchen verheiratet. Der Kaiser war schon alt, der Thronfolger Ferdinand epileptisch und seine im Jahr 1830 mit Maria Anna von Sardinien-Piemont geschlossene Ehe kinderlos.

An nächster Stelle in der Erbfolge der nunmehr österreichischen Kaiserwürde stand Franz Karl. Er war allerdings wenig ehrgeizig, „an Körper und Geist schwach" und „gutmütig bis an die Grenzen des Wahnsinns". Aber zumindest seine Ehe mit der bayerischen Prinzessin sollte einen Thronfolger hervorbringen, der in der Lage war, die österreichische Kaiserkrone zu übernehmen.

Doch vorerst – nach einer Frühgeburt und mehreren Fehlgeburten in den ersten Jahren – blieb auch diese Ehe kinderlos. Auf Anraten des prominenten und auch bei Hof angesehenen Arztes Doktor Malfatti begab sich Sophie jährlich zur Kur nach Ischl, da man den dortigen Heilquellen empfängnisfördernde Wirkung zuschrieb. In dieser Zeit soll sich den damaligen Gerüchten am Hof zufolge auch eine Romanze zwischen der Erzherzogin und dem um einige Jahre jüngeren Herzog von Reichstadt entwickelt haben; bis zu seinem Tod im Jahr 1832 sollte sie ihn später aufopfernd pflegen.

Die Ischler Kuren, bei Frauenleiden und Kinderlosigkeit damals häufig verordnet, waren auch bei Erzherzogin Sophie erfolgreich: Am 18. August 1830 wurde der erste Sohn in Schönbrunn geboren und auf den Namen Franz Joseph Karl getauft. Taufpate war kein geringerer als der kaiserliche Großvater Franz II./I., und der ganze Hof war über den ersehnten Thronfolger überglücklich, da vom kranken Thron-

DER KAISER ALS KIND

Als Kind immer nur „Franzi" genannt, wuchs Franz Joseph in der Obhut der Baronin Luise von Sturmfeder auf, seiner Aja, die eine für damalige Verhältnisse höchst modern denkende Frau war. Am Hof kurz „Ilb" genannt, wurde sie auch die Aja der nachfolgenden Geschwister, ihr Herz hatte sie allerdings an den Erstgeborenen verloren. Die Liebe war gegenseitig, und mit dem kindlichen Satz „wenn du einmal stirbst, lasse ich dich ausstopfen" drückte der vierjährige Bub seine ganze Zuneigung zur Erzieherin aus. Die Baronin äußerte jedoch mit Bedauern, daß ihr kleiner Zögling viel zu sehr verwöhnt würde und daß sich alles nur um ihn drehte. Von den Hofdamen wurde er übertrieben bewundert, „Gottheitl" genannt, und selbst die Garden und Wachposten mußten vor dem Knirps zu dessen Erheiterung und Freude salutieren oder das Gewehr präsentieren. Es zeigten sich also schon die ersten Anzeichen seiner Vorliebe für alles Militärische, und als man ihm einmal das kleine Brüderchen Ferdinand Max auf die Knie legte, meinte er überzeugt: „Ich bin der Soldat, das ist dem Soldat sein kleines Kind." Ebenso früh zeigten sich sein später so charakteristisch werdender Ordnungssinn und das Pflichtbewußtsein – beides wurde häufig der gründlichen Erziehung durch seine Aja zugeschrieben. Als er einmal zum Namenstag seines Stiefonkels, König Ludwig I. von Bayern, mit einem riesigen Blumenstrauß erschien, soll er auf die Frage, ob dieser nicht zu schwer für ihn sei, geantwortet haben: „Ich trag' gern, was schwer ist." Franz Joseph sollte bei dieser kindlich unbewußten Antwort schon vorwegnehmen, daß das Schicksal zahlreiche, tatsächlich schwere Bürden für ihn bereithielt.

Erzherzogin Sophie mit ihrem Sohn Franz Joseph auf dem Schoß. Ölgemälde von Josef Karl Stieler. 1832

Franz Joseph mit seinen Brüdern und der einzigen Schwester. Lithographie von Josef Kriehuber. Um 1837

folger Ferdinand keine Nachkommen zu erwarten waren. Die bayerische Prinzessin aus dem Hause Wittelsbach hatte somit ihre oberste Pflicht erfüllt.

Bald darauf gebar Sophie ihre weiteren Kinder: 1832 kam Ferdinand Max, im Jahr darauf Karl Ludwig, 1835 Maria Anna und 1842 Ludwig Viktor zur Welt. Die einzige Tochter verstarb allerdings bereits im Alter von vier Jahren.

Nach der Geburt des dritten Knaben schrieb die überglückliche Sophie nach Bayern: „Ich kann dem Himmel nicht genug danken, daß Er nicht aufhört, mich in meinen Kindern zu segnen, die mir bisher unberufen nur Freude und Genugtuung bereitet haben." Sie hatte berechtigte Hoffnungen, daß der zukünftige Kaiser nur aus ihrer Familie kommen konnte. Sophie war natürlich eine sehr stolze Mutter, jedoch streng darauf bedacht, daß ihre Kinder eine Erziehung erhielten, die ihren Vorstellungen entsprach, wobei Pflichterfüllung, Fleiß, Selbstbeherrschung und Entsagung unbedingte Ziele waren.

Sophie kam als junge, ehrgeizige Frau nach Wien und sah sich am Hof ausschließlich von Schwächlingen umgeben. In diesem Umfeld fiel es ihr nicht schwer, Macht und Einfluß am Wiener Hof zu gewinnen und ihre eigenen Interessen zu verfolgen. Schon bald hieß es, daß die Erzherzogin „der einzige Mann am Hof" sei.

Als Franz II./I. im Jahr 1835 starb, übernahm eine Staatskonferenz, der auch Metternich angehörte, die Regierungsgeschäfte. Der Kaiser hatte dies noch zu Lebzeiten bestimmt, um den schwerkranken Thronfolger bei seinen Aufgaben zu entlasten. Metternich baute in der Folge seine Macht mehr und mehr aus und erstickte durch Zensuren und Spitzelwesen jegliche aufkeimende Reformbewegung. Im Jahr 1848 brach schließlich – wie zuvor schon in anderen europäischen Hauptstädten – die Revolution aus, Metternich mußte fliehen, und

Franz Joseph, Ferdinand Max und Karl Ludwig bei ihren Sommerspielen vor dem Meidlinger Pavillon.
Aquarell von Franz Barbarini. Um 1839/40

Ferdinand I. dankte am 2. Dezember als Kaiser ab. Franz Karl verzichtete auf sein Thronfolgerecht zugunsten seines Sohnes Franz Joseph – damit hatte Erzherzogin Sophie ihr konsequent angestrebtes Ziel erreicht. Franz Joseph wurde im Alter von achtzehn Jahren Kaiser von Österreich, ein Amt, das er als pflichtbewußter Monarch 68 Jahre lang ausüben sollte. Seine Regierungszeit ist untrennbar mit Schönbrunn verbunden, seinem selbsterwählten Lieblingsaufenthalt, wo er bereits seine glückliche Kindheit verbracht hatte.

Nachdem sich das Appartement Sophies und Franz Karls im Ostflügel befand, spielten die Kinder häufig unter der Aufsicht der Aja im Kammergarten, dem Privatgarten der kaiserlichen Familie, der zwar verschlossen, für Spaziergänger dennoch einsichtig war. So versammelten sich unter anderem im August 1831 neugierige Parkbesucher vor dem Gartenzaun, um den einjährigen Erzherzog zu sehen; ein Ereignis, das die Aja Luise von Sturmfeder in ihrem Tagebuch festhielt: „Heute Nachmittag war der Kleine vor dem Schlosse installiert in seiner Gehschule. Er spielte, ich las, da sammelte sich eine Menge Publikum um das Türchen, von wo aus man ihn sehen konnte. Die Erzherzogin sah das vom Fenster aus, kam herunter und nahm den Kleinen und brachte ihn der Menge hinaus. Die Leute waren entzückt. … nun dankten sie ihr alle, daß sie ihnen den Kleinen gezeigt habe. Sie unterhielt dies sehr und der Kleine winkte und war herzig. Die Leute sprachen ganz deutlich und laut von den Hoffnungen, die sie auf ihn setzen.“ Nicht nur Sophie und der Hof, auch die Bevölkerung hoffte auf einen gesunden Thronfolger, der einmal tatkräftig die Regierung übernehmen konnte.

Franz Joseph entwickelte sich prächtig, wurde der Liebling seines kaiserlichen Großvaters und Taufpaten und fand in dem bereits schwerkranken Herzog von Reichstadt seinen ersten Freund. In einer Atmosphäre weitgehender Ungezwungenheit machte der kleine „Franzi“ Spaziergänge mit dem Herzog von Reichstadt im Garten, oder er durfte mit seinem Großvater und den anderen erzherzoglichen Kindern die Menagerie besuchen.

Auch als die Kinder dann heranwuchsen, bot Schönbrunn ausreichend Platz und Gelegenheit für Spiele. Der besonders tierliebende wie auch poetisch begabte Ferdinand Max – in der Familie Maxi gerufen – bekam 1839 zu seinem siebten Geburtstag als Geschenk „eine Volière mit 24 Vögeln, einen Papagei, ein kleines Reh, ein Meerschwein, zwei Eichhörnchen, kurz eine ganze Menagerie und hatte dies alles gewünscht. Dann hatte man ihm einen kleinen Garten mit einer ganz deliziösen indischen Hütte und lauter Indianergerätschaften eingerichtet, eine Hängematte an zwei Bäumen angebracht, die schönsten Blumen und Gewächse waren ringsum gestellt und Ananas im Boden eingesetzt“.

Der erwähnte Garten wurde in der Meidlinger Vertiefung errichtet, wo man für die Kinder einen Spiel-, Turn- und Exerzierplatz anlegte, dem die Broderiebeete und Brunnen aus der Mitte des 18. Jahrhunderts weichen mußten. Neben der Indianerhütte für Max, der schon als Kind für die Fremde schwärmte, gab es verschiedene Turngeräte, eine Schaukel sowie einen Kaninchenstall. Auch die anderen Tiere – Schafe und Ziegen, die die Kinder geschenkt bekamen – wurden hier gehalten.

Ein Aquarell von Peter Fendi, der von Erzherzogin Sophie für zahlreiche Kinderbilder beauftragt wurde, zeigt den Spielplatz der Kinder mit einem Holzpavillon in der Mitte, auf dessen Terrasse sich die Erzieher zurückziehen konnten, während die Kinder Franz Joseph, Max und Karl Ludwig mit einer fahrbaren Feuerspritze spielen, die von einem Reh, einem Geburtstagsgeschenk, gezogen wird.

Franz Joseph, der sich bald zu einem exzellenten Reiter entwickelte, veranstaltete hier auch Reiterspiele mit seinen Kameraden, bei denen Strohpuppen mit Mohrenköpfen aufgestellt wurden, die die Knaben im Vorbeireiten abschlagen mußten. Die symbolischen Gegner der barocken Turniere und Karusselle lebten offensichtlich in den Kinderspielen noch lange fort.

Lehrstunde Erzherzog Franz Josephs in Gegenwart seiner Mutter, des Kardinal Rauschers, des Grafen Heinrich Bombelles und des Freiherrn von Gorizutti. Lithographie von Franz Leypold nach Ferdinand Laufberger. Um 1840

Es war bald offenkundig, daß mit dem Knaben Franzi ein zukünftiger Kaiser von Österreich heranwuchs, denn Sophie machte aus ihren Ambitionen kein Geheimnis. Mit großer Aufmerksamkeit und Sorgfalt widmete sie sich daher auch der Erziehung ihres Ältesten, der im Alter von sechs Jahren der Obhut seiner geliebten Aja entzogen wurde. Gemeinsam mit dem Kanzler Metternich wählte Sophie Lehrer und Erzieher für den „Kronprinzen" aus. Als oberster Erzieher wurde von Metternich der extrem fromme Graf Heinrich Bombelles bestimmt, als Religionslehrer der spätere Fürsterzbischof von Wien, Othmar Rauscher, ausgewählt. Nun begann für den kleinen Erzherzog eine derart strenge Erziehung, daß sie einer Dressur gleichkam. Der Tagesablauf war bis ins kleinste Detail geplant, und für eine dem Alter eigentlich angemessene Freizeit blieb kaum Zeit. Der Unterricht in Religion, Deutsch, Französisch, Geographie und Schreiben nahm im ersten Jahr dreizehn bis achtzehn Wochenstunden in Anspruch und wurde ein Jahr später auf 32 Unterrichtsstunden für die Fächer Tschechisch, Ungarisch, Schwimmen, Fechten, Tanzen und Turnen angehoben. Für den Schwimmunterricht wurde das ursprünglich für die Obeliskengrotte bestimmte Wasserreservoir zum Schwimmbecken umgebaut.

Im Verlauf der weiteren Erziehung kam noch der Unterricht in den Fächern Latein, Griechisch, Geschichte, Rechtskunde, Politikwissenschaften, Physik, Chemie und Mathematik hinzu.

In Staatskunde wurde Franz Joseph von Metternich persönlich unterrichtet, der größtenteils für die konservativ-reaktionären Ansichten des jungen Erzherzogs verantwortlich war.

Schließlich sollte der zukünftige Kaiser der Vielvölkermonarchie auch noch möglichst viele Sprachen seines Reiches beherrschen: Franz Joseph zeigte dabei ein besonderes Talent, das ihm das Sprachstudium erleichterte. Dennoch stand er von sechs Uhr früh, wenn er geweckt wurde, bis um neun Uhr abend, der Zeit des Schlafengehens, unter dem Kommando seines Stundenplanes.

Teil der Erziehung waren auch Übungen im Exerzieren, die dem Knaben große Freude bereiteten und seine Liebe zum Militär förderten. Besonders erfreut war Franz Joseph, als er an seinem dreizehnten Geburtstag zum Obersten des Dragonerregiments Nr. 3 ernannt wurde und die entsprechende Uniform als Geschenk erhielt.

Eine besondere Vorliebe und Begabung zeigte er auch beim Zeichnen, während die Musik nicht zu seinen Leidenschaften zählte. Auch wenn Franz Joseph die Musik nicht sonderlich schätzte, so hatte er als junger Mann doch den Ruf, ein vortrefflicher Tänzer zu sein, und es schien, daß er sich nur bei den Ballveranstaltungen und bei der Jagd, die zeitlebens zu seinem liebsten Hobby zählte, von seinem dreizehnstündigen Arbeitstag erholen konnte.

Das Ergebnis dieser strengen Erziehung war, daß der Hang zur geregelten Arbeit für Franz Joseph charakteristisch, ja zu seiner zweiten Natur wurde. Der Wert bürokratischer Leistungen, die am Schreibtisch zu erbringen waren, wurde im Lauf der Zeit eine für den Kaiser kennzeichnende Pflichterfüllung, und er selbst bezeichnete sich als den „Ersten Diener seines Staates".

Kaiser Franz Joseph in der Galauniform eines österreichischen Feldmarschalls.
Gemälde von Franz Ruß. 1863

THRONBESTEIGUNG UND HOCHZEIT

Als sich in den 1840er Jahren in allen Teilen der Monarchie erste Unruhen und der Widerstand gegen das Regime Metternichs ebenso wie Kritik an dem regierungsunfähigen Kaiser Ferdinand abzeichneten, widmete sich Sophie mit doppeltem Eifer der Erziehung Franz Josephs, um ihn mit dem entsprechenden Rüstzeug für eine bevorstehende Regierungsverantwortung zu versehen. Das Revolutionsjahr 1848 brachte schließlich den ersehnten Thronwechsel, Franz Joseph bestieg achtzehnjährig am 2. Dezember des gleichen Jahres den kaiserlichen Thron, und Sophie sah sich vorerst am Ziel ihrer langjährigen Bemühungen angelangt. Der „gütige" Kaiser Ferdinand hatte abgedankt und bei der Übergabe seinen jugendlichen Nachfolger angeblich mit folgenden Worten gesegnet: „Gott segne Dich, sei nur brav, Gott wird Dich schützen, es ist gern geschehen!"

Einen Tag zuvor hatte es noch eine heftige Diskussion um den offiziellen Namen des neuen Kaisers gegeben. Franz Joseph und seine Eltern wünschten sich ihn als Franz II. im Andenken an den Großvater, doch schließlich entschied man sich für den ungewöhnlichen Doppelnamen Franz Joseph als Zugeständnis an die Revolutionäre, da der zweite Name an den „Volkskaiser" Joseph II. erinnern und gleichermaßen für Tradition und Fortschritt stehen sollte.

Der ebenso junge wie unerfahrene Kaiser machte sich bald unbeliebt: Der Machtwechsel unter dem Einfluß der Erzherzogin Sophie stellte sich als ein Rückgriff und eine Bekräftigung des monarchischen Prinzips heraus – die Reaktion sollte über die Revolution siegen. Gegen die ungarischen Rebellen, die sich weigerten, den jungen Kaiser anzuerkennen, ging man besonders hart vor. Die Todesurteile für mehrere ungarische Revolutionäre wurden Franz Joseph angelastet, und die feindselige Beziehung zwischen Österreich und Ungarn sollte sich erst zwanzig Jahre später durch den Einfluß der Kaiserin Elisabeth verbessern. In Italien wurden die Aufstände von Feldmarschall Radetzky niedergeschlagen, dem sich der Kaiser dafür zeitlebens in größter Dankbarkeit verbunden fühlte.

Franz Joseph regierte absolut und duldete keinen Widerspruch, jede Kritik an seiner Person galt als Hochverrat. Im Februar des Jahres 1853 entging der junge Monarch nur knapp einem Attentat des Ungarn Libényi, der ihm während eines Spazierganges auf der Bastei mit einem Messer ins Genick stach. Der Attentäter wurde überwältigt und wenige Tage später hingerichtet.

Die angeschlagene Popularität des jungen Kaisers sollte durch eine Heirat wiederhergestellt werden; seine Mutter begann also, sich mit einer intensiven Brautschau an den europäischen Fürstenhöfen zu beschäftigen. Nachdem ein erster Anbahnungsversuch mit einer preußischen Nichte der Erzherzogin gescheitert war, wandte sich Sophie ihrer bayerischen Verwandtschaft, nämlich der Familie ihrer Schwester Ludovika, zu. Diese war mit Herzog Maximilian in Bayern verheiratet, der einem Wittelsbacher Nebenzweig angehörte und am Münchner Hof keine Funktionen hatte. Die Familie lebte mit ihren acht hübschen, aber eigenwilligen Kindern im Münchner Palais Max, den Sommer verbrachte man im herzoglichen Sommerschloß Possenhofen. Herzog Max führte ein ausschweifendes Leben und ging lediglich seinen eigenen Interessen nach, während sich Ludovika um die Erziehung der Kinder kümmerte.

In gemeinsamer Absprache wählten die beiden Mütter die älteste Tochter Helene als Braut für Franz Joseph aus.

Der Kaiser, damals einer der begehrtesten Junggesellen, weilte gerade in Bad Ischl, und anläßlich seines bevorstehenden 23. Geburtstages am 18. August 1853 sollte ihm dort die neunzehnjährige Helene vorgestellt werden. Ludovika reiste nicht nur mit der älteren Tochter an, in ihrer Begleitung befand sich auch die fünfzehnjährige Elisabeth, Sisi genannt, um den Anschein eines harmlosen Zusammentreffens zu wahren.

Als die beiden dem kaiserlichen Cousin Franz Joseph vorgestellt wurden, hatte dieser nur mehr Augen für die schüchterne kleine Sisi und zeigte nicht das geringste Interesse für die von den Müttern ausgewählte Braut. Galt Franz Joseph bislang immer als der gehorsame Sohn, der wohlerzogen und ergeben alle mütterlichen Wünsche respektierte, so konnte er sich in dieser Herzensangelegenheit ein einziges Mal gegen den Willen seiner Mutter durchsetzen. Am Geburtstag des über beide Ohren verliebten Kaisers wurde die Verlobung mit Elisabeth bekanntgegeben, die Vermählung sollte im nächsten Jahr stattfinden.

Kaiserin Elisabeth im weißen Spitzenkleid.
Gemälde von Franz Ruß. 1863

Elisabeth, an die Freiheit und Ungezwungenheit ihrer glücklichen Kindheit gewöhnt, mußte nun als Braut des Kaisers ein Riesenpensum an Erziehungsmaßnahmen über sich ergehen lassen, um als zukünftige Kaiserin am Wiener Hof mit seiner strengen Etikette bestehen zu können. Gerade das strenge Reglement des höfischen Lebens, über das Sophie sorgsam wachte, schürte die Angst des jungen Mädchens vor dem Hof und ihrer Zukunft.

Am 20. April 1854 machte sich die noch nicht siebzehnjährige Braut nach einem schweren Abschied auf den Weg nach Wien, wo ihr zwei Tage später in Nußdorf ein großartiger Empfang bereitet wurde. Von dort fuhr man in einem festlichen Wagenzug nach Schönbrunn, wo die junge Braut übernachtete. Am 24. April wurde das junge Paar in der Augustiner Hofkirche getraut. Elisabeth fühlte sich von den mehrtägigen Feierlichkeiten völlig überfordert und war nur in Tränen aufgelöst. Ein tragisches Schicksal hatte seinen Anfang genommen.

Schon während der Flitterwochen in Schloß Laxenburg machten sich die ersten Probleme und Gegensätze bemerkbar. Franz Joseph fuhr täglich in die Hofburg, um seinen Regierungsgeschäften nachzukommen, und ließ die verzweifelte und verunsicherte Elisabeth allein mit dem Hofstaat zurück. Eingeengt und isoliert in einem Kreis wildfremder Menschen überfiel sie große Sehnsucht nach der bayerischen Heimat. Der Widerstand der jungen Kaiserin, sich dem höfischen Lebensstil anzupassen, führte zudem bald zu heftigen Streitigkeiten mit ihrer Schwiegermutter und Tante Sophie, die sich zum Ziel setzte, die kleine Nichte zu einer würdevollen österreichischen Kaiserin zu erziehen. Die beiden Frauen vertraten jedoch gegensätzliche Weltanschauungen und Lebensauffassungen, wodurch es zu ständigen Konflikten kam. Elisabeths Stellung am Hof verbesserte sich auch nicht, als sie 1855 ihre erste Tochter Sophie, die schon zwei Jahre später während einer Reise durch Ungarn verstarb, und 1856 Gisela gebar. Im Jahr 1858 erblickte endlich der ersehnte Thronfolger das Licht der Welt: Mit der Geburt Rudolfs hatte Elisabeth ihre oberste Pflicht erfüllt.

Die Kindskammer – und damit die Verantwortung über den kaiserlichen Nachwuchs – übernahm nach jeder Geburt Erzherzogin Sophie. Elisabeth litt darunter und suchte bei Franz Joseph Unterstützung; dieser wollte sich jedoch nicht auf die Seite seiner Gemahlin und gegen seine Mutter stellen, die er über die Maßen verehrte.

Die ständigen Familienstreitigkeiten verursachten im Jahr 1859 eine schwere Ehekrise, die mit einer ebenso schweren außenpolitischen Krise um Sardinien einherging. Franz Joseph löste – wohl auch aufgrund seines übermäßigen Herrschergefühls – einen Krieg aus, der eine verheerende Niederlage und den Verlust der Lombardei zur Folge hatte. Nach diesem verlorenen Krieg erreichte die Popularität Kaiser Franz

Josephs einen Tiefpunkt, den er durch die langsame Lockerung des Neoabsolutismus zu überwinden suchte.

Das private Leben des Kaisers war von der Sorge um seine Gemahlin erfüllt, da seine geliebte „Engels-Sisi", wie er sie in seinen zahllosen Briefen nannte, plötzlich an einem Lungenleiden erkrankte und zur Genesung dringend einen Klimawechsel benötigte. Die Kaiserin verließ ihre Familie und reiste im Jahr 1860 mit kleinem Gefolge auf die Insel Madeira, anschließend nach Korfu und nach Venedig. In der selbstgewählten Einsamkeit konnte sie genesen und sich von den erlebten Kränkungen erholen. Als sie nach zweijähriger Abwesenheit an den Wiener Hof zurückkehrte, war sie zu einer schönen Frau herangereift, die nun selbstbewußt ihr Leben in die Hand zu nehmen schien. Nicht nur Franz Joseph, sondern die gesamte Welt bewunderte den schlanken Wuchs und die Eleganz der österreichischen Kaiserin, die um die Mitte der 1860er Jahre neben der französischen Königin Eugénie zu den schönsten Frauen Europas zählte. Für Elisabeth stand ab nun die Erhaltung dieser Schönheit im Mittelpunkt ihres Lebens, das von einem intensiven Sportprogramm und zahlreichen Diäten für ihre schlanke Figur sowie einem intensiven, meist stundenlangen Pflegeprogramm für Haut und Haare bestimmt war.

Elisabeth erkannte bald auch die Macht ihrer Schönheit. Zur Freude ihres Gemahls hielt sie sich nun fast ständig am Wiener Hof auf und konnte so auch ihren Einfluß auf die Ungarnpolitik Franz Josephs geltend machen. Seit ihrer ersten Reise im Jahr 1857 war sie vom ungarischen Volk begeistert, eine Haltung, die am Wiener Hof abgelehnt wurde, da die politisch ambitionierte Sophie die ungarischen Rebellen verabscheute. Zum Ärger der Schwiegermutter versammelte Elisabeth fast ausschließlich ungarische Adelige um sich. Sie engagierte Ida Ferenczy als ungarische Vorleserin und lernte die ungarische Sprache, die sie bald besser als Franz Joseph beherrschte. Ida Ferenczy wurde die intimste Vertraute der Kaiserin und stellte auch den Kontakt mit dem ehemaligen Revolutionär Graf Gyula Andrássy her, dem sich Elisabeth sehr zugetan fühlte.

Salon der Erzherzogin Sophie, heutiger Gobelin-Salon.
Aquarell von Rudolf von Alt. 1855

In der Folge setzte sich Elisabeth wie kein zweites Mal in ihrem Leben für die Rechte und das Anliegen des ungarischen Volkes ein. Im Jahr 1867 kam es schließlich zum angestrebten Ausgleich mit Ungarn, und das österreichische Kaiserpaar wurde in Budapest zu ungarischen Königen gekrönt. Somit war die Kaiserlich-Königliche Österreichisch-Ungarische Monarchie gegründet. Vom ungarischen Volk damals umjubelt, wird Elisabeth seither in Ungarn wie eine Nationalheldin verehrt. Ungarn und das Schloß Gödöllö sollten zukünftig die bevorzugten Aufenthaltsorte werden, wenn sich die ruhelose Kaiserin nicht gerade auf Reisen befand.

VOM BIEDERMEIER ZUM NEOROKOKO

Im Verlauf der 68jährigen Regierungszeit Franz Josephs sollte Schönbrunn mit seinem Garten der Lieblingswohnsitz des Monarchen werden. Er wurde hier nicht nur geboren, sondern ist als einziger der kaiserlichen Bewohner auch in Schönbrunn gestorben.

Die Eltern Franz Josephs hatten in Schönbrunn – hier verbrachte man gemeinsam mit der kaiserlichen Familie die Sommer – ein eigenes Appartement, das vermutlich schon bald nach deren Vermählung im Jahr 1824 im Ostflügel ausgestattet und bis in die 1870er Jahre bewohnt wurde.

Dem Geschmack der damaligen Zeit entsprechend richtete man die Räume zum Teil im Stil des Biedermeier ein, so daß

Franz Joseph empfängt die deutschen Bundesfürsten im Marie Antoinette-Zimmer. Kolorierter Druck nach Franz von Matsch. 1908

die Privaträume durch bürgerliche Einfachheit geprägt waren. Im Salon der Erzherzogin Sophie mußten im Jahr 1851 die „indianischen“ Tapeten einer Biedermeiertapete weichen, während die barocken Konsoltische und Kandelaber mit bequemen Möbeln und zahlreichen Wohnaccessoires kombiniert wurden. Das im Jahr 1855 eingerichtete Schreibzimmer Sophies zeigt jedoch bereits einen Wandel in der imperialen Wohnkultur. Die schlichten Biedermeiermöbel sind nun durch Mobiliar im „blondel'schen Styl“ ersetzt, wie die seit dem Regierungsantritt Ferdinands I. einsetzende Stilrichtung des Neorokoko bezeichnet wurde, der „dem Decorum des allerhöchsten Hofes angemessen“ erschien. Der Stil des Neorokoko als bewußter Rückgriff auf die ruhmreiche Epoche der maria-theresianischen Zeit sollte schon zur Zeit Ferdinands I. als bewußtes Zeichen der Kontinuität gesetzt werden, die jedoch erst mit dem Thronfolger Franz Joseph gesichert schien.

Vom kostbaren Mobiliar des Schreibzimmers der Erzherzogin Sophie besitzen wir heute nur den Sekretär, der mit aufwendigen Perlmutteinlagen verziert ist. Die mit dunkelblauem Samt tapezierte Sitzgarnitur wies bemalte Porzellaneinlagen, der dazugehörige Kanapeetisch eine mit Blumen bemalte Porzellanplatte auf.

Die neue Ausstattung für das junge Kaiserpaar

Als Franz Joseph im Jahr 1848 den Thron bestieg, bezog er in Schönbrunn das Appartement seines Vorgängers Ferdinand I. im ehrenhofseitigen Westflügel, das über die Blaue Stiege erreichbar war und sich aus Audienz-, Arbeits- und Schlafzimmer zusammensetzte.

Schon unter Ferdinand ließ man das für ihn bestimmte Schönbrunner Appartement, das im 18. Jahrhundert für Joseph II. als Mitregent Maria Theresias ausgestattet wurde, restaurieren und mit „blondel'schen“ Möbeln einrichten. Diesem neobarocken Mobiliar, passend zu den Wanddekorationen aus der Zeit Maria Theresias, gab man schon um 1835/40 den Vorzug; als passende textile Ergänzung für Vorhänge und Möbelbezüge wurde im Zuge der Einrichtung des Appartements für Erzherzogin Sophie und Franz Karl in der Hofburg ein Seidendamast in der Farbe Rot gewählt. Der sogenannte „Ananasdamast“ war geboren und sollte in der Folge die imperiale Wohnkultur der Epoche Franz Josephs im typischen Farbakkord Weiß-Gold-Rot des Neorokoko prägen. Ebenso gut harmonierte der rote Ananasdamast auch mit Mobiliar aus dunklem Holz, er war somit für alle Neuausstattungen wunderbar geeignet.

Beim Regierungsantritt Franz Josephs wurde das Appartement des Vorgängers nur „hergerichtet“, wahrscheinlich nur die notwendigsten Ausbesserungsarbeiten durchgeführt. Erst anläßlich der bevorstehenden Hochzeit mit der bayerischen Prinzessin Elisabeth wurden im Winter 1853 umfangreiche Adaptierungsarbeiten begonnen, um neben der Neueinrichtung für Franz Joseph auch den Westflügel zum Hietzinger Kammergarten für die zukünftige Kaiserin auszustatten.

Das Appartement Elisabeths, wie das von Franz Joseph ebenfalls über die Blaue Stiege und durch einen großen Vorsaal erreichbar, umfaßte mehrere Räume, wobei der Salon der Kaiserin den Mittelpunkt bildete. Die privaten Gemächer der Kaiserin umfaßten ein Schlafzimmer, das sie wohl mit Franz Joseph teilen sollte, das Toilettezimmer und ein Schreibzimmer. Über das anschließende Terrassenkabinett war die Verbindung mit dem Schlafzimmer des Kaisers hergestellt.

Das schwere, dunkle Mobiliar aus Palisanderholz in Neorokoko-Formen für die privaten Räume Elisabeths, von der Firma Schweigard und Abermann hergestellt, entsprach zwar dem aktuellen Stil, aber kaum dem Geschmack der – wie sich sehr bald herausstellte – unangepaßten jungen Kaiserin. Die Wände des Schlafzimmers wurden mit blau-weißen Textilien neu spaliert, während im Schreibzimmer die vermutlich noch aus dem 18. Jahrhundert stammenden Seidentapeten belassen wurden.

Kaiser Franz Joseph auf der Gartenstiege anläßlich der 100-Jahrfeier des Maria-Thersien-Ordens. Gemälde von Fritz L'Allemand. 1857

In südlicher Richtung an den Salon der Kaiserin anschließend diente das Marie Antoinette-Zimmer als Familienspeisezimmer und der – heute als Kinderzimmer bezeichnete – nächste Raum als Cercle-Zimmer: ein kleinerer Empfangssalon, der Elisabeth zur Verfügung stand. Beide Räume sollten später als zusätzliche Empfangszimmer für Franz Joseph dienen. So empfing der Monarch unter anderem anläßlich seines sechzigjährigen Regierungsjubiläums eine Delegation der deutschen Bundesfürsten im Marie Antoinette-Zimmer. Das Zimmer erhielt seinen Namen von einem Gobelin, der nach dem berühmten Gemälde der Malerin Élisabeth Vigée-Lebrun, die französische Königin mit ihren Kindern darstellend, gewebt wurde und als Geschenk Napoleons III. an Kaiser Franz Joseph nach Schönbrunn kam.

Die gartenseitigen Räume mit ihrem Dekor aus der maria-theresianischen Zeit und nun im Weiß-Gold-Rot-Akkord dienten dem jungen Kaiserpaar als Zeremonialräume. Damit erhielten die Repräsentationsräume eine Neorokoko-Ausstattung, die wohl als adäquater stilistischer Ausdruck für die von Franz Joseph vertretene Politik des Neoabsolutismus zur Wiederherstellung des ehemaligen Gottesgnadentums dienen sollte.

Das Billardzimmer diente als Antichambre vor dem Audienzzimmer Franz Josephs. Schon unter Franz Josephs Großvater zählte Billard am Wiener Hof zu einem beliebten Spiel; um 1830 wurde auch hier ein Billardtisch aufgestellt, der dem Raum seinen Namen gab.

Er erhielt im Jahr 1858 eine neue Bildausstattung: Seit der Zeit Maria Theresias befanden sich hier mehrere große Gemälde des Hofmalers Martin van Meytens, und zwar das „Damenkarussell", die „Verleihung des Sankt-Stephans-Ordens" sowie die „Verleihung des Maria-Theresien-Ordens".

Anläßlich des Jubiläums zur Gründung des Maria-Theresien-Ordens hundert Jahre zuvor gab Franz Joseph bei Friedrich L'Allemand zwei Gemälde in Auftrag, welche die Jubiläumsfeier dokumentieren sollten.

Der Maria-Theresien-Orden wurde anläßlich des Sieges der österreichischen Truppen – unter der Führung des Grafen Daun – über Preußen bei Kolin am 18. Juni 1757 von Maria Theresia gegründet; das Gemälde van Meytens' zeigt die erste Verleihung dieses Verdienstordens an den siegreichen Feldmarschall durch Kaiser Franz I. Stephan.

Ein Jahrhundert später feierte Franz Joseph das bedeutende historische Ereignis mit einem Gastmahl für die Offiziere der Wiener Garnison im Schloßpark und mit einem Bankett in der Großen Galerie, beides durch die Gemälde L'Allemands dokumentiert. Franz Joseph, der fast ausschließlich militärische Kleidung trug, ist in der für ihn typischen Gala-Uniform eines österreichischen Feldmarschalls auf der Gartenstiege des Schlosses dargestellt, in der Großen Galerie nimmt er zwischen den Rittern des Maria-Theresien-Ordens an der festlich geschmückten Tafel teil. Das Damenkarussell und die Verleihung des Sankt-Stephans-Ordens befinden sich seit der Montage der Jubiläumsbilder im Karussellzimmer.

Die beiden Galerien im Zentrum des Schlosses dienten auch zur Zeit Franz Josephs als Festsäle für besondere Anlässe. Für die Große Galerie mußten um die Jahrhundertmitte

Oben: **Das Marie Antoinette-Zimmer mit gedeckter Familientafel; im Zentrum ein Portrait Kaiserin Elisabeths**
Unten links: **Das Kinderzimmer;** *unten rechts:* **Das Billardzimmer**

Salon der Kaiserin; vor dem Spiegel steht die Uhr mit dem seitenverkehrten Ziffernblatt.

Unten links: **Das Schlafzimmer von Franz Joseph und Elisabeth**
Unten rechts: **Das Toilettezimmer der Kaiserin**

Das Badezimmer der Kaiserin Zita

Oben: **Das Schlaf- und Sterbezimmer Franz Josephs**

Unten links: **Marmorwaschtisch im Schlafzimmer des Kaisers;** *unten rechts:* **Die Toilette des Kaisers**

DES KAISERS NEUE ZIMMER

Erwein Lobkowicz, ein junger Gardeoffizier des Kaisers, durfte die Gemächer Franz Josephs wenige Tage nach dessen Tod besichtigen und beschrieb sie später in seinen *Erinnerungen an die Monarchie:* „Das erste große Schreibzimmer [das Nußbaumzimmer], ein schöner Raum, ganz in Holz und Gold gehalten, hatte wirklich ganz mögliche Möbel; auch der große Rokokoschreibtisch war ein gutes Stück. ... Zum 80. Geburtstag, glaube ich, bekam der Kaiser eine pultartige Vitrine, darin Nymphenburger Teller; auf jedem derselben prangte das Bild eines Erzherzogs oder eines bayerischen Prinzen. Es war wirklich kein schöner Anblick, diese Masse meist häßlicher Gesichter aus einem Kasten entgegengrinsen zu sehen.

Das zweite Schreibzimmer war wesentlich einfacher, hauptsächlich mit hofaerarischen Möbeln ausgestattet. Besonders der Schreibtisch war mehr als geschmacklos, ein poliertes braunes Gebilde einer üblen Möbelkunst der 70er Jahre. Die Wände dieses Zimmers und auch des Schlafzimmers sowie alle Möbel waren mit dunkelbrauner, schwerer Seide überzogen, die mit unregelmäßigen, grünen Efeublättern geschmückt war; es sah altväterlich, aber originell aus. Als die Wandverkleidung zu Anfang unseres Jahrhunderts aus Altersschwäche schadhaft wurde, konnte sich der Kaiser doch nicht entschließen, sie zu ändern; schließlich stammte sie aus dem Beginn der Regierungszeit. Das Obersthofmeisteramt mußte also den gleichen Stoff extra weben lassen. ... Im Schlafzimmer waren, wie gesagt, die gleichen Möbel wie im zweiten Schreibzimmer. Das Bett, ganz einfach, aus braun gestrichenem Blech, war auf beiden Seiten mit Stoff-Wandschirmen geschützt. Darüber hing unter Glas ein vergilbtes Rosenbouquet – die Blumen, die Kaiserin Elisabeth bei ihrer Ermordung in Genf getragen hatte. Der Ofenschirm bestand aus drei großen Rahmen, in denen unter Glas viele Heiligenbilder waren; sie stammten alle von Frau Schratt, aus verschiedenen Wallfahrtsorten. Der Waschtisch war recht modern aus Messing und Marmor, das Nachtkastl und die an den Wänden stehenden Kästen in gleicher Art wie der Schreibtisch im zweiten Schreibzimmer. Es waren Möbel, wie sie in keinem besseren Haushalt mehr zu sehen waren."

neue Luster und Wandleuchter im „blondel'schen" Stil angekauft werden, da die alten Beleuchtungskörper völlig unbrauchbar geworden waren.

Um 1867/68 erforderte „das Decorum" der beiden Festsäle eine großangelegte Restaurierung, bei der die Kleine Galerie ihr heutiges Aussehen erhielt. Im Herbst des Jahres 1869 wurden die beiden Räume eingerüstet, um über den Winter in siebenmonatiger Arbeitszeit die dringend notwendigen Restaurierungsarbeiten durchzuführen. Die geschätzten Kosten in einer Höhe von zirka 30 000 Gulden waren nicht unbeträchtlich und sollten neben der Renovierung auch eine Neugestaltung der Kleinen Galerie abdecken.

In der Kleinen Galerie wurde dabei die Stuckmarmorfassung der Wandflächen mit einer Weißpolierfassung überzogen, und der ehemalige Rokokostuck erhielt üppigere Formen, die man mit vergoldeten Trophäen und Kriegsgeräten bereicherte. Für Renovierung und Neuausführung der Stuck- und Vergoldungsarbeiten, die den größten Teil der Kosten verursachten, wurden die Wiener Stukkatoren Josef Silvestri und Franz Pellegrini beauftragt, die Vergoldungsarbeiten führte Konrad Bühlmeyer durch.

Wer für die Neugestaltung der Kleinen Galerie inhaltlich wie auch künstlerisch verantwortlich zeichnet, konnte bislang noch nicht geklärt werden. Jedenfalls wurde aus dem intim anmutenden familiären Festsaal Maria Theresias ein Prunksaal zur Demonstration der neoabsolutistischen Macht des habsburgischen Monarchen geschaffen. Franz Joseph zog es in der Folge auch vor, offizielle Diners in der neu ausgestatteten Kleinen Galerie zu geben, wenn es die Anzahl der Gäste erlaubte.

Im Gegensatz zu den Repräsentationsräumen waren die Privatgemächer Franz Josephs und Elisabeths stark vom persönlichen Geschmack sowie von den Bedürfnissen und Ansprüchen des Kaiserpaares geprägt. Franz Joseph bevorzugte einen sehr bescheidenen und bürgerlichen Einrichtungsstil. Im Jahr 1868 wurden sein Arbeitszimmer wie auch das Schlafzimmer neu eingerichtet, die bis dahin verwendeten Mahagonimöbel kamen in seine Gemächer in der Hofburg. In Schönbrunn wurden sie durch bequeme, auf die Farbe von Palisander gebeizte Polstermöbel aus Nußbaumholz ersetzt. Diese vom Hoftischler Heinrich Dübell hergestellten Möbel sollten dem Monarchen bis an sein Lebensende dienen: Die Einrichtung blieb für die nächsten fünfzig Jahre weitgehend unverändert, lediglich die Wohnaccessoires wurden um zahlreiche Photographien und Gemälde der Familienmitglieder, Kinder und Enkelkinder sowie Erinnerungsstücke ergänzt.

Der Salon im Privatappartement der Kaiserin Elisabeth.
Zeichnung von Franz von Alt. 1864

KAISERIN ELISABETH UND IHR PRIVATES GARTENAPPARTEMENT

Als Elisabeth im August 1862 von ihrer ersten langen Reise nach Wien zurückkehrte, hielt sie sich häufig in Schönbrunn auf, wo die kaiserliche Familie, der Tradition folgend, den Sommeraufenthalt nahm. Die Monarchin hatte während der fast zweijährigen Abwesenheit vom Wiener Hof an Selbstbewußtsein und -sicherheit gewonnen, sie lehnte die ständige Kontrolle durch den Hofstaat rigoros ab und ließ sich in den Erdgeschoßräumen Schönbrunns ein neues Appartement einrichten.

Die aus drei Räumen bestehenden Privatgemächer lagen unter ihrem offiziellen Appartement in der Nobeletage und waren über eine im Jahr 1862 im Schreibzimmer eingebaute gußeiserne Wendeltreppe direkt erschließbar. Ein Jahr später wurden diese Räume mit ausschließlich privater Funktion als Gartenappartement neu eingerichtet, wobei der Deckenstuck aus der maria-theresianischen Zeit erhalten blieb. Als Gartenappartements bezeichnete Räume standen der Kaiserin später auch in anderen Schlössern – wie zum Beispiel in Gödöllö oder in der Hermesvilla – zur Verfügung.

Ihr Schönbrunner Appartement umfaßte einen großbürgerlich eingerichteten Salon und vermutlich auch das obligate Turnzimmer. Die Wände wurden spaliert und die Möbel wahrscheinlich nach persönlichen Anweisungen Elisabeths in ihrer Lieblingsfarbe Lila tapeziert. Für die Einrichtung des Salons wurden unter anderem ein weißer Marmorkamin aus Carrara und Spiegel der Firma Lobmeyr geliefert; die ebenfalls in den Quellen genannten portugiesischen Strohmatten dienten wahrscheinlich der täglichen Gymnastik.

Im Zuge der Fertigstellung wurde im Jahr 1864 ein eigener Ausgang in den Hietzinger Kammergarten, den Privatgarten der kaiserlichen Familie, errichtet, und so konnte Elisabeth – von Lakaien unbeobachtet und den Garden unbemerkt – das Schloß jederzeit verlassen und betreten.

Im Erdgeschoß des Schlosses wohnten auch die Kinder des Kaiserpaares. Die ältere Tochter Gisela erhielt die südseitigen Räume, heute noch als Gisela-Appartement bezeichnet, während für den Kronprinzen Rudolf ab dem Jahr 1864, als er einen eigenen Hofstaat erhielt, die kammergartenseitigen Räume des Ostflügels, das Kronprinzen-Appartement, eingerichtet wurden.

Beide Kinder wurden unmittelbar nach der Geburt der Obhut und der Verantwortung Elisabeths entzogen, Erzherzogin Sophie übernahm die Leitung der Kindskammer. Rudolf und Gisela wuchsen gemeinsam auf, und obwohl sie vom Wesen her völlig unterschiedlich waren, liebten sie einander innig. Im Gegensatz zu seiner eher robusten Schwester war Rudolf ein zarter und kränklicher Knabe, hochsensibel und sehr liebebedürftig, überdurchschnittlich intelligent und frühreif. Franz Joseph war um die persönliche Entwicklung seines Sohnes besorgt, und am sechsten Geburtstag Rudolfs entschied er, daß nur eine strenge Erziehung mit militärischem Drill aus dem sensiblen Kind einen guten Soldaten machen könne. Er bestellte den Grafen Leopold Gondrecourt als Erzieher des Kronprinzen, der mit nahezu sadistisch anmutenden Erziehungsmethoden aus dem ängstlichen Kind einen Helden machen wollte.

Um das Martyrium des Sohnes zu beenden, stellte Elisabeth ihrem Mann im Jahr 1865 ein Ultimatum, in dem sie die uneingeschränkte Vollmacht über ihre Kinder verlangte: die Wahl ihrer Umgebung, ihres Aufenthaltes und die komplette Leitung ihrer Erziehung bis zur Volljährigkeit. Sollten die Forderungen nicht erfüllt werden, so drohte die Kaiserin, werde sie den Hof verlassen. Franz Joseph akzeptierte, und Rudolf bekam einen neuen, liberal gesinnten Erzieher, den Elisabeth auswählte.

Kronprinz Rudolf auf dem schwarzen Lipizzanerhengst Negro Neapolitano.
Gemälde von Wilhelm Richter. 1873

Rudolf war seiner Mutter zeitlebens für ihre Intervention dankbar, obwohl sie sich danach kaum mehr um ihn kümmerte. Mutter und Sohn waren einander zwar überaus ähnlich und wesensverwandt, fanden aber keinerlei Berührungspunkte, um am Leben des jeweils anderen teilzuhaben. Rudolfs tragischer Tod in Mayerling im Januar 1889 traf Elisabeth immens hart: Dieser Schicksalsschlag löste schwere Depressionen und extreme Ruhelosigkeit aus. Die von Todessehnsüchten geplagte Kaiserin kam bis zu ihrer Ermordung durch den italienischen Anarchisten Luigi Lucheni am 10. September 1898 in Genf nicht mehr zur Ruhe.

Bei ihrer jüngsten Tochter, der 1868 in Ungarn geborenen Marie Valerie, übernahm Elisabeth selbst die Erziehung. Sie war die Lieblingstochter, wuchs in unmittelbarer Nähe Elisabeths auf und begleitete sie auf all ihren Reisen. Für Marie Valerie wurde in Schönbrunn kein eigenes Appartement eingerichtet, da sich Elisabeth ab den 1870er Jahren ihren offiziellen Verpflichtungen in Wien mehr und mehr entzog. Sie bereiste ganz Europa, den Vorderen Orient und Nordafrika und ging nur mehr ihren eigenen Interessen nach.

Als junge unverheiratete Dame bewohnte Marie Valerie in Schönbrunn vermutlich zwischenzeitlich die für Familienzusammenkünfte bestimmten Räume – das Marie Antoinette-Zimmer und das Cercle-Zimmer. Nach ihrer Hochzeit mit Erzherzog Franz Salvator, einem Vetter dritten Grades aus der toskanischen Linie der Habsburger, im Jahr 1890 übersiedelte sie nach Linz. Für gelegentliche Besuche bei Franz Joseph wurde ihr im westlichen Kavaliertrakt ein Appartement zur Verfügung gestellt; seither wird er als Valerie-Trakt bezeichnet.

In unmittelbarer Nähe des Gartenappartements gelegen, wurde für Elisabeth in der Winterreitschule auch eine Manege eingerichtet, in der sich die Monarchin, die mehr oder weniger alle offiziellen Verpflichtungen verweigerte, ungestört dem Dressurreiten widmen konnte. Sie liebte es auch, den von ihr nahezu fanatisch betriebenen Reitsport in den weniger frequentierten Teilen des Schönbrunner Gartens auszuüben, wobei sie oft von einem ihrer Hunde begleitet wurde. Im Park selbst war ein Hundezwinger untergebracht, der für eine der Alleen namensgebend war. Gerne machte Elisabeth auch bei der Gloriette halt, und später kommentierte sie ihr Verhältnis zu Schönbrunn mit folgenden, sehr bescheidenen Worten: „Von Schönbrunn gehört Mir das Gloriett und jene Theile des Parkes, die dem Publicum nicht gefallen. Das Schloß braucht der Hof für sich."

Auf dem Areal des ehemaligen Tirolergartens wurde für Elisabeth auch eine für die Öffentlichkeit unzugängliche Meierei eingerichtet, für die man wahrscheinlich erst 1895 das bestehende Jägerhaus adaptierte und die erforderlichen

Wirtschaftsgebäude errichtete. Zeitlebens auf ihre schlanke Figur bedacht, schrieb die Monarchin Milch und Milchprodukten in ihrem Diätplan besondere Bedeutung zu. Selbst auf Schiffsreisen mußten Schafe und Ziegen mitgeführt werden, um ihren Bedarf an Frischmilch zu decken. Für die Schönbrunner Kammermeierei sammelte Elisabeth Kühe verschiedenster Rassen, und auch später noch wurde der kaiserliche Hof mit Milch und Milchprodukten der Kammermeierei beliefert.

Die Leitung der Kammermeierei lag in den Händen der ungarischen Vorleserin Ida Ferenczy. Der Kaiserin standen ein Vorzimmer, ein Speise- und ein Toilettezimmer zur Verfügung. Das Speisezimmer ließ sie als ungarische Bauernstube einrichten; das blumenbemalte Speise- und Teeservice stammte ebenfalls aus Ungarn.

Während sich Franz Joseph in seiner ihm eigenen konservativen Haltung grundsätzlich gegen Neuerungen und Modernisierungen wehrte, zeigte sich Elisabeth vor allem technischen Neuerungen und den damit verbundenen Bequemlichkeiten gegenüber sehr aufgeschlossen. So wurde unter anderem schon 1855, ein Jahr nach der Hochzeit, in Schönbrunn ein heute nicht mehr erhaltenes englisches Wasserklosett im Appartement der Kaiserin installiert, bei dem „nicht nur der Zweck der Geruchlosigkeit vollkommen erreicht, sondern herbey Eleganz mit Bequemlichkeit verbunden ist". Im folgenden Jahr erhielt auch Erzherzogin Sophie im Ostflügel eine englische „Retirade", wie die Toiletten am Wiener Hof genannt wurden. Franz Joseph dagegen ließ sich erst 1898 im Anschluß an sein Schlafzimmer jenes „Wasser Closet solidester Construction mit kupfernen Reservoir automatischer Wassernachfüllung" einbauen, das heute noch erhalten ist.

Franz Joseph mußte im Verlauf seines Lebens und seiner langen Regierungszeit nicht nur persönliche Enttäuschungen und familiäre Schicksalsschläge, sondern auch schwere politische Niederlagen hinnehmen. Von seiner Gemahlin, die er zeitlebens abgöttisch liebte, weitgehend allein gelassen, widmete er sich seinen Regierungsgeschäften und einer konservativen Politik, die ihn zunehmend isolierte. Nach der Niederlage von Königgrätz im Jahr 1866 und dem daraus resultierenden Verlust Venetiens folgte ein Jahr später die Nachricht der Exekution seines Bruders Maximilian, der sich als Kaiser von Mexiko in ein von Napoleon III. initiiertes politisches Abenteuer eingelassen hatte, das schließlich sein Leben und die geistige Gesundheit seiner ehrgeizigen Gemahlin Charlotte gefordert hatte. Der Tod des Bruders, die militärischen Niederlagen und die unvermeidlichen politischen Zugeständnisse prägten den Monarchen nachhaltig, er wurde ruhiger, aber auch verschlossener. Mit dem Tod seiner geliebten Mutter im Jahr 1872 verlor er auch seine engste Beraterin, mit der er seine Sorgen und seinen Kummer teilen konnte.

Anläßlich der Vorbereitungen für die Wiener Weltausstellung im Jahr 1873 sollten auch in Schloß Schönbrunn wieder notwendige Restaurierungen durchgeführt und Gästezimmer vorbereitet werden. Das Vestibül erhielt ein neues Holzstöcklpflaster und die Räume im Ostflügel eine neue Ausstattung als Fremdenappartements. Im Napoleon-Zimmer und im ehemaligen Salon Sophies wurden die Wände mit holländischen Tapisserien verkleidet und die biedermeierliche Einrichtung durch Repräsentationsmobiliar ersetzt.

Das Appartement Franz Josephs sollte von jeglichen Verbesserungen und Adaptierungen unberührt bleiben. So gab es zum Beispiel hinter dem Arbeitszimmer des Kaisers nur ein Dienstzimmer, in dem der jeweils diensthabende Kammerdiener und der Leibjäger gemeinsam schlafen mußten. Wie der bereits erwähnte Gardeoffizier Lobkowicz berichtete, war dieses als „Schlafcoupé" eingeteilt, und der Leibjäger konnte seine Liegestatt, vermutlich eine Art Stockbett, nur mit einer Leiter erreichen. Erst kurz vor dem Tod des Monarchen wurde die Unterbringung der diensthabenden Kammerdiener verbessert.

Auch die erst spät erfolgte Elektrifizierung des Schlosses ist auf die Skepsis Franz Josephs technischem Fortschritt gegenüber zurückzuführen. Die Installation einer Gasbeleuchtung für das Schloß und die Nebengebäude erfolgte vermutlich im Zuge der Erneuerungen für die Weltausstellung. Seit dem Beginn der 1890er Jahre wurde die Umstellung der Beleuchtung von Gas auf Strom angeboten, die man in Wien schrittweise durchführte. Der Plan für die Elektrifizierung des gesamten Schloßareals soll angeblich von Thomas Alva Edison, dem Erfinder der Glühlampe, selbst sein, der auch die Ausführung der Arbeiten überwachte. Es wird berichtet, daß sich Franz Joseph nach der Fertigstellung der Arbeiten geweigert haben soll, das Honorar Edisons wie auch die aufgewendeten Materialkosten zu bezahlen, Kosten, die nach langen Verhandlungen schließlich von der Stadt Wien beglichen wurden. Anhand datierter Pläne ist jedoch lediglich gesichert, daß die Elektroinstallationsarbeiten im Jahr 1901 durchgeführt wurden.

Die Kammermeierei der Kaiserin Elisabeth
hinter dem Tiergarten im südwestlichen Teil des Parks

Diese und folgende Seite:

Das Schönbrunner Palmenhaus, das nach Pläner von Franz Xaver Segenschmid erbaut wurde.

Blick vom Palmenhaus-Garten auf
die Hietzinger Pfarrkirche,
die seit der Zeit Kaiser Josephs I.
unmittelbar mit der Geschichte
Schönbrunns verknüpft ist.

Das Sonnenuhrhaus,
erbaut nach Plänen von Alphons Custodis.

PALMENHAUS UND SONNENUHRHAUS

Der Raumbedarf für die kaiserliche Pflanzensammlung, für die zwar mehrere Glashäuser im Bereich des Holländisch-Botanischen Gartens zur Verfügung standen, hatte nach der großen Expedition und Weltumsegelung Maximilians, des Bruders des Kaisers und späteren Kaisers von Mexiko, im Jahr 1860 beträchtlich zugenommen. Die Planung, auf dem Areal des ehemaligen Holländischen Gartens ein Palmenhaus zu errichten, nahm im Jahr 1879 konkrete Formen an. Franz Xaver Segenschmid präsentierte einen Vorentwurf, der in einer gering veränderten Form – das am südlichen Pavillon der Glashausanlage geplante ausladende Querhaus kam nicht zur Ausführung – von der Firma Gridl, der späteren für Eisenkonstruktionen führenden Firma Waagner-Biró, als Glas-Eisen-Konstruktion errichtet wurde.

Segenschmid unternahm Reisen nach London, Glasgow und Brüssel, um die bedeutendsten Glashäuser des 19. Jahrhunderts vor Ort zu studieren. Mit dem Schönbrunner Palmenhaus, dem die älteren Glashäuser weichen mußten, wurde im Jahr 1881 begonnen und am 19. Juni 1882 wurde es von Franz Joseph eröffnet.

Das 113 Meter lange Palmenhaus besteht aus einem 28 Meter hohen Mittelpavillon und zwei um drei Meter niedrigere Seitenpavillons. Durch tunnelartige Gänge miteinander verbunden, bilden sie unterschiedliche Klimazonen – ein Kalthaus im Norden, ein „temperiertes“ im Mittelpavillon und das Tropenhaus im Süden. Bei dieser imposanten, dem Späthistorismus verhafteten Eisenkonstruktion wurde die moderne Technologie genutzt und dem Bau eine dem Material entsprechende Form gegeben. Die konvexen und konkaven Linien des Mittel- und der Seitenpavillons sind von ausgewogenen Proportionen bestimmt und verleihen der Eisenkonstruktion trotz der enormen Größe eine spürbare Leichtigkeit. Zwischen dem Gerippe der außen liegenden Eisenkonstruktion sind die Glasflächen eingesetzt, die sich wie eine Haut an die kurvigen Eisenträger anschmiegen. Ein neues, für die Dampfwarmwasserheizung erforderliches Kesselhaus wurde 1904/05 gleichzeitig mit dem Sonnenuhrhaus errichtet.

Nach Bombeneinschlägen im Februar 1945 wurde das Palmenhaus wieder hergestellt. In den Jahren 1986 bis 1990 mußte aufgrund der Feuchtigkeitsschäden eine Generalsanierung vorgenommen werden, bei der man die alte Doppelverglasung durch neue, weniger schmutzanfällige Verbundglasscheiben ersetzte, die gleichzeitig auch eine bessere Durchleuchtung des Inneren gewährleisten.

Um das Palmenhaus wurde nun anstelle des bisherigen Landschaftsgartens ein regelmäßig gestalteter Garten mit zwei symmetrischen Blumenparterres und je einem Bassin sowie mit kugel- und kegelförmig beschnittenen Büschen und Bäumen errichtet.

Das Sonnenuhrhaus war ursprünglich für die außerordentliche „Neuholländersammlung“ bestimmt, einer Sammlung, die auf Initiative des Botanikers Karl Alexander Anselm Freiherr von Hügel entstand und Pflanzen aus

Entwurf des Großen Palmenhauses.
Kolorierte Zeichnung von Franz Segenschmid. 1879

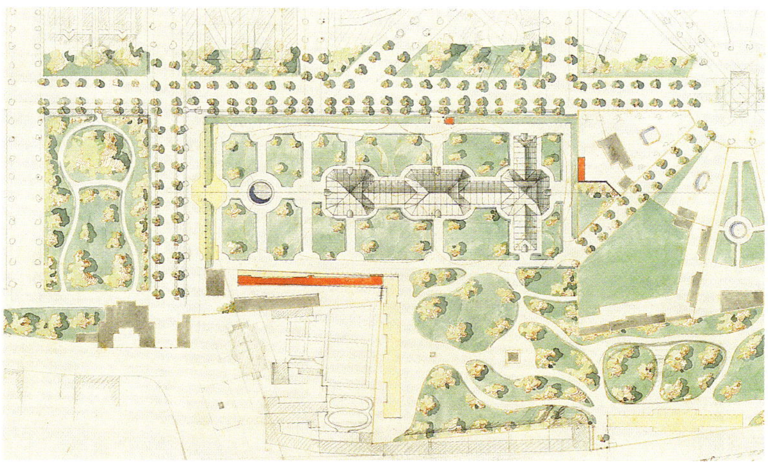

DER KRISTALLPALAST

„Nachdem das alte Palmenhaus und das benachbarte Pflanzenhaus demoliert worden sind, erscheint der neue Kuppelbau aus Eisen und Glas – ein Kristallpalast, der seinesgleichen auf dem Continente kaum mehr hat – von allen Seiten frei sichtbar. Ein weitläufiges Gartenparterre mit Bassins und zierlich geformten Baumgruppen, in dessen Mitte der Bau sich wie eine Riesenkrone mit schöngeschwungenen Linien erhebt, vollendet den harmonischen Eindruck des Ganzen.“
Neue Freie Presse am 2. Juni 1884

Kaiser Franz Joseph mit Katharina Schratt bei einem der zahlreichen Spaziergänge.
Photographie. Um 1910

Australien und Südafrika beinhaltete. Der im Vergleich mit dem Palmenhaus wesentlich einfachere Bau des Sonnenuhrhauses wurde 1904/05 nach Plänen von Alphons Custodis als Eisenglaskonstruktion über einem rechteckigen Grundriß errichtet. Der Haupteingang wurde an der gemauerten und von einem Rundgiebel bekrönten Ostfront angelegt.

Parallel zur Neuausstattung des Schlosses im Stil des Neorokoko zeigte sich um 1860/70 auch das Interesse für Formalgärten nach barockem Vorbild. Franz Joseph beauftragte den Gartendirektor Adolf mit der Wiederherstellung des zum Teil bereits verwilderten oder überalterten Gartens. Einige Gartenbereiche, die man in der ersten Hälfte des 19. Jahrhunderts vereinfacht hatte, erhielten dabei eine neue geometrisch-ornamentale Gestaltung, und auch der bislang unbegrünte Ehrenhof wurde mit einer Baumreihe gesäumt, während man die beiden Brunnen mit Rasenfeldern in barockisierenden Formen einfaßte. Im Jahr 1896 erhielten die Felder des Großen Parterres eine neue Gestaltung mit üppigen Ranken- und Bandornamenten, die man mit geringfügigen Abänderungen bis heute beibehalten hat.

Das Leben Franz Josephs ist untrennbar mit Schönbrunn verbunden. Der Kaiser liebte dieses Schloß mehr als jedes andere, und er bewohnte es mit zunehmendem Alter auch im Winter. Aufgrund seines Wesens – er war wortkarg, phantasie- und anspruchslos wie auch sparsam – lebte er nun einsam und zurückgezogen. Pflichtbewußt erledigte der Monarch sein Arbeitsprogramm und war froh, wenn sein geregelter Tagesablauf nicht gestört wurde.

Sein Arbeitstag begann um vier Uhr morgens; nach der Morgentoilette nahm er, mit einer einfachen Alltagsuniform bekleidet, an seinem Schreibtisch Platz, um die bereits vorbereiteten Akten zu erledigen, währenddessen – pünktlich um fünf Uhr – das Frühstück serviert wurde. Danach konnten die ersten erledigten Aktenbündel vom diensthabenden Adjutanten abgeholt werden. In den ersten Jahrzehnten seiner langen Regierungszeit fuhr der Monarch täglich „zur Arbeit“ in die Hofburg. Seine pedantische Pünktlichkeit veranlaßte die Wiener sogar, ihre Uhr nach dem vorbeifahrenden Kaiser zu richten. In der Hofburg und später auch in Schönbrunn gab Franz Joseph unzählige Audienzen, zu denen an bestimmten Tagen jeder Bürger seines Reiches zugelassen war.

Ab den 1880er Jahren machte sich Elisabeth – wohl auch aus schlechtem Gewissen – um den zurückgelassenen und einsamen Gemahl Sorgen. Sie selbst war es, die den Kontakt mit Katharina Schratt herstellte, die schließlich zur „Freundin“ des Kaisers wurde. Die beliebte Hofschauspielerin bewohnte eine Villa in der Schönbrunn nahe gelegenen Gloriettegasse im Nobelbezirk Hietzing, wo Franz Joseph sie in der Folge regelmäßig besuchte, um Ruhe oder Zerstreuung, Ablenkung und Aufmerksamkeit zu finden. Katharina Schratt war eine gute Zuhörerin und immer offen für die Sorgen des Kaisers. Bei ihr fand er auch Trost und Anteilnahme nach dem tragischen Tod Elisabeths. Selbst wenn Franz Joseph in der Hofburg weilte, fuhr er schon im Morgengrauen nach Schönbrunn, um mit der Freundin ungestört im Schloßgarten spazierenzugehen. Katharina Schratt wurde die ständige Begleiterin des Kaisers, sie blieb die treue Freundin bis an sein Lebensende: Sie war es auch, die neben wenigen engen Familienmitgliedern beim Tod des Kaisers anwesend war.

Franz Joseph erwachte am 21. November 1916 mit Fieber, setzte sich aber dennoch an den Schreibtisch – sogar eine halbe Stunde früher als sonst, um nach eigenen Angaben das langsamere Arbeitstempo durch die Zeitzugabe wettzumachen. Im Verlauf des Tages verschlechterte sich sein Zustand, und gegen 21 Uhr verstarb der betagte Monarch in seinem Schönbrunner Schlafzimmer.

Mit ihm starb – mitten im Ersten Weltkrieg – auch die

Monarchie. Franz Joseph hatte sich in sein Amt und in ein erstarrtes System zurückgezogen, das er uneinsichtig weiterführte, ohne die Probleme seines Vielvölkerstaates zu sehen. Auch der Thronfolger Franz Ferdinand konnte seinen alten, starrköpfigen Onkel nicht von den notwendigen politischen Veränderungen überzeugen; er fiel im Jahr 1914 in Sarajewo einem Attentat zum Opfer, das in weiterer Folge den Ersten Weltkrieg verursachte.

Links: **Kaiser Karl I.;** Photographie um 1916
Rechts: **Kaiserin Zita;** Photographie um 1916

Die Verhandlungen, die diese weitreichende Entscheidung und damit das Ende einer mehr als 630 Jahre dauernden Herrschaft herbeiführten, wurden im Blauen Chinesischen Salon in Schönbrunn geführt, die Unterzeichnung der Verzichtserklärung auf die Regierungsgeschäfte fand im Vieux-Laque-Zimmer statt. Am 12. November 1918 wurde die Republik Deutsch-Österreich ausgerufen.

DER UNTERGANG DER MONARCHIE

Nach der Ermordung Franz Ferdinands wurde Karl Franz Joseph, ein Großneffe des Kaisers, Thronfolger. Auch ihm gelang es nicht, sich gegen Franz Joseph durchzusetzen und diesen nach den ersten Jahren des Ersten Weltkrieges von der Lösung durch einen Kompromißfrieden zu überzeugen. Nach dem Thronwechsel am 22. November 1916 zeigte der neue, politisch vollkommen unerfahrene Kaiser einen starken Friedenswillen, konnte damit jedoch nicht reüssieren. Die nationalen Konflikte belasteten neben den Auswirkungen des Krieges die innere Situation der Monarchie schwer, und auch das im Oktober 1918 von Karl I. viel zu spät vorgelegte „Völkermanifest", das eine Zusammenfassung autonomer nationaler Einheiten in einem Staatenbund vorsah, konnte den Vielvölkerstaat Österreich-Ungarn nicht mehr retten. Am 21. Oktober 1918 hatte sich bereits eine provisorische Nationalversammlung Deutsch-Österreichs konstituiert. Unter dem Eindruck der Unruhen in Wien und auf Anraten seiner Regierung – allerdings gegen den heftigen Widerstand seiner energischen Gemahlin Zita – trat Karl am 11. November 1918 zwar von allen weiteren Regierungsgeschäften zurück, sprach aber keinen ausdrücklichen Verzicht auf den Thron aus.

Doch zuvor lebte Kaiser Karl I. als Thronfolger mit seiner Familie im nahe gelegenen Schloß Hetzendorf, erst nach dem Tod Franz Josephs sollte Schönbrunn für die neue kaiserliche Familie adaptiert werden. Die von Zita angestrebten weitgreifenden Umbaupläne konnten aufgrund der fehlenden finanziellen Mittel während des Krieges nicht in Angriff genommen werden, lediglich zwei neue Badezimmer wurden im Westflügel eingerichtet. Das Kaiserpaar hatte vorläufig die von Franz Joseph und ehemals von Elisabeth bewohnten Appartements bezogen und als erste Veränderungsmaßnahme die Vergoldungen des Stucks beseitigen oder übertünchen lassen.

Am Tag der Verzichtserklärung verließ die kaiserliche Familie Schönbrunn und begab sich in das Schloß Eckartsau im Marchfeld. Fünf Monate später wurden Karl, Zita und deren Kinder des Landes verwiesen – sie wollten sich nicht in die neuen Verhältnisse einfügen. Die neue Republik trat völlig unvorbereitet ein riesiges Erbe an und war plötzlich vor die Aufgabe gestellt, den gesamten hofärarischen Besitz der ehemaligen habsburgischen Monarchen zu übernehmen und eine neue und verantwortungsvolle Nutzung zu finden.

SCHÖNBRUNN NACH 1918

Als am 12. November 1918 die Republik ausgerufen wurde, ging Schönbrunn wie auch alle anderen hofärarischen Besitztümer des Hauses Habsburg an die neugegründete Republik über. Die Verwaltung des Hofärars wurde aufgelöst und die ehemalige Schloßhauptmannschaft zuerst dem Bundesministerium für Wirtschaft und Verkehr unterstellt. Die ehemaligen Bediensteten des Hofes, die zum Großteil auch in Schönbrunn wohnten, wurden in den Dienst der Republik aufgenommen. Durch die Auflösung der Hofämter wurden aber auch zahlreiche Gebäude Schönbrunns frei, für die sich verschiedene amtliche Dienststellen und Organisationen bewarben.

Oben: **Der von einem Bombentreffer schwer beschädigte Mitteltrakt des Schlosses Schönbrunn. 1945**
Links: **Panzer der britischen Besatzung im Großen Parterre. 1945**

Die alte Funktion Schloß Schönbrunns als repräsentative Residenz sollte durch eine neue sinnvolle Nutzung im Dienste der Republik ersetzt werden, und nach ersten langen Diskussionen und verschiedensten Vorschlägen gab man sozialen Einrichtungen den Vorzug. Der Kriegsgeschädigtenfonds wurde eingerichtet, und für den sozialdemokratischen Verein der Kinderfreunde schien Schönbrunn mit seinen großzügigen Räumlichkeiten und der riesigen Gartenanlage, die eine gute Luftqualität garantierten, zur Unterbringung von Kindern besonders geeignet. Die Einmietung der Kriegsinvaliden in den Seitentrakten des Schlosses währte nur wenige Jahre, das Mietverhältnis mit den Kinderfreunden wurde im Jahr 1934 mit dem Verbot der Sozialdemokratischen Partei aufgehoben.

Das Hauptschloß war im Jahr 1919 vollständig geräumt, und am 20. April 1919 wurden alle Zimmer des Schlosses als Museum für das Publikum geöffnet. Von einer Nutzung des Schlosses zur politischen Repräsentation der Regierung der Ersten Republik sah man allerdings ab – zu sehr war das Schloß mit der überwundenen Monarchie verbunden.

Außerhalb der Nobeletage boten sich die übrigen Stockwerke des Schlosses ebenso wie die Nebengebäude zum Umbau für Wohnungen an, die vom Wohnungsamt der Stadt Wien vergeben wurden. Seit der nachmonarchischen Zeit war es für die unterschiedlichsten Bevölkerungsschichten attraktiv, Schönbrunn als Wohnadresse angeben zu können. Repräsentative Wohnungen ebenso wie Kleinwohnungen wurden vorzugsweise an prominente Persönlichkeiten und Beamte vergeben.

Am Ende des Zweiten Weltkriegs blieb auch Schönbrunn von den feindlichen Fliegerangriffen auf Wien, die Ende 1944 einsetzten, nicht verschont. Am 19. Februar 1945 traf eine Bombe, allerdings als Blindgänger, den Mittelrisalit des Hauptgebäudes. Besonders schlimm wurde dabei das östliche Deckenfresko in der Großen Galerie beschädigt, das nur mehr durch eine Rekonstruktion ersetzt werden konnte.

Auch einige Seitengebäude, die Gloriette, das Palmenhaus und das Sonnenuhrhaus sowie große Teile des Tiergartens wurden getroffen. In den ersten Nachkriegsjahren führte man mit großen Anstrengungen und trotz Mangel an Fachkräften wie Baustoffen die Wiederherstellungsarbeiten durch, an denen sich oft auch das britische Militär, das Schönbrunn besetzt hielt, aktiv beteiligte.

Anläßlich der Unterzeichnung des Staatsvertrages im Jahr 1955 gab es in Schönbrunn einen prunkvollen Empfang. Es eröffneten sich neue Nutzungsmöglichkeiten des Schlosses zur Repräsentation der Zweiten Republik – in der Folge waren Staatsbesuche mit begleitenden Festivitäten mit Schloß Schönbrunn untrennbar verbunden.

Mit dem zunehmenden Fremdenverkehr in den letzten Jahrzehnten des 20. Jahrhunderts avancierte Schönbrunn mit Schloß und Gartenanlage zur meistbesuchten Sehenswürdigkeit Österreichs. Um den neuen Anforderungen der touristischen Nutzung ebenso wie der Erhaltung als einer denkmalpflegerischen Aufgabe entsprechen zu können, wurde im Jahr

1992 die Schloß Schönbrunn Kultur- und BetriebsgesmbH gegründet, ein privatrechtlich organisiertes Unternehmen, dessen Gesellschaftsanteile zur Gänze im Besitz der Republik liegen. Das erklärte Ziel dieses Unternehmens ist, unter größtmöglicher Schonung der historischen Substanz jene finanziellen Mittel zu erwirtschaften, die zur Renovierung und Erhaltung des Schlosses Schönbrunn notwendig sind. Auch der Tiergarten Schönbrunn wird seit Ende 1991 von einer privatrechtlich organisierten Gesellschaft geführt.

Mit der Aufnahme des Schlosses und des Gartens in die Liste des Weltkulturerbes der UNESCO im Dezember 1996 wurden die besondere Qualität des Gesamtkunstwerkes Schönbrunn und seine weltweit als führend geltende, innovative Betriebsorganisation anerkannt.

Neben der Erhaltung zählt die Forschung und Dokumentation der Bau- und Ausstattungsgeschichte zu den vorrangigen Aufgaben, um eine wissenschaftlich fundierte Restaurierung zu ermöglichen. Auch die Gartenanlage, die weiterhin von einer Bundesdienststelle geführt wird, bedarf in der nächsten Zeit einer umfassenden Renovierung.

„Wenn so ein alter Habsburger, zum Exempel Kaiser Franz Joseph, vom Himmel die Bewilligung bekäme, jetzt oder in zwei Monaten sein Schönbrunner Lustschloß zu besichtigen – er würde die Hände über den Kopf zusammenschlagen." Das demokratisierte Schönbrunn. Egon Erwin Kisch in *Der Neue Tag* am 11. April 1919

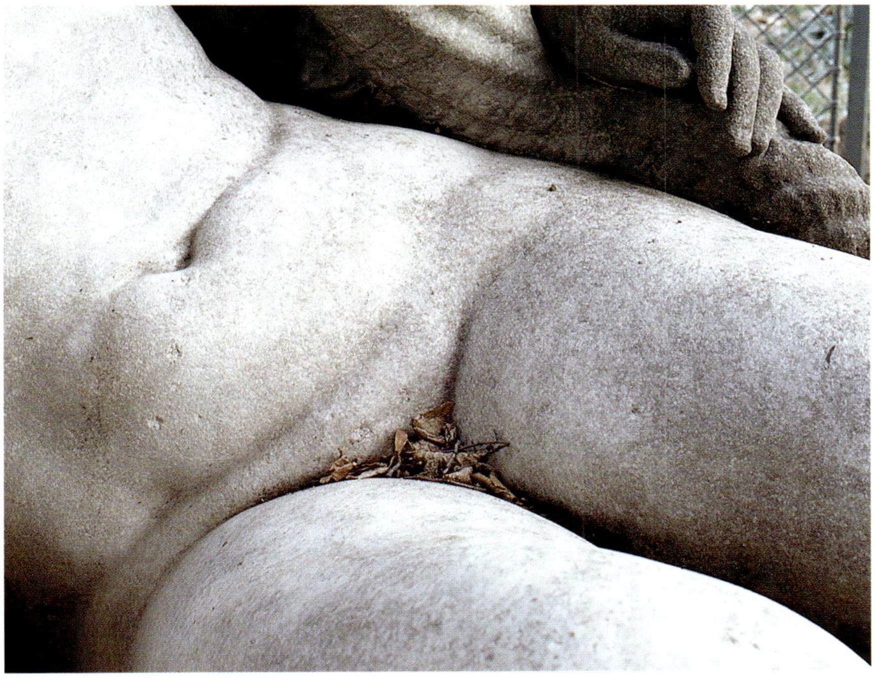

Beim Schönen Brunnen

Mit persönlichen Utensilien ausgestatteter Schreibtisch der Kaiserin Elisabeth.

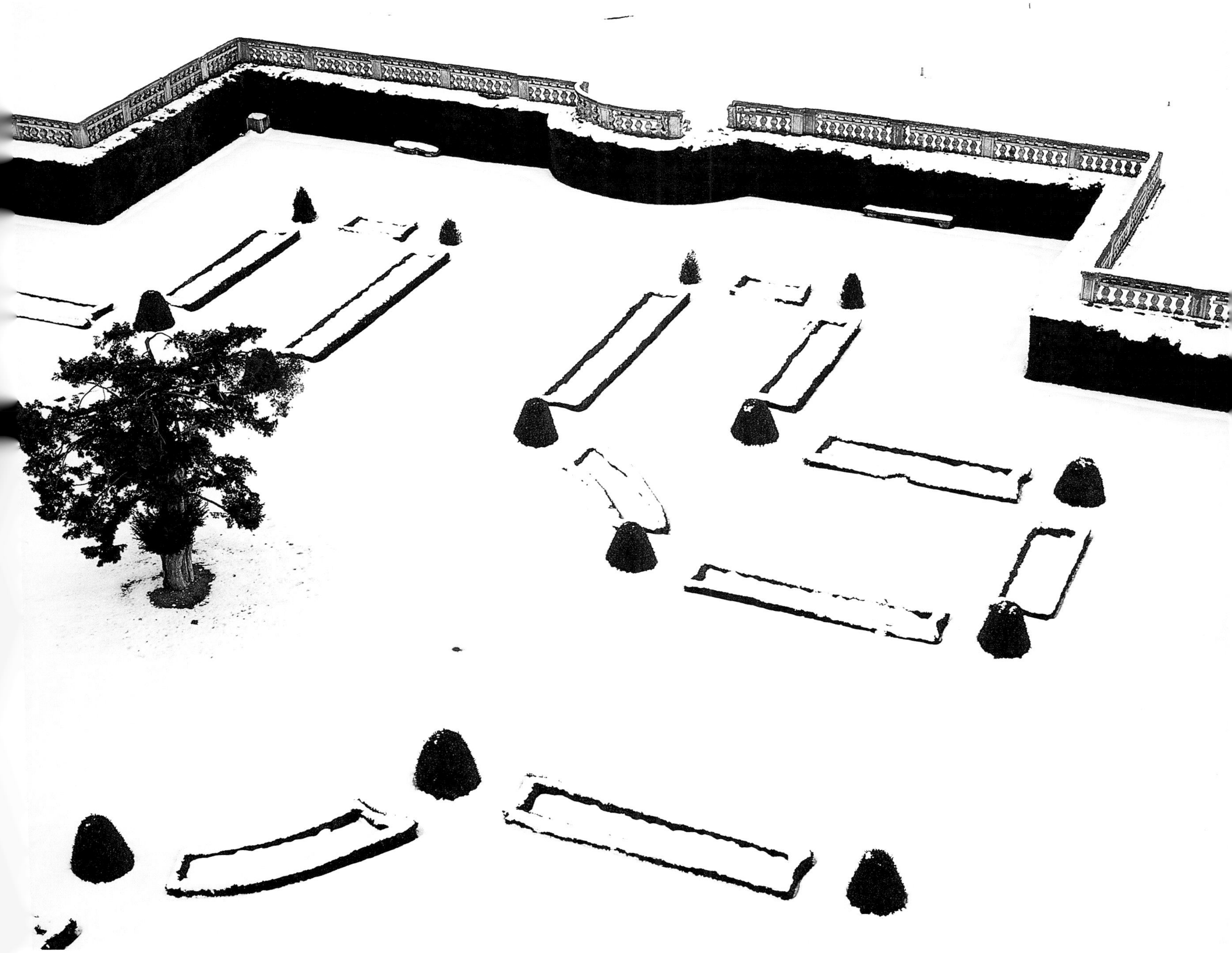

Der Ehrenhof mit der östlichen Brunnengruppe: eine allegorische Darstellung der Kronländer Galizien, Lodomerien und Siebenbürgen

Portraitgalerie der kaiserlichen Familie
Maria Theresias und Franz' I. Stephan

„Hinter einer wuchtigen Tür am Ende der Blauen Stiege findet der romantische Rundgang durch die kaiserlichen Gemächer seinen Anfang – eine Wanderung durch mehrere Jahrhunderte."

Aus einem zeitgenössischen Führer durch das Schloß Schönbrunn

Seit dem Jahr 1779, also noch zu Lebzeiten Maria Theresias, war nicht nur der Garten Schönbrunns für die Bevölkerung geöffnet, auch die Zeremonialräume des Schlosses waren frei zu besichtigen, wenn der Hof nicht anwesend war und man vorher einen Termin mit dem Schloßhauptmann vereinbart hatte.
Heute sind die Zeremonialräume und die Privatgemächer in der Nobeletage des Schlosses für das Publikum geöffnet. Durch die mächtigen Pfeilerhallen des Vestibüls gelangt der Besucher zur Blauen Stiege im Westflügel, die ihn in die Prunkräume im ersten Stock führt.

Die **Blaue Stiege** diente im ehemaligen Jagdschloß Josephs I. als Speisesaal und wurde von Nikolaus Pacassi um 1745 zu einem repräsentativen Stiegenhaus umgebaut, das für das Residenz- und Familienschloß Maria Theresias notwendig war. Das 1701/02 vom italienischen Maler Sebastiano Ricci ausgeführte Deckenfresko blieb von diesem Umbau unberührt und zeigt die Verherrlichung des Thronfolgers Joseph als Kriegsheld und tugendhafter Mann, der schließlich als Sieger den Lorbeerkranz vor dem Thron der Ewigkeit empfängt.

Das **Billardzimmer** eröffnet die Raumfolge der Audienz- und Privaträume Franz Josephs in ihrer originalen Ausstattung, die zum Großteil aus der zweiten Hälfte des 19. Jahrhunderts stammt. Einrichtung, Wohnaccessoires und Erinnerungsstücke veranschaulichen die Welt dieses Monarchen – seinen beruflichen und privaten Alltag im Schloß. Dazu zählt

Blaue Stiege

Billardzimmer

Nußholzzimmer

Schreibzimmer *(oben)* **sowie Schlaf- und Sterbezimmer Franz Josephs** *(unten)*

auch das Billard, ein damals bei Hof sehr beliebtes Spiel, das erstmals 1830 in diesem Raum erwähnt wurde. Die Gemälde – in der Mitte die Verleihung des Maria-Theresien-Ordens im Jahr 1758, links das Bankett in der Großen Galerie und rechts die Teilnahme Franz Josephs am Gastmahl im Garten anläßlich der Hundert-Jahr-Feier zur Ordensgründung – stellen bedeutende historische Ereignisse der habsburgischen Geschichte dar.

Das **Nußholzzimmer** diente Franz Joseph als Audienzzimmer und erhielt seinen Namen von der kostbaren Nußholzvertäfelung mit vergoldetem Rocaille-Dekor, die wie die reichgeschnitzten und vergoldeten Rokoko-Konsoltische aus der Zeit Maria Theresias stammt. In diesem Raum erteilte Franz Joseph seinen Minister, Hofbeamten und Regierungschefs die zahlreichen Audienzen, montags und donnerstags konnte sogar jeder Untertan des Reiches beim Kaiser vorsprechen. Durch diese Audienzen entwickelte Franz Joseph ein bemerkenswertes Personengedächtnis, das ihn bis ins hohe Alter auszeichnete.

Das **Schreibzimmer Franz Josephs** steht im völligen Gegensatz zum Nußholzzimmer. Die schlichte Einrichtung mit historistischen Möbeln, die den gängigen Geschmack der 1860/70er Jahre zeigen, entsprach dem sparsamen Wesen des Kaisers. Unermüdlich arbeitete Franz Joseph, der sich selbst als erster Beamter seines Staates bezeichnete, an dem vorhandenen Schreibtisch. Der Arbeitstag begann um vier Uhr morgens, wichti-

Westterrassenkabinett

Stiegenkabinett

Toilettezimmer Kaiserin Elisabeths

Schlafzimmer Franz Josephs und Elisabeths *(oben)*, **Salon der Kaiserin** *(unten)*

ge und unwichtige Akten wurden von Franz Joseph mit gleicher Sorgfalt bearbeitet, worin sich sein ausgeprägter Ordnungssinn bis hin zur Pedanterie zeigte. Während der Arbeit nahm der Kaiser kleine Mahlzeiten ein, die er sich zwischen erledigten und unerledigten Aktenbündeln auf dem Schreibtisch servieren ließ. Die Portraits des Malers Franz Ruß zeigen Franz Joseph und Elisabeth.

Das **Schlaf- und Sterbezimmer Franz Josephs** mit dem eisernen Bett, dem Betschemel und dem Waschtisch gibt Zeugnis vom persönlichen Alltag des sparsamen und anspruchslosen Kaisers: Nach der Morgentoilette mit kaltem Wasser – um vier Uhr früh! – verrichtete Franz Joseph als strenggläubiger Katholik sein Morgengebet. In dem spartanisch anmutenden Eisenbett starb am 21. November 1916 der 86jährige Kaiser mitten in den Wirren des Ersten Weltkrieges; das Gemälde von Franz Matsch zeigt ihn 24 Stunden nach seinem Tod. Am Ausgang des Zimmers befindet sich in der Türnische die Toilette, die 1898 für den Kaiser eingebaut wurde.

Das **Westterrassenkabinett** leitet zum Appartement der Kaiserin Elisabeth über. Hier befindet sich ein Gemälde des französischen Malers Pierre Benevaux, das die jüngeren Töchter Maria Theresias, nämlich Marie Antoinette, die spätere Königin von Frankreich, und Maria Josepha, zeigt.

Das **Stiegenkabinett** diente Elisabeth als Schreibzimmer; hier verfaßte sie zahlreiche Briefe, ihre Tagebücher und auch viele ihrer Gedichte. Eine Wendeltreppe, die nach der Monarchie beseitigt wurde, führte zu ihren Privatgemächern im Erdgeschoß. Von dort konnte die Kaiserin jederzeit das Schloß verlassen, ohne von den Türhütern und der Garde gesehen zu werden.

Das **Toilettezimmer** durfte in keinem Appartement Elisabeths fehlen, da Schönheitspflege wie auch Sport zur Erhaltung ihrer Figur den Tagesablauf der Kaiserin bestimmten. Schon allein die Pflege ihres prachtvollen Haares, das sie gerne als geflochtene Haarkrone trug, nahm täglich mehrere Stunden in Anspruch.

Das gemeinsame **Schlafzimmer Franz Josephs und Elisabeths** wurde anläßlich der Vermählung im Jahr 1854 mit blau-weißen Textilien und mit schweren Palisanderholzmöbeln eingerichtet. Das Schlafzimmer wurde vom Kaiserpaar nur in den ersten Ehejahren benutzt. Sisi, wie die Kaiserin seit ihrer Kindheit genannt wurde, lehnte das strenge höfische Leben ab und begann ab den 1870er Jahren ihr eigenes Leben mit ausgedehnten Reisen zu führen.

Im **Salon der Kaiserin** bestimmen die Weiß-Gold-Vertäfelung, die hellen Seidenstofftapeten und die prächtigen Möbel im Stil des Neorokoko die Atmosphäre. Die Uhr vor dem Spiegel weist eine Besonderheit auf, nämlich ein spiegelverkehrtes Zifferblatt auf der Rückseite, so daß die Uhrzeit auch im Spiegelbild ablesbar ist. Der Bilderschmuck des Salons verdient besondere Beachtung. Das Portrait Marie Antoinettes im modischen Jagdkostüm stammt von Joseph Kranzinger, während die übrigen Pastell-Bildnisse dem Genfer Maler Liotard zugeschrieben werden, dessen Arbeiten Maria Theresia besonders liebte. Sie zeigen den Thronfolger Joseph als elfjährigen Knaben und einige seiner Schwestern.

Das **Marie Antoinette-Zimmer** diente zur Zeit Elisabeths als Familienspeisezimmer, und die gedeckte Tafel nach originalem Vorbild legt Zeugnis von der höfischen Tafelkultur ab. Die Familiendiners erfreuten sich im Lauf der Zeit bei der kaiserlichen Familie keiner besonderen Beliebtheit mehr, da es schwierig war, mit dem wortkargen Franz Joseph eine angeregte Konversation zu führen. Der Name des Zimmers geht auf einen Gobelin zurück, der nach dem Gemälde Elisabeth Vigée-Lebruns die französische Königin mit ihren drei Kindern zeigte und als Geschenk Napoleons III. nach Schönbrunn kam. Nach dem Ende der Monarchie ging der Gobelin in habsburgischen Privatbesitz über.

Das **Kinderzimmer** ist mit Portraits mehrerer Töchter Maria Theresias ausgestattet. Unter dem Gemälde Marie Antoinettes befindet sich ein kostbarer Louis-seize-Sekretär. Dieser Damenschreibtisch ist das einzige Erinnerungsstück an die im Jahr 1793 hingerichtete Marie Antoinette. Zur Linken hat man den Einblick in ein Badezimmer, das für die letzte österreichische Kaiserin, Zita, im Jahr 1917 installiert wurde.

Marie Antoinette-Zimmer

Kinderzimmer

Frühstückskabinett

Gelber Salon

Spiegelzimmer *(oben)*
Rosa-Zimmer *(unten)*

Das **Frühstückskabinett** ist mit gerahmten Blumenmedaillons – von der Mutter Maria Theresias verfertigte Applikationsarbeiten – ausgestattet. Maria Theresia und Franz I. Stephan förderten gleichfalls die künstlerischen Tätigkeiten ihrer Kinder, die auch aktiv an der Gestaltung mehrerer Schönbrunner Räume teilnahmen.

Mit dem **Gelben Salon** beginnen die gartenseitigen Appartements des Schlosses. Bemerkenswert sind hier die zahlreichen Pastellbilder bürgerlicher Kinder des Genfer Malers Liotard, die Maria Theresia ankaufte und die in starkem Gegensatz zu den typisch höfischen Portraits ihrer eigenen Kinder stehen, wie sie im Balkonzimmer zu sehen sind.

Das **Spiegelzimmer** mit seiner prächtigen Weiß-Gold-Rocaille-Dekoration und den Kristallspiegeln ist ein typisches Beispiel repräsentativer Ausstattung aus der Zeit Maria Theresias. Hier oder im angrenzenden Großen Rosa-Zimmer fand auch das erste Konzert des sechseinhalbjährigen Mozart vor der Kaiserin statt, der nach dem Vorspielen auf deren Schoß sprang, sie umarmte und küßte.

Die folgenden drei **Rosa-Zimmer** sind nach dem Maler Joseph Rosa genannt, der die Landschaftsgemälde ausgeführt hat. Das erste Gemälde links zeigt den Stammsitz der Dynastie – die Habichtsburg, später Habsburg – in der Schweiz als idealisierte Ruine. Im Großen Rosa-Zimmer befindet sich auch das Portrait Maria Theresias als Königin von Ungarn, gemalt vom Hofmaler Martin van Meytens.

Im **Laternenzimmer** – mit den marmornen Türverkleidungen aus der Zeit Josephs I. – hielten sich in der Zeit vor der Elektrifizierung die Laternenträger auf, um bei Bedarf den kaiserlichen Herrschaften und dem Hofstaat nächtens den Weg zu weisen.

Die **Große Galerie** mit einer Länge von über vierzig und einer Breite von fast zehn Metern bildete den idealen Rahmen für höfische Veranstaltungen, sie wurde für Bälle, Empfänge und als Tafelsaal genützt. Seit der Republik dient sie für Konzertveranstaltungen und Empfänge. 1961 fand hier die legendäre Begegnung zwischen dem amerikanischen Präsidenten John F. Kennedy und dem russischen Staatschef Nikita Chruschtschow statt.
Die Weiß-Gold-Stuckdekoration, die hohen Kristallspiegel und die Deckenfresken bilden ein Gesamtkunstwerk für sich und ließen einen der prächtigsten Rokoko-Festsäle innerhalb der europäischen Schloßarchitektur entstehen.
Die Deckenfresken des italienischen Malers Gregorio Guglielmi zeigen im mittleren das Wohlergehen der Monarchie unter der Herrschaft Maria Theresias, die mit Franz I. Stephan in der Mitte thront, umgeben von den personifizierten Tugenden. Um diese Gruppe sind die Allegorien der Kronländer mit ihren Reichtümern angeordnet. Das westliche Fresko stellt das Gedeihen der Kronländer dar, während das östliche, eine Kopie des im Zweiten Weltkrieg durch einen Bombentreffer zerstörten Originals, eine Militärallegorie zeigt. Die elektrische Installation für die insgesamt 1104 Glühbirnen erfolgte 1901.

Laternenzimmer

Große Galerie

Kleine Galerie

Chinesisches Kabinett *(oben)*
Karussellzimmer *(unten)*

Die **Kleine Galerie** diente zur Zeit Maria Theresias für Familienfeste im kleineren Kreis und wurde um 1870 mit einer üppigen Weiß-Gold-Stuckdekoration im Stil des Neorokoko versehen. Das ebenfalls von Guglielmi ausgeführte Deckenfresko zeigt eine allegorische Darstellung des weisen und milden Regiments des Hauses Habsburg in Österreich.

Seitlich der Kleinen Galerie befinden sich die beiden **Chinesischen Kabinette** – links das ovale und rechts das runde. Die Vorliebe für die Kunst Chinas und Japans hat im 18. Jahrhundert die fürstliche Wohnkultur Europas geprägt, und auch Maria Theresia liebte Chinoiserien. In den Schönbrunner Kabinetten sind in die weiße Holzvertäfelung chinesische Lacktafeln verschiedener Größen und Formen eingelassen. Aus ihren vergoldeten Rahmen wachsen kleine Konsolen, auf denen blau-weißes Porzellan steht. Bemerkenswert sind auch die Lüster und die Parkette mit ihren kunstvollen Einlegearbeiten. Die beiden Räume dienten Maria Theresia als Konferenz- und Spielzimmer.

Das **Karussellzimmer** diente als Warteraum vor den Audienzen bei Maria Theresia und ihrem Gemahl Franz I. Stephan von Lothringen. Eines der Gemälde gab dem Raum seinen Namen, nämlich das Damenkarussell, das 1743 in der Winterreitschule der Hofburg stattfand, um den Abzug der Franzosen und Bayern aus Böhmen zu feiern. Die Verleihung des Sankt-Stephans-Ordens dokumentiert ein weiteres bedeutendes Ereignis der Geschichte Maria Theresias. Die beiden

Portraits – Karl VI. und Joseph II. als Knabe – zeigen die Dargestellten im prunkvollen spanischen Mantelkleid.

Der **Zeremoniensaal** zeichnet sich vor allem durch die monumentalen Gemälde aus, die Maria Theresia in Auftrag gab. Die fünf Bilder stellen ein politisch-gesellschaftliches wie auch familiäres Ereignis dar, nämlich die Vermählung des Thronfolgers Joseph mit Isabella von Parma aus dem französischen Königshaus der Bourbonen im Jahr 1760. Wie die meisten Eheverbindungen ihrer Kinder, war auch diese Heirat ein politischer Schachzug Maria Theresias, um Frankreich auf die Seite Österreichs zu bringen. Das größte Gemälde dieser Serie stellt den Einzug der parmaischen Prinzessin in Wien dar. Die weiteren Bilder zeigen die Hoftafel im Rittersaal der Hofburg, die Trauung in der Augustinerkirche, das Souper sowie die Serenade im Redoutensaal. Beeindruckend an diesen Gemälden ist neben dem Format auch die Detailtreue bei den Bauwerken, den Personen und ihrer Kleidung bis hin zum Tafelgeschirr.
In diesen Gemäldezyklus eingefügt ist wohl das bekannteste Portrait Maria Theresias, die in einem kostbaren Kleid aus Brabanter Klöppelspitze als „Erste Dame Europas" dargestellt ist.

Der Zeremoniensaal gewährt einen Einblick in das **Rösselzimmer,** in dem die Marschalltafel zu sehen ist – eine festlich geschmückte Tafel für die obersten Militärs und Hofchargen, jedoch ohne das Beisein des Kaisers, wie es in der Zeit Franz Josephs üblich war. Der Name des Zimmers leitet sich von den Pferdeportraits ab, die aus der Zeit der Kaiserinwitwe Wilhelmine Amalie stammen und somit zu den ältesten Ausstattungsgegenständen des Schlosses zählen.

Zeremoniensaal

Rösselzimmer

Blauer Chinesischer Salon

Vieux-Laque-Zimmer

Mit dem **Blauen Chinesischen Salon** begannen einst die Privatgemächer Franz' I. Stephan. Ursprünglich nur mit einer Nußholzvertäfelung ausgestattet, wurde der Raum im Jahr 1806 mit chinesischen Reispapiertapeten spaliert. Bemerkenswert sind die schwarzen Tischplatten, die Einlegearbeiten mit Halbedelsteinen aufweisen. Hier fanden die Verhandlungen vor der Verzichtserklärung des letzten Kaisers Karl auf die Regierungsgeschäfte am 11. November 1918 statt.

Das **Vieux-Laque-Zimmer** wurde von Maria Theresia nach dem plötzlichen Tod ihres geliebten Gatten Franz Stephan im Jahr 1765 als Gedächtnisraum umgestaltet. Schwarze, aus der kaiserlichen Manufaktur in Peking stammende Lacktafeln wurden in die Nußholzvertäfelung eingesetzt und mit vergoldeten Rahmen versehen. Besondere Aufmerksamkeit gebührt den Portraits, die Maria Theresia für diesen Gedächtnisraum in Auftrag gab. Das Franz Stephans wurde posthum von Pompeo Batoni gemalt; vom gleichen Maler stammt das Doppelbildnis Josephs II. und seines Bruders Leopold, das 1769 in Rom entstand. Joseph war damals bereits Kaiser. Vor ihm auf dem Tisch liegt das Schriftstück *De l'esprit de lois* von Montesquieu, eines der wichtigsten Werke der Aufklärung, dessen Gedankengut alle Bestrebungen des jungen Kaisers durchzog. Das dritte Gemälde von Anton von Maron zeigt die Gemahlin Leopolds, Maria Ludovica von Spanien, mit drei ihrer zahlreichen Kinder. Das kleine Portrait zeigt die trauernde Maria Theresia, die nach dem Tod ihres Gemahls die Witwentracht nicht mehr ablegte.

Das **Napoleon-Zimmer** wurde in den Jahren 1805 und 1809 von Napoleon Bonaparte als Schlafzimmer verwendet. Er hatte Wien zweimal besetzt und jedes Mal sein Hauptquartier in Schönbrunn aufgeschlagen. Durch die Vermählung mit Marie Louise, der Tochter Franz' II./I., im Jahr 1810 sollte der Friede zwischen den beiden Machthabern besiegelt werden. Später bewohnte sein Sohn, der Herzog von Reichstadt, dieses Zimmer. Er kam nach der Niederlage und Abdankung Napoleons als dreijähriger Knabe nach Wien und wuchs am Hof seines Großvaters wohlbehütet und von der Außenwelt abgeschirmt auf. Hier wurde er in Botanik unterrichtet und als Gärtner ausgebildet. Das Gemälde zeigt ihn als Knaben im Laxenburger Schloßpark bei der Gartenarbeit. Er starb 1832 im jugendlichen Alter von 21 Jahren an Schwindsucht; die Büste zeigt ihn auf dem Totenbett. Zu den Erinnerungsstücken zählt auch sein geliebtes Haustier, eine Haubenlerche.

Das **Porzellanzimmer** diente Maria Theresia als Spiel- und Arbeitszimmer. Ein blau-weiß bemaltes, holzgeschnitztes Rahmenwerk, das Porzellan imitiert, überzieht den gesamten Raum bis zur Decke. Darin sind 213 blaue Tuschzeichnungen eingefügt, die von Franz Stephan und einigen seiner Kinder ausgeführt wurden. Die

Napoleon-Zimmer

Porzellanzimmer

Millionenzimmer

Miniaturenkabinett *(oben)*
Gobelinsalon *(unten)*

Künstler selbst sind auf den Portraitmedaillons wiedergegeben.

Das **Millionenzimmer** erhielt seinen Namen aufgrund der Wandvertäfelung aus der kostbaren exotischen Rosenholzart, die „Feketin" oder auch „Vicatin" genannt wurde. Die gesamte Ausstattung wurde ursprünglich für das Schloß Belvedere angefertigt, im Jahr 1766 jedoch nach Schönbrunn übertragen. In die Edelholzvertäfelung sind indo-persische Miniaturen eingelassen, die in Rokoko-Goldrahmen gefaßt sind. Die Miniaturen zeigen Szenen aus dem Hof- und Privatleben der Mogulen im Indien des 16. und 17. Jahrhunderts. Die 61 Blätter wurden von den Mitgliedern der kaiserlichen Familie zerschnitten und in einer Art Collage zu neuen Bildern komponiert.

Das Millionenzimmer gewährt einen Einblick in das **Miniaturenkabinett:** Es ist mit einer Vielzahl von kleinen und zum Teil signierten Bildern ausgestattet, die von den Kindern und dem Gemahl Maria Theresias stammen. Der Frühstückstisch ist mit Porzellan aus dem 19. Jahrhundert gedeckt, das aus der Manufaktur Thun-Klösterle stammt und für den Prager Hof des abgedankten Kaisers Ferdinand I. hergestellt wurde.

Der bereits zur Zeit der Monarchie als **Gobelinsalon** bezeichnete Raum ist mit Brüsseler Wandtapisserien aus dem 18. Jahrhundert ausgestattet, die Markt- und Hafenszenen zeigen. Auch die Fauteuils sind mit Tapisserien überzogen, welche die zwölf Monate des Jahres und die entsprechenden Sternzeichen darstellen.

Das **Schreibzimmer der Erzherzogin Sophie** wurde für die ehrgeizige Mutter Franz Josephs eingerichtet. Sophie verfolgte energisch und erfolgreich den Plan, ihrem Sohn den habsburgischen Thron zu sichern. Sie war nicht nur Schwiegermutter, sondern auch Tante der Kaiserin Elisabeth – dennoch bestand zwischen den beiden Damen zeitlebens eine konfliktreiche und schwierige Beziehung. Das Neorokoko-Interieur, für die Zeit Franz Josephs typisch, ist mit zahlreichen Familienbildnissen bereichert.

Roter Salon

Terrassenkabinett

Reiches Zimmer

Im **Roten Salon** befinden sich mehrere habsburgische Kaiserportraits, beginnend mit Leopold II., der seinem Bruder Joseph II. für eine kurze Regierungszeit nachfolgte. Neben ihm sein Sohn Franz, der seit 1792 als Franz II. Kaiser des Römisch-Deutschen Reiches war. Im Jahr 1806 sah er sich durch die Napoleonischen Kriege gezwungen, das Römisch-Deutsche Reich aufzulösen. Bereits zwei Jahre zuvor erhob er die habsburgischen Kronländer zum Kaiserreich Österreich. So wurde aus dem letzten römisch-deutschen Kaiser Franz II. der erste österreichische Kaiser Franz I.
Franz verheiratete seine erste Tochter Marie Louise mit Napoleon, seine zweite Tochter Leopoldine mit dem Kaiser von Brasilien, von der ein Portrait auf der Staffelei ausgestellt ist. Leopoldine spielte eine wichtige Rolle in der Unabhängigkeitsbewegung Brasiliens, wo sie heute noch als Nationalheldin gefeiert wird.
Die weiteren Portraits zeigen Kaiser Ferdinand und dessen Gemahlin Maria Anna. Ferdinand war der älteste Sohn des Kaisers Franz II./I., mußte daher auf den Thron folgen, obwohl er seit seiner Kindheit schwer krank war. Im Jahr 1848 dankte er zugunsten seines Neffen Franz Joseph ab und zog sich mit seiner aufopfernden Gemahlin nach Prag zurück. Kurz bevor er dort 1875 kinderlos starb, bestimmte er Franz Joseph zum Universalerben seines riesigen Privatvermögens. Franz Joseph war ab dann ausreichend vermögend, um die extravaganten und kostspieligen Wünsche seiner Gemahlin Elisabeth zu finanzieren.

Das **Terrassenkabinett,** seit 1775 aufgrund der bemalten Wandvertäfelung auch Blumenkabinett genannt, ist mit einer bemerkenswerten Deckenmalerei ausgestattet. Die gemalte Scheinarchitektur zeigt in der zarten Farbigkeit des Rokoko einen von Putten bevölkerten Himmel.

Das **Reiche Zimmer** war ursprünglich das elterliche Schlafzimmer, in dem Franz Joseph im Jahr 1830 das Licht der Welt erblickte. Die noch in Teilen sichtbare originale Papiertapete mit aufgedrucktem Blattdekor stammt aus der Zeit, als Franz Karl und Sophie, die Eltern des Kaisers, hier wohnten.
Heute ist hier das einzige erhaltene Paradebett des Wiener Hofes ausgestellt. Ursprünglich für Karl VI. bestimmt, wurde das prunkvolle textile Ensemble zur Zeit der Vermählung Maria Theresias vollendet und als Zeremonialrequisit in der Wiener Hofburg aufgestellt. Zu diesem Prunkbett aus rotem Samt mit kostbarer Gold-Silber-Stickerei, das nie zum Schlafen benutzt wurde, gehört auch die Wandverkleidung mit gestickten architektonischen Elementen.

Das **Schreibzimmer** und der daran angrenzende **Salon Franz Karls** wurde im 19. Jahrhundert vom Vater Franz Josephs bewohnt. Die ausgestellten Gemälde bringen den Besucher ein letztes Mal in die Epoche Maria Theresias zurück. Das berühmte, mit 1754 datierte Familienportrait von Martin van Meytens und seiner Werkstatt zeigt Kaiser Franz I. Stephan und Maria Theresia mit elf ihrer sechzehn Kinder: der im Juni 1754 geborene Ferdinand Karl liegt noch im Bettchen; der etwa dreizehnjährige Joseph im rot-goldenen Hofkleid wendet sich der Mutter im blauen Atlaskleid zu; Franz Stephan im spanischen Mantelkleid aus Goldbrokat ist von den ältesten Töchtern umgeben. Nicht auf dem Bild sind die später geborenen Kinder Marie Antoinette und Maximilian Franz sowie die drei bereits verstorbenen Kinder.

Neben diesem Familienportrait befinden sich die Bildnisse jener Damen, die im Leben Maria Theresias eine bedeutende Rolle spielten: rechts neben der Tür die einst für ihre Schönheit berühmte Mutter Elisabeth Christine, die später aufgrund ihrer nicht erfüllten Sehnsucht nach einem Thronfolger an schweren Depressionen litt; links die Gräfin Fuchs, einst Erzieherin und später enge Vertraute der Monarchin. (Als Ausdruck ihrer Verbundenheit veranlaßte Maria Theresia übrigens, daß die Gräfin als einzige Nicht-Habsburgerin in der Kaisergruft beigesetzt wurde.)

Schreibzimmer Franz Karls

Das **Jagdzimmer** bildet den Abschluß des Schloßrundganges und soll auch an die einstige Funktion Schönbrunns als Jagdschloß erinnern. So zeigt unter anderen das Gemälde „Rebhühner vor Schönbrunn" von Hamilton im Hintergrund das Schloß, wie es von Fischer von Erlach errichtet wurde.

Viele der habsburgischen Herrscher zeigten eine ausgeprägte Jagdleidenschaft, unter ihnen auch die Eltern Maria Theresias, Karl VI. und seine Gemahlin Elisabeth Christine, die auf zwei Portraitgemälden im Jagdkostüm zu sehen sind. Neben ihnen Franz Stephan von Lothringen im Knabenalter, der das Kaiserpaar oft bei den Jagden begleitete. Auch Franz Joseph ist für seine Jagdleidenschaft bekannt, während seine Gemahlin Elisabeth bei den nicht ungefährlichen Parforcejagden lediglich eine Herausforderung als Reiterin sah. Das Jagen selbst verabscheute sie.

Ädikula: eine von Stützgliedern flankierte und von einem Dreiecksgiebel überdeckte Nische, Tür- oder Fensteröffnung.

Architrav: waagerecht auf Säulen oder anderen Stützgliedern aufliegender, meist verzierter Balken; ursprünglich aus der antiken Baukunst stammend, wurde der Architrav in der neuzeitlichen Baukunst weiterverwendet.

Corps de logis: das baulich gegenüber den Seitenflügeln und Pavillons hervorgehobene Hauptgebäude eines barocken Schlosses.

Enfilade: Folge von Räumen, deren Türen alle entlang einer Achse liegen, um die Durchsicht durch alle Zimmer zu ermöglichen; die Enfilade ist ein typisches Gestaltungsmerkmal barocker Schloßbaukunst.

Fries: waagerechter Streifen zur Gliederung – zum Beispiel von Geschossen – oder zum Abschluß von Wandflächen; er ist meist ornamentiert.

Grabendach: Folge mehrerer Satteldächer (siehe dieses) zwischen hochgezogenen Fassadenmauern.

Joch: Gewölbeabschnitt, der durch Gurte und Stützen von den benachbarten Gewölbeabschnitten beziehungsweise Raumteilen abgegrenzt ist.

Kapitell: Kopfstück einer Säule, das meist verziert ist.

Lamperien (Lambrien, Lambrie): Wandverkleidung

Lisenen (*auch:* **Lesene):** senkrechter, pilasterähnlicher Mauerstreifen ohne Basis und Kapitell; in der Romanik oft mit benachbarten Lisenen durch Rundbogenfriese verbunden.

Orthogonal: rechtwinkelig

Parapett: Fensterbrüstung

Piano nobile (*auch:* **Nobeletage** *oder* **Beletage):** Geschoß eines Schlosses, in dem sich die Repräsentationsräume befinden; meistens im 1. Stock gelegen.

Pilaster: Wandpfeiler, der nur wenig aus der Wand hervortritt; er dient zumeist der Mauerverstärkung oder der optischen Wandgliederung.

Portalbau: künstlerisch und architektonisch aufwendig gestalteter Eingang zu einem Schloß oder zu einer Kirche.

Portikus: von Säulen und Pfeilern getragener und oft mit Dreiecksgiebel versehener Portalbau an der Haupteingangsseite eines Schlosses.

Risalit: in seiner ganzen Höhe (einschließlich des Dachs) aus der Front eines Bauwerkes hervorspringender Gebäudeteil; je nach Stellung zur Mittelachse des jeweiligen Bauwerks gibt es Mittel-, Seiten- und Eckrisalite.

Rocaille: muschelähnliche, durch viele Schwünge und Schnörkel gekennzeichnete asymmetrische Zierform, die häufig im Rokoko – seit der Mitte des 18. Jahrhunderts – verwendet wurde.

Rustika: Mauerwerk mit rauher und unbehauen wirkender Oberfläche.

Satteldach *oder* **Giebeldach:** Dachform aus zwei schrägen, zum gemeinsamen First ansteigenden Flächen.

Spolien: wiederverwendete, vielfach aus älteren Bauwerken stammende und gut erhaltene Bauteile.

Tempietto: kleiner Tempel

Walmdach: Dach mit an allen Seiten geneigten Flächen; („abwalmen" bedeutet, daß ein Dach auch über die Giebelseiten herumgeführt wird).

ABEL, Othenio (Hrsg.): *Wien sein Boden und seine Geschichte.* Wien 1924

BANKL, Hans: *Die kranken Habsburger. Befunde und Befindlichkeiten einer Herrscherdynastie.* 6. Aufl. Wien 1999

BARTA-FLIEDL, Ilsebill/Andreas Gugler/Peter Parenzan (Hrsg.): *Tafeln bei Hofe. Zur Geschichte der fürstlichen Tafelkultur.* Hamburg 1998

BENEDIK, Christian: *Die herrschaftlichen Appartements. Funktion und Lage während der Regierungen von Kaiser Leopold I. bis Kaiser Franz Joseph.* In: *Österreichische Zeitschrift für Kunst und Denkmalpflege.* Jg. LI., 1997. Heft 3/4

BIACH-SCHIFFMANN, Flora: *Giovanni und Ludovico Burnacini. Theater und Feste am Wiener Hof.* Wien–Berlin 1931

BROCZA, Judith/Christian Stadelmann: *Die Leute von Schönbrunn.* Wissenschaftlche Reihe Schönbrunn. Bd. 6. Wien 2000

CACHÉE, Josef: *Die k. u. k. Hofküche und Hoftafel.* Wien–München 1987

CORTI, Egon Caesar Conte/Hans Sokol: *Kaiser Franz Joseph. Im Abendglanz einer Epoche.* Graz–Wien–Köln 1990

DAHM, Friedrich: *Von der Idee zur Verwirklichung. Johann Ferdinand Hohenberg von Hetzendorfs „Römische Ruine" im Schloßpark Schönbrunn.* Ungedr. Vortrag. Wien 1998

DERNJAČ, Joseph: *Zur Geschichte von Schönbrunn.* Wien 1885

DES *Kaisers Rock. Uniform und Mode am österreichischen Kaiserhof 1800 bis 1918.* Ausstellungskatalog. Wien 1989

EICHER, Dietmar: *Die Wasserversorgung des Schönbrunner Schloßparks – von den Anfängen bis zur Hochquellenwasserleitung.* Dipl.Arbeit. Wien 1997

EIGL, Kurt/Franz Hubmann: *Schönbrunn. Ein Schloß und seine Welt.* 1. Aufl. Wien–München–Zürich–Innsbruck 1980

ERNST, Josef: *Geschichte des K.K. Lustschlosses Schönbrunn.* Wien 1906

FABICH-GÖRG, Traute: *China im Bild Die chinesische Prunk-Tapete im Blauen Salon des kaiserlichen Schlosses Schönbrunn.* In: Karin K. Troschke: *Wissenschaftliche Reihe Schönbrunn. Bd. 3: Malerei auf Papier und Pergament in den Prunkräumen des Schlosses Schönbrunn.* Wien 1997

FIDLER, Peter: *Architektur des Seicento – Baumeister, Architekten und Bauten des Wiener Hofkreises.* Ungedr. Habilitationsschrift. Innsbruck 1990

FIEDLER, Walter (Hrsg.): *Tiergarten Schönbrunn. Geschichte und Aufgaben.* Wien 1976

FREUDENREICH, Ernst: *Das k.k. Lustschloss Schönbrunn, dessen Geschichte, sowie Erläuterungen über die im Bereich des Parkes errichteten Bau- und Bildhauerwerke.* Wien 1873

FÜRSTENHÖFE der Renaissance. *Giulio Romano und die klassische Tradition.* Ausstellungskatalog Kunsthistorisches Museum / Albertina. Wien 1989/90

GLASER, Josef: *Schönbrunner Chronik.* 5. ergänzte Aufl. Wien 1990

GROPPER, Antonius: *Tempe Regia Mariae Theresiae Augustae.* Wien 1744

HAJÓS, Beatrix: *Die Schönbrunner Schloßgärten. Eine topographische Kulturgeschichte.* Wien–Köln–Weimar1995

HAJÓS, Géza: *Schönbrunn. Wiener Geschichtsbücher.* Bd. 18. Wien–Hamburg 1976

HAMANN, Brigitte: *Die Habsburger. Ein biographisches Lexikon.* 2. korr. Aufl. Wien 1988

HEINZ, Dora: *Europäische Tapisseriekunst des 17. und 18. Jh.s* Wien–Köln–Weimar 1995

HOLLER, Gerd: *Sophie. Die heimliche Kaiserin.* Wien–München 1993

IBY, Elfriede (Hrsg.): *Schloß Schönbrunn: Zur frühen Baugeschichte.* Wissenschaftliche Reihe Schönbrunn. Bd. 2. Wien 1996

INGRAO, Charles W.: *Josef I. Der vergessene Kaiser.* Graz–Wien–Köln 1982

JAGDZEIT. *Österreichs Jagdgeschichte – Eine Pirsch.* Katalog der 209. Sonderausstellung des Historischen Museums der Stadt Wien. Wien 1996

KAISERTUM *Österreich 1804–1848.* Ausstellung Schallaburg 1996

KIPPES, Wolfgang: *Schloß Schönbrunn – Frühe Bilddokumente als Beleg der Bauausführung unter Fischer von Erlach.* In: Wissenschaftliche Reihe Schönbrunn, Bd. 2. Wien1996

KISCH, Egon Erwin: *Mein Leben für die Zeitung 1906–1925.* 2. Aufl. Berlin–Weimar 1993

KLEBEL, Ernst: *Zur Frühgeschichte Wiens.* In: *Abhandlungen zur Geschichte und Quellenkunde der Stadt Wien.* Bd. IV. Hrsg. vom Verein für Geschichte der Stadt Wien. Wien 1932

KNOFLER, Monika J.: *Das Theresianische Wien.* Wien–Köln–Graz 1979

KOLLER, Manfred: *Die Brüder Strudel. Hofkünstler und Gründer der Wiener Kunstakademie.* Wien 1993

KOSCHATZKY, Walter (Hrsg.): *Maria Theresia und ihre Zeit.* Salzburg–Wien 1979

KÜCHELBECKER, Johann Basilius: *Allerneueste Nachricht vom Röm. Kayserl. Hofe.* Hannover 1730

KUGLER, Georg: *Schloß Schönbrunn. Die Prunkräume.* Wien 1995

LANGEN, Stefanie von: *Die Fresken von Gregorio Guglielmi.* München 1993

LEITGEB, Hildegard: *Kaiserin Amalie Wilhelmine, geb. Prinzessin von Braunschweig-Lüneburg-Hannover (1673–1742), Gemahlin Kaiser Josephs I. Ein historische Studie.* Ungedr. Diss. Wien 1984

LEITNER, Quirin: *Monographie des kaiserlichen Lustschlosses Schönbrunn.* Wien 1875

LOESCHE, Georg: *Geschichte des Protestantismus im vormaligen und im neuen Österreich.* Wien 1930

LOHRMANN, Klaus: *Die alten Mühlen an der Wien.* Wiener Bezirkskulturführer, hrsg. von Felix Czeike. Wien 1980

LORENZ, Hellmut (Hrsg.): *Barock.* München–London–New York 1999

LORENZ, Hellmut: *Johann Bernhard Fischer von Erlach.* Zürich–München–London 1992

DERS.: *Das Ausführungsprojekt „Schönbrunn II" im Schaffen Johann Bernhard Fischers von Erlach.* In: Wissenschaftliche Reihe Schönbrunn, Bd. 2. Wien 1996

Maria Theresia *und ihre Zeit. Zur 200. Wiederkehr des Todestages.* Ausstellungskatalog. Wien 1980

Meidlinger Heimatbuchausschuß (Hrsg.): *Meidling. Der 12. Wiener Gemeindebezirk in Vergangenheit und Gegenwart.* Wien 1930

MEYER, Rudolf: *Hecken- und Gartentheater in Deutschland im XVII. und XVIII. Jahrhundert.* Emsdetten 1934

MRAZ, Gerda und Gottfried: *Maria Theresia. Ihr Leben und ihre Zeit in Bildern und Dokumenten.* München 1979

MÜLLER, Johann Joachim: *Entdecktes Staatskabinett.* Bd. II. u. VII. Jena 1914

OEHLER, Joseph: *Beschreibung des Kaiserlichen Lustschlosses Schönbrunn und des dabey befindlichen Gartens.* Wien 1805

OTTILLINGER, Eva B./Lieselotte Hanzl: *Kaiserliche Interieurs. Die Wohnkultur des Wiener Hofes im 19. Jahrhundert.* Wien–Köln–Weimar 1997

PAUST, Bettina: *Studien zur barocken Menagerie im deutschsprachigen Raum.* Worms 1996

PETERMANN, Reinhard E.: *Wien von Jahrhundert zu Jahrhundert.* Wien–Leipzig–New York 1927

PLISCHNACK, Alfred: *„Vive L'Empereur, weil's sein muß". Geschichte in Quellen und Zeitzeugenberichten.* Wien–München 1999

RASCHAUER, Oskar: *Schönbrunn. Der Schloßbau Kaiser Josefs I.* Wien 1960

REIFENSCHEID, Richard: *Die Habsburger von Rudolf I. bis Karl I.* Sonderausgabe Wien 1994

RINCK, Eucharius Gottlieb: *Leopolds des Grossen Röm. Kaysers wunderwürdiges Leben und Thaten.* Cölln 1713.

DERS.: *Josephs des Sieghafften Röm. Kaysers Leben und Thaten.* Cölln 1712

SCHEDLER, Uta: *Die Statuenzyklen in den Schloßgärten von Schönbrunn und Nymphenburg.* Hildesheim–Zürich–New Your 1985

SCHMITT, Sigurd: *Johann Bernhard Fischers von Erlach Schloß Schönbrunn in Wien. Studien über Schönbrunn I und das Schönbrunn-II-Ausführungsprojekt von 1696.* Ungedr. Dissertation. München 1990

SCHREIBER, Georg/Helmut Nemec: *Geschichte und Geschichten.* Wien–Freiburg–Basel 1989

SPIELMANN, John P.: *Leopold I. Zur Macht nicht geboren.* Graz–Wien–Köln 1981

URBAN, Leopold: *Die Orangerie von Schönbrunn.* Klosterneuburg 1999

VOCELKA, Karl/Lynne Heller: *Die Lebenswelt der Habsburger. Kultur- und Mentalitätsgeschichte einer Familie.* Graz–Wien–Köln 1997

VOLKAMER, Johann Christoph: *Hesperides oder Gründliche Beschreibung der Edlen Citronat-Citronen und Pomeranzen Früchten.* Bd. 2, Nürnberg 1714

WAGNER, Hans: *Wien von Maria Theresia bis zur Franzosenzeit. Aus den Tagebüchern des Grafen Karl von Zinzendorf.* Wien 1972

WEIMAR, Anton (Hrsg.): *Die Kindheit unseres Kaisers. Briefe der Baronin Louise von Sturmfeder. Aja Seiner Majestät. Aus den Jahren 1830–1849.* Wien o.J.

WEISSENBACHER, Gerhard: *Architektur und Geschichte eines Wiener Gemeindebezirkes.* Bd. I. Wien 1996

WITT-DÖRRING, Christian: *Die Möbelkunst am Wiener Hof zur Zeit Maria Theresias (1740–1780).* Diss. Phil. Wien 1978

ZEDINGER, Renate: *Hochzeit im Brennpunkt der Mächte. Franz Stephan von Lothringen und Erzherzogin Maria Theresia.* Wien–Köln–Weimar 1994

PRIMÄRQUELLEN

Hofbauamtsakten, Obersthofmeisteramtsakten, Ältere Zeremonialprotokolle (Haus-, Hof- und Staatsarchiv, Wien)
Nachlaß von Oskar Raschauer
(Archiv „Kaiserliche Residenzen), Schönbrunn)

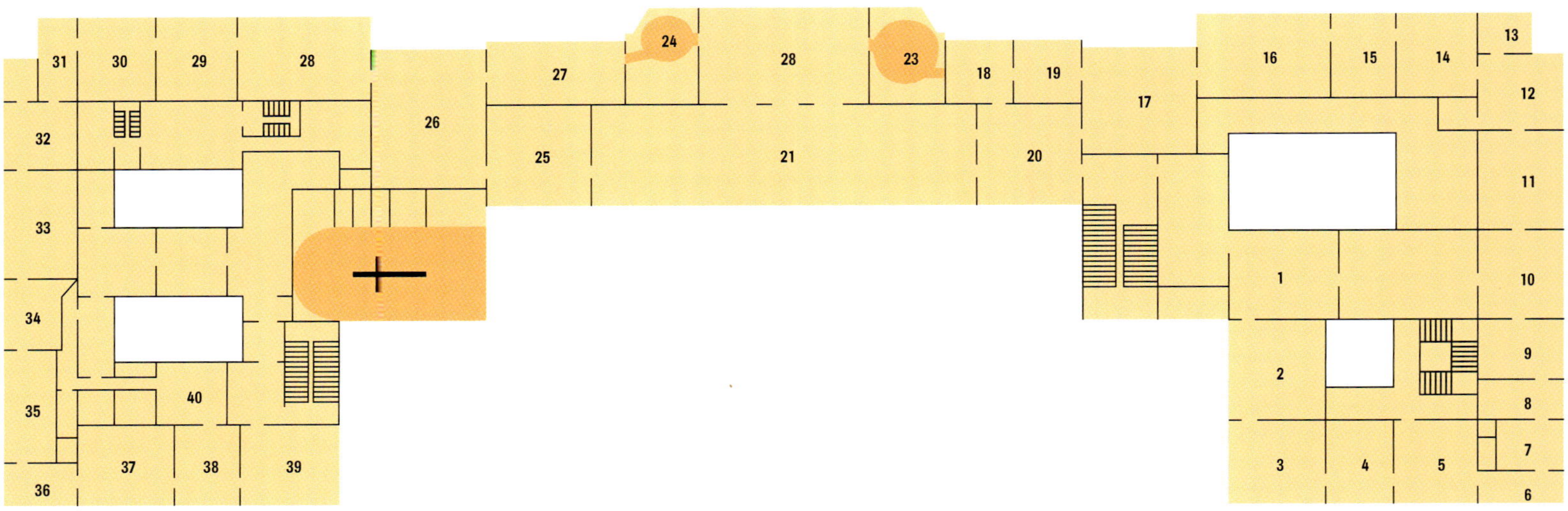

Grundriß des ersten Stockwerkes des Hauptgebäudes

1 **Gardezimmer**
2 **Billardzimmer**
3 **Nußbaumzimmer**
4 **Schreibzimmer von Kaiser Franz Joseph I.**
5 **Schlafzimmer von Kaiser Franz Joseph I.**
6 **Terrassenkabinett West**
7 **Stiegenkabinett**
8 **Toilettezimmer**
9 **Gemeinsames Schlafzimmer von Kaiser Franz Joseph I. und Kaiserin Elisabeth**
10 **Salon der Kaiserin Elisabeth**
11 **Marie Antoinette Zimmer**
12 **Kinderzimmer**
13 **Frühstückszimmer**
14 **Gelber Salon**
15 **Balkonzimmer**
16 **Spiegelsaal**
17 **Großes Rosa Zimmer**
18 **Erstes Kleines Rosa Zimmer**
19 **Zweites Kleines Rosa Zimmer**
20 **Laternenzimmer**
21 **Große Galerie**
22 **Kleine Galerie**
23 **Rundes Chinesisches Kabinett**
24 **Ovales Chinesisches Kabinett**
25 **Karussellzimmer**
26 **Zeremoniensaal**
27 **Rösselzimmer**
28 **Blauer Chinesischer Salon**
29 **Vieux-Laque Zimmer**
30 **Napoleonzimmer**
31 **Porzellanzimmer**
32 **Millionenzimmer**
33 **Gobelinsaal**
34 **Schreibzimmer der Erzherzogin Sophie**
35 **Roter Salon**
36 **Terrassenkabinett Ost**
37 **Schlafzimmer**
38 **Schreibzimmer von Erzherzog Franz Karl**
39 **Salon von Erzherzog Franz Karl**
40 **Jagdzimmer**

PLAN DES PARKS

Grundriß des Schloßparks mit Statuen und Denkmälern

1 Artemisia
2 Kalliope
3 Brutus und Lukrezia
4 Ceres und Bacchus
5 Flucht aus Troja
6 Angerona
7 Jason
8 Aspasia
9 Omphale
10 Nymphe der Flora
11 Bacchantin
12 Apollo
13 Hygieia
14 Vestalin
15 Paris
16 Hannibal
17 Meleager
18 Merkur
19 Priesterin mit Opferschale
20 Sibylle
21 Äskulap
22 Priesterin
23 Priesterin
24 Herkules
25 Perseus
26 Fabius Cunctator
27 Flora
28 Raub der Helena
29 Janus und Bellona
30 Mars und Minerva
31 Amphion
32 Mucius Scaevola
33 Alexander und Olympias
34 Familienmonument
35 Rhea Kybele
36 Eurydike
37 Cincinnatus
38 Römische Matrone
39 Hesperia und Arethusa
40 Herkules
41 Diana
42 Apollo
43 Denkmal für Philipp Franz Siebold
44 Denkmal für Kaiser Franz I. Stephan
45 Reiterdenkmal Josephs II.

Bildnachweis

Austrian Archives, Dr. Christian Brandstätter, Wien: Seite 38, 278
Franz Ferdinand Museum, Artstetten: Seite 256
Graphische Sammlung Albertina, Wien: Seite 73, 74 oben, 75, 91 oben, 192 unten, 193, 203 oben
Herzog Anton Ulrich Museum, Braunschweig: Seite 84, 85 unten
Historisches Museum der Stadt Wien: Seite 41 links, 151, 231, 255 oben, 257
Konvent der Elisabethinen, Klagenfurt: Seite 81 unten links
Kunsthistorisches Museum, Wien: Seite 14/15, 17 (und 162 links), 18, 36, 41 rechts, 44 (2), 57 oben, 61, 74 unten (2), 77 oben, 81 oben links und unten (4), 83, 85 oben, 110, 118, 119, 127, 138 (3), 162, 163 (2), 164 (3), 165 (4), 166 (4), 168, 169 (3), 170 links und rechts, 191 oben (und 192 oben), 209 unten, 245, 251, 258, 259, 262
Landesmuseum Joanneum, Alte Galerie, Graz: Seite 81 oben rechts
Musées d'art et d'histoire, Genf: Seite 170 Mitte
Österreichische Nationalbank, Wien: Seite 163 links
Österreichisches Bundesmobiliendepot (Bundesministerium für wirtschaftliche Angelegenheiten): Seite 269
Österreichische Nationalbibliothek – Bildarchiv, Wien: Seite 43, 60 oben, 77 unten, 91 unten, 191 unten, 195, 205, 209 oben, 232, 242, 246, 278
Schönbrunn Kultur- und BetriebsgesmbH, Wien: Seite 35, 39, 40, 42, 57 unten, 59, 60 unten, 62, 63, 64, 99, 132, 163 links, 196, 197, 203 unten, 208, 229, 230, 243, 247 (2), 255 unten, 260, 261, 268, 277, 279 (2), 280 (2)
Gerhard Trumler, Wien: Seite 22, 106

Die Pläne auf den Seiten 65, 302 und 303 stammen von Peter Olschinsky und wurden von der Schönbrunn Kultur- und BetriebsgesmbH zur Verfügung gestellt.

Impressum

Die Deutsche Bibliothek - CIP-Einheitsaufnahme

Ein Titelsatz für diese Publikation ist bei
Der Deutschen Bibliothek erhältlich.

1. Auflage

Der Entwurf des Schutzumschlages und die graphische Gestaltung des Werkes stammen von Peter Manfredini.
Die technische Betreuung besorgte Josef Embacher,
Lektorat und Projekt-Koordination oblagen Barbara Sternthal.
Die Reproduktion der Abbildungen erfolgte bei Pixelstorm in Wien,
gedruckt wurde bei Mladinska Knjiga Tiskarna in Slowenien.
Gesetzt wurde aus der Caslon, 11 auf 16 Punkt
und aus der der Avenir 9 auf 16 Punkt.

ISBN 3-85498-017-5

Christian Brandstätter Verlagsgesellschaft m.b.H.
A-1010 Wien, Schwarzenbergstraße 5
Telephon (+43-1) 514 05-0
Fax (+43-1) 514 05-231
e-mail: cbv@oebv.co.at